英文法の鬼100則

音声DL付き

認知言語学で「気持ち」を捉える

時吉秀弥 Hideya Tokiyoshi

この本は、2019年11月初版『英文法の鬼100則』に若干の修正を加え
収録音声と索引を付したものです。

まえがき

この本は、どうやったらあなたが早く、英語が書けて、話せるようになるのかを伝えるために書いたものです。
そのゴールのために、２つのパートでこの本を構成しています。１つは「書くため・話すため」の目線での、英文法の解説。もう１つは「人を説得するための英語」を書き、話すための「型」の解説です。

●――話し、書くための英文法

英文法、苦手だな。
苦手だけど、覚えなきゃ始まらないから勉強しなくては……
そう思って、この本を手に取られた方も多いでしょう。
それはおそらく受験英語を学ぶ中で植えつけられた、残念な苦手意識です。
「○○法のルールはこう。でもこれとこれは例外だから、しっかり覚えて。」
そう教えられて、とにかくパターンを叩き込むことに全力を注いでしまったのなら、なんともったいないことでしょう。

言葉を書く、話すということは、あなたの気持ちを表すということです。
自分の気持ちを英語で表したければ、英文が表す日本語訳ではなく、**英文が表す「気持ち」**を知り、そして、**英文法をルールではなく、「気持ちの現れ方」として捉えること**が大切なのです。

この本の文法解説は、私がこれまで学び研究してきた**認知言語学**という言語学を参考に理論を組み立てています。というと難しそうに聞こえますが、わかりやすさを優先し、専門的な話は避けるように心がけました。
人間が世界をどう感じ、世界とのつながり方をどう理解しているのかがそのまま文法を作る原動力になっている、そう考えるのが理論のベースです。

本書を通して、英文法の学習がただのルールの暗記ではなく、英語を話す人間の心を覗き込む行為だと感じていただければ幸いです。

この本では英語を書き、話すためにはどういう角度から英文法に取り組めばよいか、ということで優先順位をつけて解説しました。

しかし、これらの文法の解説を読めば、当然あなたのリーディングの力も上がってきます。リーディングをもっと速く直感的に処理できるようになれば、リスニングの向上にもつながります。いわゆる「英語４技能」はすべてつながり、連環しているものなのです。

●──人を説得するための「英語の型」

おそらく、この本を手に取ったあなたは「まったく初めて英語を学ぶ」人ではないでしょう。

これから仕事で英語を使っていくような方をイメージしてこの本を書いていますが、従来の英語本というのは、「これ、英語で何と言いますか」をはじめとするような、「気の利いた英語のフレーズ集」というのがほとんどだったと思います。

当然ですが、実戦というのは千変万化ですので、そのフレーズがいつでも使えるとはかぎりません。

それよりも、そもそも自分がビジネスの場などで「何のために話すのか」を考え、そのための英語の型を習得した方が効率的だと私は考えて、指導し、そして効果を生み出してきています。

レポート作成、プレゼン、ネゴシエーション、ディスカッション……

すべては「人を説得するための行為」であると理解したとき、やることは明快になり、上達は短期間で達成されます。

また、もしこの本を手に取った「あなた」が大学受験を目指す高校生なら、ライティングやスピーキングテストでたちどころに現れる効果に驚くことになるでしょう。

ぜひそのための「型」を習得し、実戦の場では「どう話すか（how）」を自動化し、「何を話すか（what）」により多くの脳のリソースを割くようにしてみてください。英語だけでなく、日本語で話す能力向上の実感もお約束いたします。

2019年11月　　時吉秀弥

音声データについて

多くの読者の皆さんの声に応え、この本では新たに、例文の英語と和訳の音声を収録し、無料で聞いていただける仕様にしました。

解説の内容を読んで理解した上で、例文の音声をよく聞いて、できるだけ音を真似て、声に出して何度も読みましょう。

ただ何度も英語を聞くよりも「どうやったらこの音が出せるのだろう」と試行錯誤することで、音に対する注意がするどくなり、その結果、より早く英語を聞いて理解できるようになります。

正しい音を身につけ、スムーズに口から言葉を出せる人は、それだけ英文を読むスピードも理解力も上がります。

本書の本文の例文【🔊】の音声は、下記からダウンロードすることができます。

パソコンやスマートフォン機器等の端末でお聞きいただけます。

https://www.asuka-g.co.jp/dl/isbn978-4-7569-2289-2/index.html

（英語：Howard Colefield さん　日本語：青島楓さん）

ダウンロードパスワードは以下の通りです。

【2289100】

※ファイルサイズの大きな音声ファイルをインストールするため Wi-Fi の利用を前提としています。
※ダウンロードの不具合が生じた際は、キャリア・機器メーカーにお問い合わせください。
※ダウンロードした音声ファイルのアプリ以外での再生方法についてはお使いの機器メーカーにお問い合わせください。
※図書館利用者も、お使いいただけます。本と一緒に貸出利用ください。

●──語学音声アプリ「ASUKALA」

明日香出版社の語学書音声の無料再生アプリが新しくなり、音源をパソコンにダウンロードした後に、お使いのスマートフォン機器へ移すなどの作業をすることなく、快適にお使いいただけるようになりました。一度音源をダウンロードすれば、後はいつでもどこでも聞くことができます。

音声の再生速度を変えて聞くことができ、書籍内容の習得に有効です。
個人情報等の入力等は不要ですので、ぜひアプリをダウンロードしてお使いください。

※スマートフォンアプリは書籍に付帯するサービスではありません。予告なく終了することがございます。

「英文法の鬼100則」音声ダウンロード付き　目次

第3章 動詞②時制：実は私たちは時間をこう捉えている

第4章 動詞③現在分詞：ingはここから考えよう

第5章 動詞④過去分詞：イメージから理解しよう

第6章

動詞⑤動詞の原形：その意味を考えたことがあるか？

第7章 動詞⑥仮定法：「実際そうじゃないけど」

第8章 動詞⑦助動詞：それは事実なのか、思っているだけなのか？

第 9 章　名詞：動詞が「木」なら名詞は「木の実」

第 10 章　形容詞と副詞：「修飾する」の真実

第 11 章　前置詞：これが捉えられれば熟語を攻略できる

第13章 説得するための英語：「型」を作り英語で思考するトレーニング

英文の鬼100

音声DL付き

法則

第1章
英語の世界の3つの基本

Must
01

英語で見る世界を手に入れろ

▶「もう1人の自分」が外から自分を見るのが英語だ

英文法を学ぶ前に少しだけ、日本語と違う英語の世界の基本についてお話しします。

日本語の世界、英語の世界

人間はかなりの部分、言語を使って思考をします。そのため、母語の違いが、ある程度物の見方や考え方に影響を与えると言われています（あくまで、ある程度です）。

極端な例では、この世には「左右」にあたる語彙がない言語が結構あり、そういった言語を母語とする人たちは「自分の左側に・右側に」の代わりに「東側に」とか「南側に」というふうに表現するので、何かを説明するときに、自分の向く方向が変わっても指差す方向は必ず同じ方向、つまり常に東側とか南側とかを指すそうです*。

そこまで極端ではないにしろ、**英語と日本語の間にも物の見方の違いがあります**。

例えば「**ここはどこ？**」を英語ではどう言うでしょう？

みなさんの中には

“Where is here?”

と訳してしまう人がいらっしゃるかもしれません。

しかしこれは**日本語からの直訳であり、自然な英語ではありません。**

英語では、

“Where am I?”

と言うのが普通です。

これは、日本語と英語でただ言い方が違うということではありません。

日本語と英語には、こういう言い方が起きる原因となる、一貫した「世界の捉え方の違い」があるのです。

それは、

日本語：自分がカメラになって外の風景を映す言語
英語：外から、もう１人の自分が自分を眺める言語

という違いです。

日本語では、**話し手がカメラになって外の世界を言葉によって映し出します**。カメラは風景の中には写り込みませんから、話し手自身の存在が消え、言語化されないことがよくあります。

英語の I と違い、日本語では「私は」という主語が言語化されないことがよくあるのは、この影響かもしれません。

日本語の「ここはどこ？」という表現にも「ここ」と「どこ」という「カメラに映る風景（場所）」のみが言語化されています。

一方英語は、**もう１人の自分が、外から自分を眺めている**言語です。

上記の Where am I? の例では、よく英語の地図上に「現在地」の意味で書かれている “You are here.” の表示がわかりやすいですね。

外から、地図上にいる自分を眺めている感覚です。

日本語の「私は迷子になった。」が英語で “I am lost.” になるのは、地図上にいた自分が失われてしまったのを自分が外から見ている感覚です。

例えばfindは中学英語で習う動詞ですが、日本人には使いこなしにくい言葉の１つです。なぜなら、まさしく「外から自分を眺める」動詞だからです。

例えば、

I found the house empty.

を自然な日本語にすると、

「家は空っぽだった。」

となります。日本語では家が空であることに気づいた**「私」は言語化されない**のが普通です。

でも英語だと「私は家が空っぽだったことに気づいた」となります。これは明らかに、「気づいた自分を外から観察している」表現です。

多くの日本人が「家は空っぽだった」を英語にすると、The house was empty. と言うでしょう。

もちろん間違いではありません。

しかし、**英語の物の見方が反映されていないので、「英語っぽい英語」を扱えない**ことが多くなるのです。

「英語脳」という言葉が巷に溢れています。いろんな定義があるでしょうが、私の「英語脳」の定義はまさにこの「外から自分を見る」言葉の使い方です。

●──「外から見る」感覚を手に入れる

英語の持つ「外から見る」感覚がわかると、日本語話者にとって違和感の強い表現もすんなり理解できるようになります。

I dressed myself.　　「私は身支度を整えた。」

I seated myself.　　「私は席に着いた。」

これらは直訳ではそれぞれ「私は自分自身に身支度をさせた」「私は自分自身を席に着かせた」となります。

これは、**「自分の魂が自分の身体を操っている」、幽体離脱つまり自分が外に出る感覚**です。

「〜と友だちになる」は make friends with 〜ですが、日本人はこれを make (a) friend with 〜としがちです。

自分と相手の都合2人が外から見えているのが英語脳の考え方（だから friends という複数形）で、自分が視界から消えて相手1人しか見えていないから (a) friend としてしまうのが日本語脳の考え方です。

I made friends with a man from Thailand.

「タイ出身の男性と友だちになったんだ。」

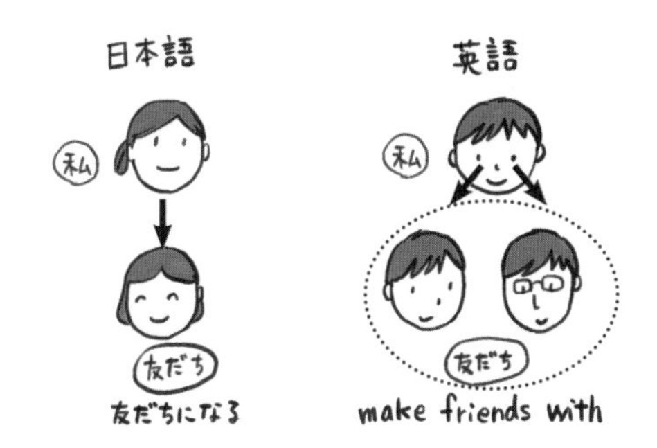

英語脳が働かないと、日本語の直訳的な、変な（時には理解してもらえない）英語を量産しつづけることになります。

逆に言えば、**きちんと英語を話せるようになるということは、英語脳で世界を見る、つまり外から自分を見る能力を手にいれること**です。

英語で自身を表現できるようになることは、あなたにとって、単に英語を話せるようになる以上の意味を持つのです。

＊『もし「右」や「左」がなかったら』井上京子　大修館書店

Must
02

言いたいことから先に言うのが英語

▶ This is a pen. の疑問文が Is this a pen? の語順になる理由

英語の語順は「脳 friendly」

前項では、英語で見る世界を通して「英語脳」とは何か、という話をしました。英語脳の重要な要素に、**語順**があります。とは言え、多くの英語学習者にとって英語の語順は頭痛のタネでしかないと思います。

文法をただのルールの集まりだと考えると、語順ほどややこしくて、面倒なものはないでしょう。

ところが実は、**語順は英語をしゃべる人の気持ちを表しています**。

つまり、英語の語順というのはよくわからない無機質なルールなどではなく、「脳 friendly」にできているのです。

今から述べる仕組みを理解すれば、あなたの脳はもっと友好的に英語の語順を捉えることができるようになります。

●――疑問文の語順の正体

This is a pen. を疑問文にすると、Is this a pen? になります――

これは中学一年で英語を習い始めるときに学ぶ、ごく基礎的な知識です。

あまりに基礎的すぎて、「**なぜ疑問文では Is this a pen? という語順になるのか**説明してください」なんて言われたら、ほとんどの方が困るでしょう。「それはそういうものだから」となってしまうのが普通です。

ところで、学校で「疑問文」と習うこの語順は、本当に疑問文のための語順なのでしょうか。

学習を進めていけば、この「疑問文の語順」は疑問文以外にもいろいろと使われていることがわかります。

例を挙げると、

「否定の倒置」とよばれるもの

Never have I thought of such a thing.

「そんなことはこれまで一度も考えたことがない。」

may を使った「祈願文」とよばれるもの

May God bless America.

「合衆国に神のご加護があらんことを。」(合衆国大統領

仮定法の倒置

Had I seen him yesterday, I would have told him not to do so.

「昨日彼に会っていれば、そうするなと言っておいたのに。」

「同様だ」ということを表す表現

“I' m hungry.” “So am I.”　「お腹すいた。」「私も。」

“I don't know him.” “Neither do I.”　「彼とは知り合いじゃない。」「私も違う。」

これらの倒置はみな「疑問文の語順」と同じ語順です。

ということは、これらは**単なる偶然ではなく、もう一段深いところに、この語順の真の正体が隠れていると考えた方が良い**のではないでしょうか。

英語の語順のたった2つのルール

実は英語の語順には基本となるルールが2つしかありません。

Is this a pen? で働いているのはルール1のほうです。

This is a pen. が疑問文になると Is this a pen? になるのは、is が一番言いたいことだからなのです。

ではなぜ、Is this a pen? では is が「一番言いたいこと」になるのでしょうか？

実は、これがペンなのかどうかを迷う、ということは、「これはペン『です』か？　それともペン『ではないのです』か？」という気持ちになっているわけです。

つまり、This is a pen. なのか、This is not a pen. なのかで迷っています。

したがって話者の気持ちのスポットライトは is を照らし出し、これが一番言いたいことになるわけです。

ここで重要なことが１つわかります。

この、動詞が主語の前に出る、いわゆる私たちが**「疑問文の」語順と習っているものは、厳密には疑問文の語順ではなく、「動詞を強調する語順」なのだ**ということです。

「疑問文の語順」は、動詞を強調したいから動詞を文頭に持ってきているわけで、この語順は「疑問」を表す以外にも、動詞の強調のために使うことができるのです。

実はあまり頻繁に使われる形とは言えませんが、**疑問文からクエスチョンマークを取り除き、代わりに「！」をつける言い方**があります。

God, is it tough!　「なんてことだ、きついなぁ！」

Ha, ha, is he hot!　「わはは、彼はホットな奴だな！」

これらの文を話すときには、疑問文のように語尾が上がることはありません。**下がります**。

「(tough) である」「(hot) である」の「である」の部分 (= is) を文頭に持ってきて強調しているので、「本当にそうだなぁ！」という強調になるのです。

この語順は、クエスチョンマークがつく（話すときは語尾が上がる）場合に疑問文と認識されるだけで、**語順自体が純粋に疑問を表しているわけではない**ことが、これでわかります。

Must

03

軽い情報を先に、重い情報を後に言うのが英語

▶Plays he baseball? ではなく、Does he play baseball ？になる理由

次に、英語の語順の二大ルールの残りの１つについて述べていきます。

言葉のやり取りは、キャッチボールにたとえることができます。

受け手の気持ちになって想像してみてください。

どちらの方が、楽に相手のボールを受け取ることができますか？

①最初に重いボールを投げてもらい、その後に軽くて受け取りやすいボールを投げてもらう。

②最初は軽いボールを投げてもらい、それで大体の感じをつかんだ後に、重いボールを投げてもらう。

素直に考えれば、②の方が受け取りやすいですよね。

コミュニケーションの重要なゴールの１つは「わかりやすさ、伝わりやすさ」です。

そこで、英語は②の戦略を取り入れて語順を作っています。

例えば日本語で「この仕事を１日で終わらせるのは難しい。」というところを英語では、「それは難しいよ。」と、**まず単純で大まかな内容を伝えます**。そしてその後、「(『それ』っていうのは) この仕事を１日で終わらせることだけど。」というふうに**詳しい追加の内容を伝えます**。

英語にすると、こうなります。

To finish this work in a day is difficult.

↓

It is difficult to finish this work in a day.

どちらの文も間違ってはいません。しかし、下の文の方が好まれます。それは**聞いていてわかりやすい**からです。学校などで「**英語は頭でっかちな文を嫌う**」と聞いたことがありませんか？ 最初に軽い情報を持ってくるので、頭は小さく、お尻が重くなるわけです。また、「**英語は重要な情報を後に持ってくる**」ともよく言われます。これも、「軽いわかりやすい情報」よりも「長く重い情報」の方が重要な情報であるということなのです。

軽い情報とは何か

ここで「軽い情報」にはどんなものがあるか、挙げておきます。

① **短い情報**：単語の数が少ない情報。

② **抽象的な情報**：例えば、「キャベツ、人参、ピーマン」が具体なら、「野菜」は抽象です。日常会話で「要するに○○、ということ。」とまとめたりするのは、「抽象化すると捉えやすい＝情報処理しやすい」ということです。

③ **旧情報**：初めて聞く情報（新情報）よりも、すでに一度聞いている情報の方が、脳の中で楽に情報処理できます。

●——①**「短い情報」が先に来るパターン**

例えば「眠っている赤ちゃん」はa sleeping babyと表します。

しかし、babyの様子を説明する言葉が長くなると、a baby sleeping with her mother（母親と一緒に眠っている赤ちゃん）のように、後ろに回ります。

その他、a house to live in（住むべき家）、a girl with long hair（髪の長い女の子）、the man who talked about you（君について話していた男の人）のように、**短い名詞の様子を詳しく説明する、長い形容詞のかたまりが後ろに**つきます（「後置修飾」と呼ばれます。76項参照）。

●——②**「抽象的な情報」が先に来るパターン**

先ほどの、It is difficult to finish this work in a day. では、itという「**仮主語**（形式主語とも呼ぶ）」が使われています。

仮主語、あるいは仮目的語のitは従来の英語教育で言われているような**「意味がない、形式だけの言葉」などではありません。**

itは「状況」という、れっきとした意味を持つ言葉です。

It is difficultは「状況は難しい」と言っているのです。これについては、40項でお話しします。

itは②「抽象的な情報」にあたります。

例えば雨が降っていても、寝坊しても、友だちと喧嘩しても、それらはすべて「状況」です。**あらゆる状況を抽象化したのが仮主語のitです。**

そして、抽象的で軽い情報であるitを主語にしたIt is difficultの後に、itの具体的な中身であるto finish this work in a dayがやってくるわけです。

聞き手はすでに「難しい状況ってどんな状況だろう？」という心の準備ができているので、to finish …という具体的で重い情報を楽に受け止め、処理できるのです。

●——③**「旧情報」が先に来るパターン**

例えば、「それを誰にあげたの？」という文を思い浮かべてみてください。「それ」という代名詞を使っている以上、**話し手も聞き手も、「それ」が何な**

のか、ということはすでにわかっている情報、つまり旧情報です。
そしてその返答として「私はそれをアデルにあげた。」という場合、
I gave it to Adele.
とは言っても、
I gave Adele it.
とは言いません。
なぜなら、**it は旧情報で軽いので、先に言う**のです。一方で、「それを誰にあげたの？」という質問の答え、という意味で Adele は新情報です。**新情報は重いので後に来ます**。

さて、副題にある「Does he play baseball? とは言っても Plays he baseball? とは言わないのはなぜ？」を説明しましょう。
be 動詞では Is this a pen? というふうに be 動詞から先に言えるのに、**なぜ一般動詞の疑問文では do や does を使うのでしょう？**

ここには②「抽象的な情報」が関わっています。
be 動詞は「〜という状態で存在している」というのが本来の意味で、**非常に抽象的な意味を持つ動詞**です（37 項参照）。ですから「軽い情報」であり、疑問文では先に言いやすい、つまり文頭に持ってきやすいと考えられます。
しかし、一般動詞は run（走る）、make（作る）、eat（食べる）など、一つひとつ具体的な情報です。そこで、これら**一般動詞を抽象化して「軽く」**します。要は「何かをする」ということですから do や does になるのです。

valuable information

このような用法は、18 世紀のイギリスで辞書が登場したり、学校教育で規範となるべき英文法が統一される中で強化されたルールで、それまでは Plays he baseball? のような（実際の言い方はもう少し違いますが）自由な語順は結構存在していました。

第1章 第2章 第3章 第4章 第5章 第6章 第7章 第8章 第9章 第10章 第11章 第12章 第13章

英文の鬼100

法則

第2章
動詞①文型：動詞を単語で捉えるな、文型で捉えろ

Must
04

文とは何か、を理解する

▶「水！」を「存在承認」と「希求」から考えてみる

「語」と「文」の違いは何？

「みなさん、語や句と、文の違いってなんやと思う？」

10年ほど前に私が学んでいた東京言語研究所の教室で、教授の大阪弁が響きます。教授の名は尾上圭介（おのえけいすけ）。当時東京大学の教授でいらっしゃいました（現在は名誉教授）。この方は国語学の研究者でありながら、私が研究していた認知文法に親和性の高い文法観を持ち、その観点から日本語の文法のなぞを解き明かそうとしていらっしゃいました。

「何が文を文たらしめる？」

教授のこの問いに、私を含めた受講生は、「主語と動詞があること。」とか「句点（マルのこと）で終わるもの。」といった返答をします。私なども、やはり英語を研究しているものですから「主語と動詞、特に動詞があることだろう」と思い、そのように答えました。教授は一通り皆の返答を聞いた後、おもむろにこう答えるのです。

「動詞があるとか、ないとかは関係がない。

それが文かどうかは、存在承認か希求のどちらかの話をしているかどうかや。」

勉強不足の私は頭の中が「？」だらけでした。

しかし、講義を聞いてみると、確かにこの「**存在承認**」と「**希求**」というのは**文が文として成立するための最低限の意味機能**だったのです。

●—— 一語文から見えてくる「文」の意味

例えば、「水」という単語があります。

単語としての「水」は名詞で、その意味は「液体で、酸素と水素の化合物であり、0度で固体になり、100度で気化し、生物の生命維持に欠かせないもので……」という感じです。「水」はあくまで単語であり、一見すると、これだけでは文にならないと思えます。

ところが、人間の子どもが一番初めに話す言語形式に、「一語文」というのがあります。例えば、

①（水が溢れるのを見て）「**水！**」

②（喉が渇いて）「**水！**」

①は「水がある、水が存在する」という意味を持ちます。

明らかにこれは、「水とは何か」という意味での、単語としての「水」ではなく、「水があるよ」ということを表す「文」です。

②は「水が欲しい、水をくれ」という意味を持ちます。これも明らかに単語ではなく、文です。

つまり、**ただの名詞一語でも、それが「文」として使われれば、「存在承認（①）」か、「希求（②）」のどちらかの意味を持つ**わけです。

衝撃的なのは、「文」は、そこに入る単語が何であれ、**「文」という単位自体に「存在承認」か「希求」という固有の意味がある**のだということです。「文」とはただの形ではなく、単語や熟語と同様、意味のユニットだったわけです。

第４文型の項で改めて解説していますが、例えばbuyという動詞には「買う」という意味はあっても「渡す」というイメージはありません。

She bought a T-shirt.　　「彼女はＴシャツを一枚買った。」

「渡す」というよりは、どちらかと言えば「手に入れる」イメージですね。
しかしbuyを第４文型に入れれば「買う＋渡す」＝「買ってあげる」という意味になります。

She bought me a T-shirt.　　「彼女は私にＴシャツを一枚買ってくれた。」

これは**第４文型自体に「渡す」という意味がある**ことを示しているわけですが、その原型のようなもの、つまり、一語文それ自体が固有に持つ意味、というものがあるのです。

ここに紹介する２コマ漫画は、この「一語文」の持つ存在承認と希求の意味を見事に表現しています。

© Phil Watson www.shaaark.com

ひとコマ目で男性が叫んでいる“Shark!”は「サメが『いるぞ』！」という存在承認を意味します。
そしてふたコマ目でサメが“What?”（何？）と問い返しているのは、サメが、男性の“Shark!”というセリフを希求の意味、つまり「『おーい、サメよ！』と自分を呼んでいる（＝居て欲しいから呼んでいる）」のだと解釈したことを意味しています。
まさに“Shark!”という一語文が存在承認と希求の両方の意味をもつ文として機能していることを表しています。

動詞の原形と命令文

動詞の一語文で典型的なのは、命令文です。

日本語でも目の前の相手に「(ほら！）歩く！」と呼びかければ、それは「歩け」ということを意味しています。これはただの「裸の動詞」である**原形**（日本語では終止形）**を「文」という形式の中に置くことで「希求」の意味が加わり**、「歩く」という動作が存在して欲しいのだという意味を伝えることになるのです。

英語なら

Walk!　　「歩け！」

というところです。

もちろん、**存在承認**の意味が出ることもあります。

例えば赤ちゃんが歩くのを見て、日本語で「おお、歩く、歩く！」と言っているのがそうです。

尾上教授によると、この一語文がさらに「分析的」、つまりもっと大人の文になると、一語のなかに込められている情報が主語と述語、つまり「何が」と「どうする」に「はがれ」ていくのだそうです。

He walks.　　「彼が歩く。」

valuable information

この理論に沿っていくと、本来命令文にはyouという主語が「省略」されているのではなく、もともと主語が存在しないのだ、ということになるでしょう。子どもが最初に話すのが一語文であり、一語文が希求の意味を表すときに命令文ができるのだ、と考えることができるからです。言葉の省略は、あらかじめ完全な文が話せる人間が、「その情報は言わなくてもわかるから」と考えて行うものです。仮に子どもが主語＋動詞の揃った命令文を最初に話し、大人になるにつれて主語を省略するのなら、「命令文の主語は省略されている」と言うことができるでしょうが、実際には、最初に子どもが話すのは主語のない命令文で、のちに大人になってからそこに「主語（らしきもの)」を「挿入」していきます。したがって、命令文には元々主語はないのです。のちに挿入される「主語らしきもの」は主語ではなく、一種の「呼びかけ」であると私は考えています。

Must
05

動詞の「力の方向」を理解しろ！

▶目的語のあるなしは一旦おいといて…自動詞と他動詞

自動詞と他動詞の「気持ち」を理解する

ちょっと日本語で考えてみてください。

① 皿が割れる。　**② 皿を割る。**

どちらが「自分で勝手にそうなっている」感じがしますか？
どちらが「対象に力をぶつけている」感じがしますか？

おわかりの通り、「皿が割れる。」が「皿が勝手に割れる感じ」、「皿を割る。」が「人が皿に『割る』という力をぶつけている感じ」がしますよね。

もう１つ見てみましょう。

① ドアが開く。　**② ドアを開ける。**

前者が「ドアがひとりでに開いていく」感じがする一方で、後者は「人がドアに力をかけ、ドアを開けていく」感じがしますよね。

どちらも物理的には「人がドアを操作して、ドアが開く」という状況に変わりはないのですが、それを**話者がどう見ているかが異なっています**。

英語の授業で「自動詞」「他動詞」という話は必ず聞きます。

一般的な説明の仕方は「後ろに目的語がないから自動詞」「後ろに目的語があるから他動詞」というものです。

しかし、そういう「表面的な形、パターンでの判別」はわかりにくいだけでなく、「で？ だから何？」という気持ちしか呼び起こさないものです。つまり、「動詞の気持ちがわからない」わけです。人間は「気持ち」を表したくて言葉を話すわけですから、**言葉から「気持ち」が読み取れなければ、英語の学習はただの暗号解読になってしまいます**。

●——動詞の気持ちを可視化すると・・・

自動詞と他動詞の「気持ち」を理解しておきましょう。

> **動詞とは主語から出る「力」である。**
> 自動詞：**自分が自分でやっていく動き。主語から出る力が主語自身にしか作用しない。**
> 他動詞：**自分から出た力を他者にぶつけていく動き。主語から出る力がぶつかる「他者」が目的語。**

先ほどの日本語の例を英語で見てみましょう。

The dish broke.　「皿が割れた。」
主語　動詞

割る

I broke the dish.　「私は皿を割った。」
主語　動詞　目的語

上の文では、主語 the dish から出た動詞 break の力が、主語である the dish 自身にぶつかっています。

だから「ひとりでに割れた」感じがします。**自分から出た力が自分自身にぶつかって作用するから、この broke は「自動詞」の働きをしています**。

下の文では、主語 I から出ている動詞 break の力が他者である the dish にぶつかっています。だから「私の力で皿が割れた」感じがします。**自分から**

出た力が他者にぶつかって作用するので、この broke は「他動詞」の働きをしています。そして、動詞の力がぶつかる the dish が目的語です。

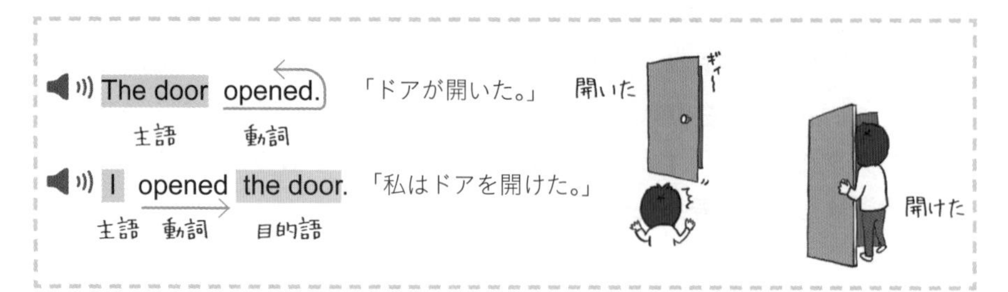

上の文では、主語 the door から出た動詞 open の力が主語である the door 自身にぶつかっています。だから「ドアがひとりでに開いた」感じがします。**自分から出た力が自分自身にぶつかって作用する**から、この opened は「自動詞」の働きをしています。

下の文では、主語 I から出ている動詞 open の力が他者である the door にぶつかっています。だから「私の力でドアが開いた」感じがします。**自分から出た力が他者にぶつかって作用する**ので、この opened は「他動詞」の働きをしています。そして、動詞の力がぶつかる the door が目的語です。

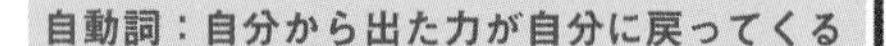

自動詞：自分から出た力が自分に戻ってくる	他動詞：自分から出た力を、他者にぶつける

このように、**動詞を「力の方向」として捉えれば、「動詞の気持ち」がわかるようになり**、意味の解釈がスムーズになります。
「後ろに目的語がないから自動詞だ、だから自動詞で『割る』と訳す。『割れる』ではない…」というような従来のやり方では、「分析」はできても、

直感的に英語を理解したり、使ったりすることは難しくなります。

動詞を直感的に理解するなら、動詞の気持ちを理解することです。そして、**動詞の「気持ち」とは動詞の「力の方向」**なのです！

5文型とは5つの「動詞の気持ち」のパターンだ

このあと、第1文型から第5文型まで説明していきます。

一般には「文型は、判別するためのもの」という教え方が主流です。英文をじっと見て、これは主語、これは動詞、そして、これは目的語、これは補語……というふうに判別し、その並び方を見て、「これは第◯文型だ」と判別し、それで終わり。「判別できたからって、だから何？」という気持ちがするものです。

けれども、文型の大切さはパターン判別にとどまるものではありません。真に重要なのは

単語や熟語が意味を表すように、
文型も「1つの意味を表すかたまり」である

ということです。

文型という大きなかたまりで意味を捉えることができると、単語や熟語レベルで意味を捉えるときよりもずっと速く大胆に意味を捉えることができるようになります。読むのが速くなるのはもちろん、素早い情報処理を必要とするリスニング能力も向上します。

また、話すときや書くときには、「文」を作らないといけないわけですが、文の「木」の部分が文型で、あとは「枝」の先に単語を入れれば良い、という思考回路になりますので、単語だけを覚えてそれをどうつなげて文にしようかと悩む人と比べて、速く正確に英文が作れるようになります。

文型の攻略は、英語上達の必須の項目です。それでは、「5つの動詞の気持ち」を一緒に見ていきましょう。

Must
06

第１文型、第２文型、第３文型と修飾語の関係

▶修飾語は「動詞の力が届かない言葉」

そこに力は届いているか？

●――第１文型

前項で、自動詞と他動詞とは何か、というお話をしました。今回はここに、「修飾語」という言葉を加えて説明していきます。

まずは自動詞の文を見ていきましょう。５文型のなかでは「第１文型」と呼ばれる形です。

(S = 主語、V = 動詞)

I walked along the river. 「私は川沿いを歩いた。」
S V 修飾語

主語である「私」から出た「歩く」という力は自分を歩かせているだけで、他者には影響を与えていません。それでは walked の後ろにある along the river（川沿いを）は何でしょうか？

I から出た walk という力は、「川沿い」に何かをしていませんよね。つまり along the river という言葉は動詞 walk の力が届いていない言葉だということになります。このような**「動詞の力が届かない言葉」**が修飾語です。

第１文型は「主語＋自動詞」の文であり、さらにこのような修飾語が加わるのが自然な形です。第１文型は**「自分が自分でやる。他者に影響を与えない。」**という意味を出す文型です。

●——第３文型

次に他動詞の文を見てみましょう。「第３文型」と呼ばれる形です。

(S = 主語、V = 動詞、O = 目的語)

He moved the sofa into the room.

S　V　O　修飾語

「彼は部屋の中にソファを運び込んだ。」

主語である「彼」から出た「動かす」という動詞の力は、目的語である「ソファ」にぶつかり、ソファを動かして、そこで力尽きます。「彼」は「部屋」を動かそうとしているわけではありません。したがって、move という動詞の力は the sofa にぶつかり、into the room には届いていません。into the room は修飾語です。

第３文型は「主語＋他動詞＋目的語」の文であり、さらにこのように修飾語が加わるのが自然な形です。**第３文型は「自分から出た力を他者にぶつける」という意味を出す文型**です。

文型を教わるときによく先生から聞く「そこで文が完結する・終わる」という言い回しがあります。これは「**動詞の力がそこで終わる**」という意味だと捉えると良いでしょう。例えば、He walked along the river. なら、「he walked で一度文が終わるんだ」という言い方をされる先生がいらっしゃいます。これは he walked より後には walk の力が伝わらない、ということを意味しています。

力をぶつける目的語・中身を表す補語

●——第２文型

つづいて第２文型を見ていきましょう。ここでは補語と呼ばれる言葉が出て来ます。動詞の後ろにつく言葉が、目的語なのか？ 補語なのか？ いつも英語学習者を悩ませます。まずは目的語と補語を比べて見てみましょう。

He moved the sofa. 「彼はそのソファを動かした。」
S V O (目的語)

この文では「彼」から出た「動かす」という力が「ソファ」にぶつかり、ソファが動きます。このように、**目的語というのは主語から出た動詞の力がぶつかる相手**のことを言います。

それでは補語はどうでしょう？

I am 〔a student.〕 「私は生徒です。」
S V C (補語) → am の下にある記号は「イコール」を表す。

be 動詞 am の後ろに a student という言葉があります。ここで考えて欲しいのですが、主語である「私」は「学生」に対して何かやっていますか？つまり、力をぶつけていますか？

そうではありませんよね。**主語である「私」の中身が「学生」**です。意味の上で「**私＝学生**」です。このように、主語の中身を表している言葉のことを「**補語**」（より正確には主格補語）と言います。

valuable information

補語を後ろにとる be 動詞のような動詞を「**不完全自動詞**」と呼ぶことがあります。なぜこのような呼び名になるかという理由は以下の通りです。

① 主語が補語に何か力をぶつけているわけではないので、他動詞ではなく自動詞。
② しかし、普通の自動詞と違い、I am で文が完成せず、I の中身を説明する補語である、a student が来て初めて文の意味が成立するので、不完全な自動詞。

後ろに補語をとる自動詞は他にもいろいろあります。意味の上で「主語＝補語」という形になり、**動詞を be 動詞に置き換えても意味が通る文なら、その文は第２文型と考えて良い**です。

He became 〔a teacher.〕 「彼は先生になった。」
→「彼＝先生になった」ということで、He is a teacher. と言える。

The shop stays〔open〕until eight. 「その店は８時まで開いている。」
→「その店＝開いている」ということで The shop is open (until eight). と言える。

●――補語に来る言葉の品詞は名詞か形容詞

補語に来る言葉は、意味の上で主語とイコールになります。
主語には必ず名詞が来ますので、それと意味の上でイコールになる補語に名詞が来ることは理解できると思います。ではなぜ形容詞も補語になれるのでしょう？

品詞というものを大雑把に説明すると、**名詞は物の名前**を表し、**動詞は動き**を表します。そして、**様子を表すための言葉には**形容詞と副詞があります。**形容詞は名詞の様子を説明**する言葉です。例えば、「机」は名詞ですが、その「机」の様子を説明する「赤い（机）」「大きな（机）」「昨日僕が買ってきた（机）」などの言葉はすべて形容詞の働きをしていると言えます。
このように言葉が言葉の様子を説明することを「**修飾する**」と言います。
そして**修飾は「イコール」関係**でもあります。例えば「赤い机」ということは、「机＝赤い」ということです。名詞である主語と意味の上でイコールになるのが補語ですから、名詞を修飾できる形容詞は補語にもなるわけです。

I am〔happy〕.　「私は嬉しい。」

This watch is〔expensive〕.　「この腕時計は高価だ。」

The hotel was〔nice〕.　「そのホテルは良かった。」

ちなみに副詞は**名詞以外の言葉（主に動詞）の様子を説明**する言葉です。
例えば「走る」という動作の様子の説明で「速く（走る）」「友だちと（走る）」「校庭で（走る）」などが副詞にあたります。

Must

07

渡してあげる第４文型

▶文型は単なる語順のパターンではなく、意味を持つユニットである

構文に入れるだけで意味が変化する

以下は、主語から目的語に動詞の力をぶつける、第３文型の文です。

I cooked my son.　「私は息子を料理した。」

料理した

これでは息子は食べられてしまいますね。

ところがこの文を第４文型にすると、あら不思議。

I cooked my son dinner.「私は息子に夕食を作ってあげた。」

料理した＋渡した　誰に　何を

「料理してあげた」という意味になってしまいます。

cook という動詞には「料理する」という意味はあっても、「あげる」という意味がないのがデフォルトです。でも第４文型（正確には二重目的語構文）の中に入れると、「料理する」＋「渡す」＝「料理してあげる」という意味が出ます。

つまり、**第４文型はそれ自体が「渡す」という意味を持つ**ユニットなのです。一種の熟語みたいなものですね。他の動詞で例を見てみましょう。

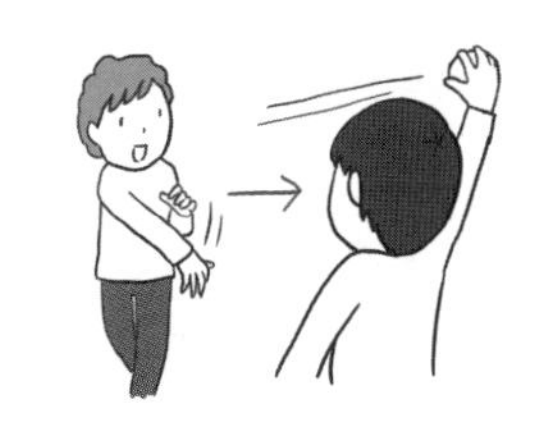

He threw me a ball.

投げた＋渡した

「彼は私にボールを投げてよこした。」

I 'll buy you a drink.　「君に一杯おごろう。」

買う＋渡す

第４文型に入れると「渡せる」動詞

make、find、get、leave、save などの第４文型も「渡す」感覚を動詞にプラスすることで解釈が容易になります。

My dad made me some sandwiches.「父さんが私にサンドイッチを作ってくれた。」

作った＋渡した

She'll get you some coffee.「彼女があなたにコーヒーを持ってきてくれるからね。」

手に入れる＋渡す

I 'll find him a girlfriend.　「あいつに彼女を見つけてきてやるつもりだ。」

見つける＋渡す

My parents left me a fortune.　「両親は私に財産を残してくれた。」

（この世を）去った＋渡した

I 'll save you a seat.　「君の席を取っておいてあげるね。」

すくい上げる＋渡す

（save の根っこの意味は「放っておいたら流れて消えてしまうものを、消える前にすくいあげておく」ということ。）

●── その動詞の意味に「渡す」イメージがあれば第4文型で

第４文型の構文自体が「渡す」という意味を持っているので、元々「渡す」イメージを持っている動詞と相性がぴったりで、こういう動詞は、第４文型で使うのがデフォルトです。

それ以外の文型で使うことも、もちろんできますが、第４文型で使うのが一番自然な形です。

次のような動詞を使うときは、まずは第４文型で使うことを優先的に心がけ、慣れてきたら文脈に応じて違う文型で使うことになります（ただし、provide や supply、explain など、ラテン語からの外来語ではこのルールが当てはまらず、第４文型では使わない動詞もあります）。

give：「与える」

I gave him the ticket.　「私は彼にそのチケットをあげた。」

teach：「教える」（＝知識を相手に渡す）

He taught me how to survive in this world.
「彼は私にこの世界で生き抜く方法を教えてくれた。」

show：「見せる・示す」（＝情報を相手に渡す）

They showed me the way to the city.「彼らは私に街までの道を教えてくれた。」

ask：「質問する」（＝質問の情報を相手に渡す）

Can I ask you some questions?　「少し質問していいですか？」

tell：「言葉で伝える」（＝情報を言葉で相手に渡す）

I'll tell you the truth.　「君には真実を言うよ。」

上記のように、第４文型の構文は「渡す」意味を持つ構文で、そこで使われる「渡す」イメージを持つ動詞は**「授与動詞」**と呼ばれます。

cost の第４文型：「大変だった」のはどちらか？

「費用がかかる」を意味する動詞 cost は第３文型でも第４文型でもどちらでも使え、なおかつ日本語訳にしてみるとどちらも変わりません。

しかし、第３文型の cost と第４文型の cost では心理的な意味が違ってきます。

第３文型の cost：「感情」抜き。客観的に「いくらかかるか」

This camera costs 300 dollars. 「このカメラは 300 ドルします。」

→例えば会議などでカメラの費用を淡々と説明するときに出て来る表現。

第４文型の cost：「負担感」のアピール。負担を自分や誰かに「渡す」

This camera cost me 300 dollars.「このカメラは 300 ドルもしたんだよ。」

→カメラが私に300ドルという「負担」を「渡した」ということを表す。
「お金がかかって大変だった」という感じが出る。

似た仲間に it takes の構文があります。「状況（it）」が「時間」を「取る（take）」ので「時間がかかる」ことを表します。

It takes two hours to go to the station.
「駅へ行くには２時間かかる。」

→ 一般的に、誰が行っても、2時間かかることを表す。

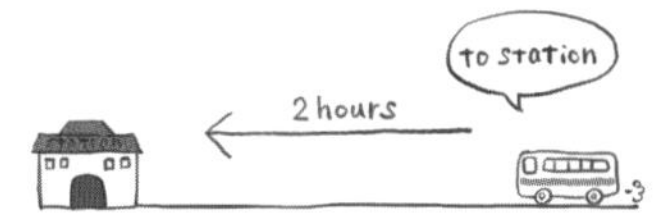

It takes me two hours to go to the station.
「（他の人はともかく）私が駅に行くには２時間かかる。」

→ 例えば他の人より足が遅いからとか、自分は車を持っていないからとか、といった理由で自分はこれだけの時間がかかる、ということ。「2時間かかって大変」という負担を渡す感じも表すことができる。

Must
08

第４文型から第３文型への書き換え

▶to と for のイメージの違いを理解せよ

どういうときに to や for を使うのか

第４文型の文は to や for といった前置詞を使って書き換えることができます。

I gave him some money. → I gave some money to him.
「私は彼にいくらかお金をあげた。」

I bought her some food. → I bought some food for her.
「私は彼女に食料を買ってあげた。」

書き換えられた文は「SVO＋修飾語（＝前置詞＋名詞）」なので、第３文型扱いになるのですが、それはここではあまり重要なことではありません。問題は**どういうときに to を使い、どういうときに for を使うか**です。特に多くの英語学習者は for を「〜ために」という日本語訳で捉えているので、間違った使い方をする確率が高くなります。

× He showed the way to the station for me.
He showed the way to the station to me. 「彼は私に駅までの道を教えてくれた。」

上記の例は「彼は私のために道を教えてくれた」と捉えることで日本語話者が for を使ってしまう、というものです。

従来の英語教育でも for は「受益」を表すと教えているため、このミスを助長してしまっています。この項ではどういうときにforではダメなのか、を解明することで、forが持つ「〜ために」以外の非常に重要なイメージを理解していただきます。

●── 「遠くに見つめる目標」から「代理・交換」へ

forは**もともと「前」という意味**を語源に持ち、その痕跡はbefore（〜の前に）とか、forward（前方へ）といった言葉に残っています。「前方」から「前方に見つめる、自分がたどり着こうとする場所＝**目標、目的**」という意味が派生し、そこでforには「〜のために」という訳が出て来ます。

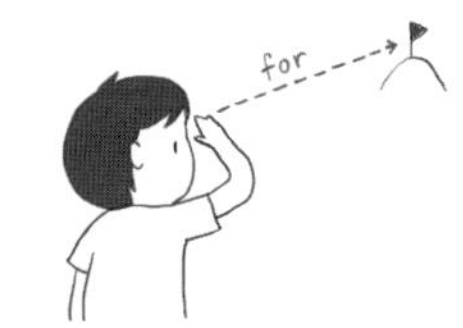

ここで気づいて欲しいのは、「〜のためにしてあげる」ということは、「**〜に代わってやってあげる**」という捉え方ができるということです。

例えば「子どもの将来のために貯金する」のは、子どもが使うお金を親が代わって貯めてあげている、ということです。自分のお金は自分で工面するのが普通で、それを代わりに誰かがやってあげているからです。このような捉え方から、forには目標のほかに「**代理**」という意味が生まれました。

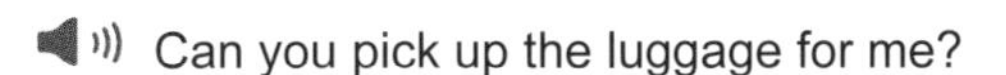

Can you pick up the luggage for me?

「荷物を私のために取りに行ってくれないか。」

→「私に代わって取りに行ってくれないか。」

「代理」とは「引き換え」という意味を持ちますから、ここからforには「**交換**」という意味も出て来ます。

an eye for an eye　「目には目を」

→「自分の目をやられたら、相手の目をやり返せ」という、「目と目の交換」のイメージ。

He bought the car for 20,000 dollars.　「彼は2万ドルでその車を買った。」

→「車」と「2万ドル」の交換。

話が少し脱線しますが、forが表す「期間」や「距離」も、**「行為」とそれと引き換えに消費された**「時間」「距離」を表すと考えることができます。

🔊 I watched TV for two hours. 「私はテレビを2時間見た。」

→テレビを見るのと引き換えに、2時間消費した。

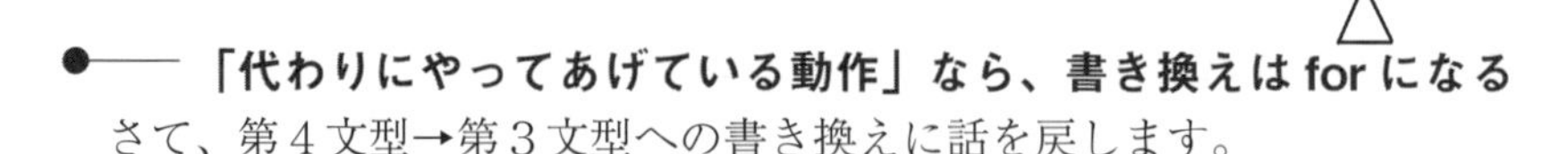

●—— 「代わりにやってあげている動作」なら、書き換えはforになる

さて、第4文型→第3文型への書き換えに話を戻します。

> この書き換えでtoではなくforを使うのは、
> **①「渡すイメージ」をもっていない動詞のとき**
> **②「代わりにやってあげている」イメージが出るとき**

です。

forを使う代表的な動詞にはbuy（買う）、cook（料理する）、make（作る）、save（とっておく）などがありますが、これらは「**代わりにやってあげている**」というイメージが出ます。

🔊 I bought him some clothes. → I bought some clothes for him.

「私は彼に服を買ってあげた。」

①「買う」には「自分が手にいれる」イメージはあっても「誰かに渡す」イメージはない。
②彼の服なのに、私が彼に代わってお金を払った、ということを表す。

🔊 I cooked him dinner. → I cooked dinner for him.

「彼に夕食を作ってあげた。」

①「料理をする」は「食材に火を入れて、食べられる状態にする」というイメージはあっても、「誰かに渡す」イメージはない。
②彼が食べる食事なのに、私が代わりに作ってあげた、ということを表す。

その他、makeなら「～に作ってあげる」→「代わりに作ってあげる」、saveなら「～のためにとっておいてあげる」→「～に代わってとっておいてあげる」ということになります。

「渡す」動詞なら、toになる。

今度はtoを使う動詞を見てみましょう。これらの動詞には元々**「渡す」**イメージがあるのが普通です。

I gave him some money. → I gave some money to him.
「私は彼にいくらかのお金をあげた。」

①「与える」には「渡す」イメージがある。
②「渡す」とは品物が移動することであり、ここでは「お金」の「私→彼」の移動。

同様に、teachやshowも「知識や情報の移動」を表す動詞です。

He taught us science. → He taught science to us.
「彼は私たちに科学を教えてくれた。」

The woman showed me the way. → The woman showed the way to me.
「その女性は私に道を教えてくれた。」

forに「代理・交換」の意味があることを理解した上で、上記の文にforを使うと、奇妙なイメージが生まれます。

× I gave some money for him.
→彼に代わってお金を渡した、という意味になり、なおかつ、誰に渡したのかがわからない。元の文であるI gave him some money.「彼に幾らかのお金をあげた。」とは明らかに意味が変わってしまう。

teachやshowでも同じことが起きます。

× He taught science for us.
→「彼が私たちに代わって科学を教えた」ことになり、なおかつ、誰に教えたのかわからない。

× The woman showed the way for me.
→「その女性が私に代わって道を教えた。」ことになり、なおかつ、誰に教えたのかわからない。

このように、forが「交換・代理」のイメージで使われていることを知れば、第４文型→第３文型へスムーズに書き換えられるようになります。

Must

09

第５文型は３＋２＝５で考える

▶第３文型＋第２文型＝第５文型

合わせて一気に話す型

「第３文型＋第２文型＝第５文型」とはどういうことか？

ちょっと見てみましょう。

We call this flower…. 「私たちはこの花を呼ぶ。」第３文型
S V O

This flower is〔yuri〕. 「この花は『百合』だ。」第２文型
S V C

例えば、いきなり誰かがあなたに「私たちはこの花を呼ぶんですよ。」（第３文型）なんて言ってきたとしたら、きっとあなたは「え？何て呼ぶの？」と思うはずです。その足りない情報を埋めるために、後から「この花は『百合』だ。」（第２文型）と重ねてもいいでしょうけれど、一気に「私たちはこの花を『百合』と呼ぶ。」と言った方が楽ですよね。

この、**「第３文型」と「第２文型」を合わせて一気に話す便利な言い方が、第５文型です**。

We call this flower =〔*Yuri*〕.「私たちはこの花を『百合』と呼ぶ。」第５文型
S V O C

valuable information

不完全他動詞と目的格補語

第２文型を説明したときに、第２文型をとる動詞を「不完全自動詞」と呼ぶ、と述べました。一方で、第５文型をとる動詞を「不完全他動詞」と呼んだりします。なぜ不完全なのかは、もうおわかりの通り。いきなり「私たちはこの花を呼ぶんですよ。」と言われても「え？何て呼ぶの？」となるわけで、第３文型のままでは「情報が足りない」他動詞だからです。ざっと言えば、第１文型の動詞は自動詞、第２文型は不完全自動詞、第３文型は他動詞、第４文型は授与動詞（渡すイメージ）、第５文型は不完全他動詞を使う、ということになります。５つの文型は５種類の動詞の力によって表される、ということがこれでわかると思います。
また、第５文型で使われる補語は「目的格補語」と呼ばれます。第２文型、例えばThis flower is *Yuri*. であれば、主語であるthis flowerの中身の情報を*Yuri*という補語が補って説明してくれています。ですから、第２文型の補語は主語の中身を補うという意味で主格補語と呼びます。一方で第５文型、例えばWe call this flower *Yuri*. であれば、callという動詞の力がぶつかる目的語のthis flowerの中身の情報をyuriという補語が説明しています。したがって、第５文型の補語は目的格補語と呼ばれます。

第５文型の重要な構文

①使役構文

「**Sが人に何かをさせる**」という構文で、主にmake、let、have、getという動詞を使います。それぞれの構文についての詳しい説明は別の項で詳しく行うので、ここではmakeとletをざっと概観するだけにとどめます。

make

「パン生地をこねる」が語源。ここから「思った通りの好きな形を作る」→「**原因が状況をある形にしてしまう**」という意味に。

The news made me =〔happy〕. [The news made me… + I was happy.]
その知らせが「私＝嬉しい」という形にした
→「その知らせを聞いて私は嬉しくなった。」

「原因が**強制的に～をある形にしてしまう**」という強制のイメージも強い。

This made me =〔 think twice〕.　[This made me… + I thought twice.]

このことが「私＝2度考える」という形にした

→「このせいで私は、躊躇してしまった。」

let

「解き放つ」「放出する」イメージの言葉（ちなみに名詞 outlet は「はけ口」を意味する）。ここから「**したいようにさせてやる**」という意味が出る。

Let him =〔say anything〕.　[(You) let him… + He says anything.]

「彼＝何でも言う」という状態にさせてやれ→「彼には好きに言わせておけ。」

（will は「意志」を表す）

I'll let you =〔know〕when I arrive there.　[I'll let you…+ You know.]

（私が向こうに着いたら）「あなた＝知っている」状態にさせてやるつもりだ

→「向こうに着いたら、お知らせします。」

●──②知覚構文

知覚構文とは、知覚動詞を使ったときに現れる構文です。知覚動詞とは「**入ってきた情報に気づく**」ことを意味する知覚の動詞です。主に see, hear, feel, watch などが使われます。

hear

耳に入ってきた音に気づく＝「聞こえる」「耳にする」

She heard someone =〔calling her name〕.

[She heard someone… + Someone was calling her name.]

彼女は「誰か＝自分の名前を呼んでいる最中」を耳にした

→「彼女は誰かが自分の名を呼んでいるのを耳にした。」

●――③結果構文

構文自身が１つの意味のユニットであるという意味で、言語学では二重目的語構文（第４文型）に並び、好んで取り上げられる構文です。「主語から出た動詞の力が目的語にぶつかり、その結果、**目的語が補語の状態に変化する**」という意味を持つ構文です。

He pushed the door =〔open〕. [He pushed the door. + The door was open.]

彼がドアに対して押すという力をぶつけた結果、「ドア＝開いている」という状態に変化した。

→「彼はドアを押し開けた。」

We painted the wall =〔white〕.[We painted the wall. + The wall was white.]

私たちが壁に対して塗るという力をぶつけた結果、「壁＝白い」という状態に変化した。

→「私たちは壁を白く塗った。」

Must

10

「間接的な」力の伝わり方を前置詞のニュアンスで示す

▶I hear you. と I've heard of you.

他動詞の力の伝わり方がわかると見えてくる世界

以下の２つの文を比べてみましょう。形はすごく似ているのに、前置詞 of が動詞 hear の後ろにつくかどうかで結構意味が変わってしまいます。

I hear you. 「あなたの言ってること、聞こえてるよ。」
I've heard of you. 「あなたのことは聞いたことがあります。」

他にもこういうのがあります。

He shot the bird. 「彼はその鳥を撃った。（弾が命中した）」
He shot at the bird. 「彼はその鳥めがけて鉄砲を撃った。」
（命中したかどうかは、この文ではわからない）

上記の２つの例で気づくことは、**前置詞がない場合には動詞の力が直接、目的語にぶつかる**ということです。

ここまで本書では、「他動詞の力が目的語にぶつかる」という説明をしてきました。これは、単純にそう考えると理解しやすいよ、という話ではありません。どうも英語を話す人間は本当にそう考えて言葉を話しているようなのです。それを説明してくれる好例がこの「**他動詞 vs 動詞＋前置詞**」の意味の違いです。

前置詞がない場合、動詞の力が直接目的語にぶつかる

I hear you.　「あなたの言ってること、聞こえてるよ。」

hear の下の矢印は「you から出た音を捕まえる（＝聞こえる）」力を表す。このことにより、you から発せられた音を直接、耳を通してキャッチしていることを表す。

He shot the bird.　「彼はその鳥を撃った。」

he から出た shoot（銃で撃つ）という力が the bird に直接ぶつかっている。このことが「弾が鳥に当たった」ことを表す。

前置詞がつく場合、動詞の力は間接的に目的語に働く

一方で、前置詞がつくと、「間接的な動き」を表すことになります。

I've heard of you.　「あなたのことは聞いたことがあります。」

hear of Ⓐで「Ⓐの噂を耳にする」。例えば a piece of cake が「ケーキ全体の中から、その一部である一切れを取り出す」＝「一切れのケーキ」となることでわかるように、of は「全体から一部を取り出す」という意味を持つ。したがって hear of you は「you の一部を取り出して耳にする」＝「you の話をちらりと耳にする」という意味が出る。

このように、hear of you では、you が発した言葉を直接耳に入れるのではなく、you に関する情報を間接的に耳に入れることを表しています。

He shot at the bird.

「彼はその鳥めがけて鉄砲を撃った。」

at は「動いている最中の一点を指す」という意味の前置詞。したがって、動いている標的にさっと照準を合わせる、という意味でも使われる。shoot at では、at があるおかげで、「照準を合わせて撃つ」に意味の焦点が移り、その結果、弾が当たったかどうかには言及されない。

このように、shoot at では「弾が直接当たったかどうか」には言及しないという意味で、間接的な表現になっています。

他動詞の文を単純に「動詞の後ろには義務的に目的語がつく」という形式だけで理解していると、こういった現象には注目しにくくなります。

「他動詞の文では、主語から出た動詞の力が、他者である目的語にぶつかり、影響を与える」という感覚で理解すると、ここで見ている「他動詞 vs 動詞＋前置詞」の違いがよりよく理解できるようになります。他動詞は力を直接、目的語にぶつけ、前置詞が入ると、動詞の力が間接的になるわけです。

さて、今度は know という動詞を例にとってみましょう。

他動詞で know を使えば「直接の知り合い」、know about や know of で使えば、「それに関する情報を知っているのみ」となります。

I know him. 「私は彼を知っている。」

（直接の知り合い）

I know of him but I have never met him.

「彼のことは知っているけど、会ったことはありません。」

（情報としてのみ知っている）

→「一部を取り出す」というofの意味によって、know ofには「少しなら知っている」という意味が出る。

I don't know about other people, but the news was shocking to me.

「他の人はどうなのかわかりませんが、私にとってはそのニュースはショックでした。」

→「他の人ならそのニュースをどう感じるかについて」の情報は持っていない、ということを言おうとしている。

valuable information

類像性

このように、まるで絵文字とその意味のように、**言語の見た目の形式が、実際の意味と並行する**性質のことを、「類像性（アイコニシティ）」と呼びます。
類像性は言語にとって原理とか絶対的ルールというものではなく、「そういうこともあるよ」という程度の一側面に過ぎませんが、決して無視して良いような性質ではなさそうです。
他にもある、類像性の典型例として、**「言葉の長さが、心の距離を反映する」**というのがあります。例えば人をののしるときは遠慮もへったくれもない、「相手と心理的に近づく」状態ですが、使われる言葉も「バカ！」のように短いです。
しかし、これを「遠回し」に言おうとすれば、その分言葉も長くなります。例えば「それでは知的レベルが高いとは到底言えませんね。」のように。
今回のお話でも他動詞の後ろに直接、目的語が来ることで意味の上でも直接的な動作になる一方で、前置詞という言葉が加わり**「言葉が長く」なることによって**、動詞の力が間接的になっている、つまり、**「直接よりも間接の方が、距離がある」**という類像性を表していると考えることができます。

英文の鬼100

音声DL
付き

第3章

動詞②時制：実は私たちは時間をこう捉えている

Must

11

時制を理解する

▶人類は「時間」を「場所」として理解している

以下の日本語表現の下線部分に注目してください。

「今何しているの？」「今宿題をやっているところ。」

「過去を振り返るな。未来を見つめてまっすぐに進め。」

これらはすべて時間表現ですが、**どれもが「場所」を表す言葉を使っている**ことに気づくでしょうか。

「している」の「いる」は存在をあらわします。存在するには場所が必要です。「やっているところ」の「ところ」は「所」で、文字通り**場所**です。

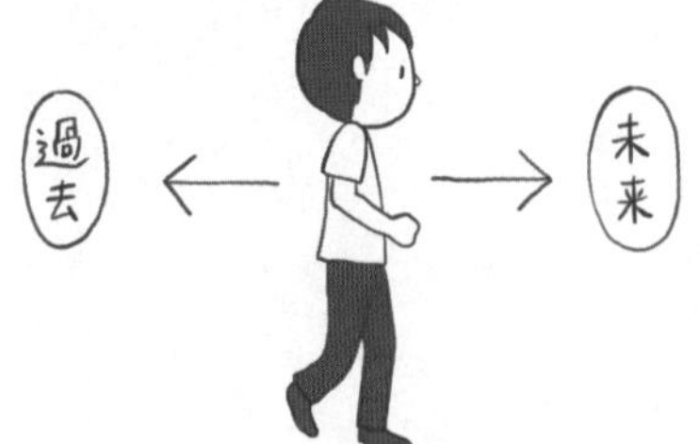

「過去を振り返る」と言っているということは、私たちは**過去を「後ろ」にあると考えている**ことになります。「未来に向かって進め」という言い方から、私たちは**未来は前にあり、そして進めばたどり着く場所**だと考えていることになります。

●——人間の思考にとってものすごく重要なもの：メタファー

時間は、見ることも触ることもできません。見ることも触ることもできないものを人間は一体どうやって理解し、どうやって思考の中に組み込んでいるのでしょうか？

それを助けてくれるのが**メタファー**（隠喩）という比喩の一種です。人間は見ることも触ることもできない抽象的な概念を、具体的に見たり触ったりすることができるものに例えて理解しているのです。人間は、時間という触ることも見ることもできないものを、場所にたとえて理解しているのです。

時制は物理的な時間とは違う

英語で「現在形」「過去形」「現在完了形」「進行形」などといった「時制」は、常に学習者を悩ませます。

その大きな原因の１つに、多くの学習者が時制は「物理的な時間」の話なのだと勘違いしているということがあります。

考えてみてください。

物理的時間を言葉で表すのは大変です。

「今現在」というのは刻々と移り変わり、一瞬後には過去になってしまいます。

何秒前から何秒後までを「現在」と定義すれば良いのでしょう？

「現在」とは点なのでしょうか、幅なのでしょうか？

過去は何秒前から始まり、未来は何秒後以降のことを言うのでしょう？

そんなことは考えるだけ不毛です。

人間はそんな風に時制を考えていないのです。

実は**時制を「場所」として捉えることによって、その理解は驚くほど明確になるのです**。

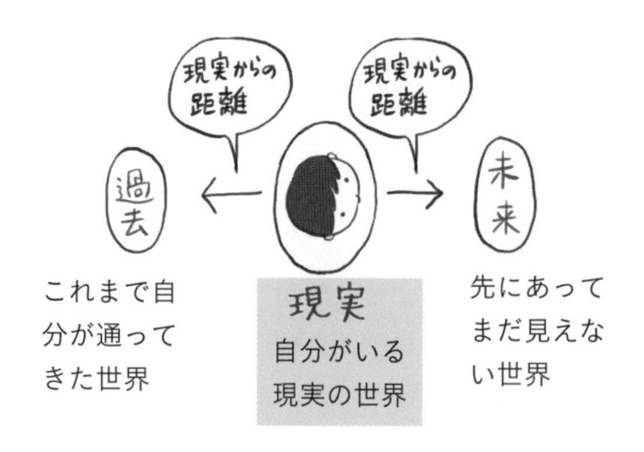

●──「今」は自分がいる「現実の世界」

この図を見ると、**現在**というのは「何秒前から何秒後まで」という時間の範囲ではなくて、**単純に自分がいる現実の世界だ**ということがわかります。

この「現実の世界」は「**繰り返される日常**」の世界です。

太陽は東から昇る、私は毎朝ウォーキングをする、うちはいつも夕飯を7時に食べる……　こういう繰り返される日常を表すのが「現在形」です。

●──「過去」は「今はもう現実ではない場所」→「距離がある場所」

過去について考えてみましょう。

過去というのは今自分がいる場所から後方に離れた場所です。「**以前は現実だったけど、今はもう現実ではない**」という世界です。

「過去の栄光」とか「それはもう終わったことなんだよ」とか、「現実ではない」という意味で「過去」が使われることは日本語でもよくあります。

また、「遠い過去」という言い方でわかる通り、人間は、**「過去」を現在（つまり現実）から離れたもの**として考えてもいます。

英語の過去形には、「昔」という意味以外に、変わった使い方があります。

例えば助動詞の過去形。It might rain.（雨が降るかもしれない。）の might は may の過去形ではありますが、過去は表しません。

It may rain. よりも **「雨が降る可能性」が低い**ことを表します。

なぜなら「過去＝現実（現在）から離れている」ことが「実現の可能性の低さ」という意味で転用されているからです。

It might rain.

「雨が降るかもしれない。」

It may rain.

「雨が降るかもしれない。」

Will you ～？や Can you ～？でお願いするより、Would you ～？や Could you ～？でお願いする方が丁寧だと言われます。

偉い人にうかつに近づきすぎると「馴れ馴れしすぎる」と怒られることがあります。敬意というのは距離をとることで表現されます。**Would you ～？や Could you ～？が表すのは「距離をとることで表す敬意」**なのです。

●――「未来」は「まだ現実になっていない場所」

今度は未来について考えてみましょう。

未来は「**まだたどり着いていない（＝現実になっていない）、先にある場所**」です。

「現在」は「自分がいる現実の場所」、「過去」は「かつて現実だった場所」ですから、どちらも「実際にある（あった）場所」なのですが、未来は実際にある場所ではなく、**「心に思うだけ」の想像の場所**です。

のちに詳しく述べますが、will の意味の本質は「未来」ではなく、「意志（するつもりだ）」と「予想（～だろうな）」です。つまり、「心に思っているだけで、実際にはまだやっていない」という意味を持ちます。will が、未来という「まだ現実にはなっていない場所」を表すのに（も）使われるようになったのも、うなずけますね。

ここからは、人間が時間をどう理解しているのかを見ながら、さまざまな時制を見ていきましょう。

Must
12

現在形は「いつもそうだよ」形、過去形は「今は違うんだよ」形

▶過去のことだから過去形とは限らない

現在形＝「いつもそうだよ」形

英語学習者にとって、英語の現在形というのは苦手な時制です。その原因は多くの学習者が「現在形は、（今この瞬間という意味で）現在を表す」という誤解をしているところにあります。

名前のせいで混乱してしまい、現在形というのがしっくりと理解できない。理解に自信がないからライティングや会話でもうまく使えないか、使うこと自体を避けて通ろうとする状況がよく見られます。

現在形は、今この瞬間という意味では「現在」を表しません。下の例文を見てください。

I usually get up at seven.　「私は普段、7時に起きます。」

まず、仮にもし現在形が現在を表すために使われるなら、このセリフを喋っている今この瞬間にベッドから起きるところでないといけないのですが、もちろんこの文はそんな意味は表していません。

そして、「普段7時に起きる」ということが表すのは今日だけでなく、昨日も一昨日もその前の日も、明日も明後日も、7時に起きる、ということです。つまり、時間的に言えば、**現在形というのは過去も現在も未来も表せているこ**とになるわけです。

今この瞬間という意味で現在を表さないのなら、現在形とは一体何を表しているのでしょうか？

現在形が表すのは、「いつもそうだよ」ということです。
現在形は、「習慣」形なのです。

例えば、何かの性質を説明する文は基本的に現在形で表されます。ものの性質というのは「いつもそうだ」ということを表すからです。

A dog has four legs and a tail. People keep it as a pet. It runs very fast.
「犬には４本の足と１本の尻尾があります。人々は犬をペットとして飼います。犬はとても足が速いです。」

過去形＝「今は違うんだよ」形

●――英語の過去形と日本語の「タ形」

一方で、**過去形は文字通り「過去」を表します**。しかし、日本語の「～した」、専門的には「タ形」とよばれる形と英語の過去形は、少し働きが違います。
日本語の「タ形」は純粋な過去形とは言えない側面があります。

> そうだ、今日は火曜日だった。
> 美しいお肌の秘訣は、実はビタミンにありました。

これらの「タ形」は過去を表していません。
どちらかというと「**今すでに現実としてある**」ということを表す「已然」（已然の反対語は未然）の意味を持つと言った方が良さそうです。つまり、英語の現在完了に近い側面も持つのです。

「すでに現実になっている」ことも過去といえば過去じゃないか、と思われる方もいるでしょう。

その通りです。

ですから「タ形」は過去を表す表現にも使われますし、英語の過去形と同じ働きをする部分もたくさんあります。

しかし、本質的には違うものであり、その認識が不足したまま、「〜した」だから過去形を使えばいいと思って機械的に英文を作ってしまうと、奇妙な英文ができてしまいます。

●——もう終わった話として、現実から「離れる」

英語の過去形は「(それは終わった話だから) 今はもう現実ではないよ」ということを表すのが主な働きです。

日本語の「タ形」が「現実とつながっている」のに対して、**英語の過去形は「現実から離れている」**のです。

例えば先ほどの「そうだ、今日は火曜日だった。」を英語に直すと、“Oh, it's Tuesday today.” となり、“Oh, it was Tuesday today.” とはなりません。

過去形の was だと、「もう今日は火曜日ではない」ということになり、today が持つ、「今日という、自分が今いる現実の世界」という概念に反してしまいます。

「秘訣はビタミンでした」という日本語も、英語に直すと “The secret is vitamins.” であり was ではありません。

wasにしてしまうと「かつてはビタミンだったが、今は違う」という感覚が強く出ます。

以前生徒さんから「Love is over. は『愛は終わった。』と訳すのに、なぜwasじゃなくてisを使うのか」と質問されたことがあります。

これも同じで、「今の現実世界に『愛が終わっている状態』が存在している」のでisなのです。wasにすると、「あのとき愛は終わっていて、でも今の自分にはそのことは関係ない話だよ。」という感じが出てしまいます。

そういうわけで、英語で話すとき、**「それは終わった話で、今は違うんだよ」という気持ちなら、過去形**を使いましょう。

例えば、「昨日は体調が悪かったんだ。(今は大丈夫だけど)」という気持ちなら、“I was sick yesterday.” です。

この「**今は違うんだよ**」という認識は過去形と現在完了を区別するのにも必要な感覚ですので、覚えておいてくださいね。

Must

13

現在完了その１
「動作動詞の現在完了」

▶「完了」のイメージは過去形とは違う

現在完了は英語を学習する上で、学習者を最も悩ませる単元と言っても過言ではありません。

でも大丈夫。これを読めば必ずわかるようになります。

現在完了は「**have ＋過去分詞**」で表されますが、過去分詞は何をやっているのか、そしてhaveは何をやっているのか、個別で考えていくといろんなことがわかってきます。

●——動作動詞とは何か

現在完了や、進行形を理解する上で、わかっておいた方が良いことがあります。それは動作動詞と状態動詞の違いです。

動作動詞とは、「**動作することで、変化が起きる動き**」です。

例えば、I opened the door.「私はドアを開けた。」と言えば、「閉まっていたドアが開く」という変化を起こしています。ですからopenは動作動詞だと言えます。

一方、**状態動詞**とは、「**ずっと変わらずその状態がつづく**」ことを表す動詞です。

例えば、I am a student.「私は学生だ。」なら、「昨日も今日も明日も変わらず私は学生だ。」をいうことを表しています。ですからここでのbe動詞は状態動詞だと言えます。

動作動詞を現在完了にする場合と、状態動詞を現在完了にする場合では意味が違ってきます。今回は動作動詞の現在完了の仕組みとそれが過去形とはどう違うのか、ということを見ていきましょう。

●——アスペクト：動作のどの段階にいるのか

動詞には、その動作が「現在、過去、未来」のいつの時点で行われるのか、を表す時制（テンス）があり、これが現在形、過去形、未来形という形で表されます。そしてもう１つ、その動作が**「やり始め、やっている最中、やり終えた後」のどの段階にあるのか**を表すアスペクト（相）と呼ばれるものがあります。

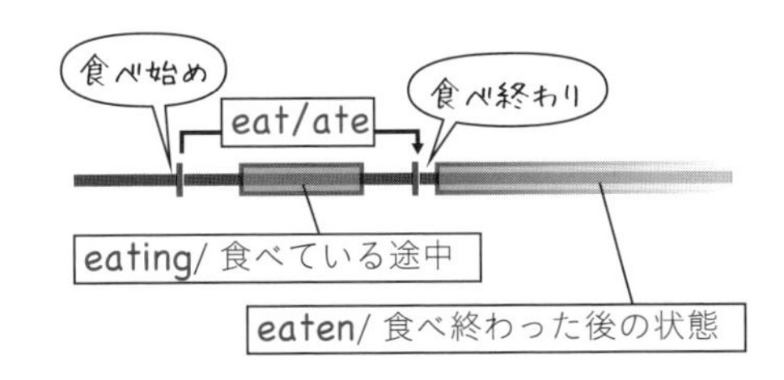

例えばeat「食べる」という動作動詞を見てみましょう。

いわゆる普通の現在形・過去形である eat, ate は「食べ始めから食べ終わりまでの一通りの過程」を表します。

I eat lunch at noon every day.

「私は毎日正午にお昼を食べる。」

→毎日お昼に「いただきます→もぐもぐ→ごちそうさまでした」までのひとまとまりのプロセスが行われる。

I ate lunch at one in the afternoon.　「私は午後１時にお昼を食べた。」

→午後1時に「いただきます→もぐもぐ→ごちそうさまでした」までのひとまとまりのプロセスが行われた。

これは動詞の原形である eat でも同じです。

They need to eat something.　「彼らは何か食べる必要がある。」

→「いただきます→もぐもぐ→ごちそうさま」までのひとまとまりのプロセスを行う必要がある。

そして、その一通りの過程のうち、**「途中」という一部分を表すのが** ~ing です。

They're eating lunch now.

「彼らは今昼食を食べているところだ。」

→今「食べている途中であり、まだ食べ終わっていない。」

それでは過去分詞（ここではeaten）は何を表すのでしょうか？

過去分詞が表すのは、**食べ終わった後の状態**の部分です。例えば「今どういう状態を持っている？」と問われて、「今は食べ終わった後の状態を持っているよ」というのがhave eatenです。

I have eaten lunch.

「私はもう昼食は食べてしまった。」

→eaten lunch（昼食を食べた後の状態）をhaveしている（＝今持っている）。

これが過去形のI ate lunch.とどう違うのかについて考えてみましょう。過去形は「今は関係ないよ」形であることを思い出してください。**過去形の文では「それが過去のいつ行われたのか」に意味の焦点**があります。

When did you eat lunch?" "I ate 30 minutes ago."

「いつ昼食食べたの？」　「30分前に食べたよ。」

→30分前に食べたのであり、今ではない。
「今現在」から切り離されているという感覚が重要。

一方、現在完了では「今どういう状態を抱えて（haveして）いるのか」に焦点があります。「それはいつの話なのか」ということは話していません。

"Hey, let's go out for lunch." "Oh, I've already eaten."

「ねぇ、お昼食べに行こう。」　「ああ、もう食べちゃったよ。」

→今どういう状態を抱えているのかに焦点があり、いつ食べたのかは話の焦点ではない。

それでは動作動詞の現在完了を整理してみましょう。

eat は動作動詞です。「食べる」という動作によって、そこにあった食べ物はなくなり、空腹は満たされるという変化が起きることで、動作動詞だということがわかります。

eaten という過去分詞はアスペクトの一種で、動作動詞の「やり始め、やっている途中、やり終えた後」のうち、「やり終えた後」の状態を表します。**動作動詞の「have ＋過去分詞」は「今は、やり終えた後の状態を抱えているよ」ということを表します。**

一方で普通の過去形は「今ではなく、過去のいつそれをやったのか」に意味の焦点があります。

valuable information

「やる」の do が、have done で「もう終わった」の意味になる理由

現在完了を初めて学校で習ったとき、

I have done it.　　「私はもうそれをやり終えてしまった。」

という言い方を習ったと思います。「する」という意味の do が「終わる」という意味で使われるのはなぜなんだろう？と考えたことはありませんでしたか。
しかし、have done が「やり終えた後の状態を抱えている」という意味だとわかると、まったく自然な表現なのだということが感じられると思います。

Must
14

現在完了その2「状態動詞の現在完了」

▶状態動詞が現在完了になると「期間」を表す

前項では動作動詞の現在完了を説明しました。本項では状態動詞の現在完了を説明します。

状態動詞と動作動詞の大きな違いはアスペクトの有無です。動作動詞では1つの動作に「やり始め」「やっている最中」「やり終わった後」という3つの相がありました。状態動詞ではそれがないのです。

●——状態動詞にはアスペクトがない

I live in Yokohama.　「私は横浜に住んでいる。」

→「いつ暮らし始め」て「いつ暮らし終わる」ということを考えながらこの発言をすることはない。漠然と、毎日そこに居住しつづけている、ということだけを述べている。

この図のように、**動作のはっきりとした始まりと終わりは考えず、ただ漠然と状態がつづいていることを表している**のが状態動詞です。

動作動詞の過去分詞はアスペクトに従って「やり終わった後の状態」（完了）を表していました。ではアスペクトのない状態動詞が現在完了で使われると、どうなるのでしょうか。

I have lived in Yokohama for 10 years.

「私は横浜に住んで10年になります。」

→過去のある時から今に至るまで、「ずっとつづく状態」をhaveしていることを表す。

例文を英語に近い形で直訳すると「私は10年間、横浜に暮らしている状態を持っています。」となります。状態動詞は「変わらない状態」を表すので、それを現在完了にすると、**「(ある期間）変わらない状態をずっとhaveしている」**という意味になります。

現在形が期間を切り取らず、「今現在のいつもつづく状態」を表すのに対し、現在完了は「過去のある時点から今に至るまでの、変わらずつづく状態」という**「時間の切り取り」**が発生します。

have been to と have gone to

状態動詞の王様と呼べるのはbe動詞で、その根っこの意味は「～という状態で存在している」なのですが、現在完了でbe動詞を使うときには少しややこしいところがありますので、ここで説明しておきます。

まずは結論から。

have been 補語	過去のある時から今に至るまで、ずっとその状態である
have been in 場所	過去のある時から今に至るまで、ずっとその場所にいる
have been to 場所	①～に行ったことがある ②(今しがた)～に行ってきたところだ
have gone to 場所	～に行ってしまって、今ここにはいない

●—— **have been 補語**

これは例えば、He is a teacher. を現在完了にするということです。

He is a teacher. 「（現在の普段の現実として）彼はずっと先生という状態だ」

これを現在完了にすると、**「彼は（過去のある時から）今に至るまで、ずっと先生という状態をhave している」**ということになります。

He has been a teacher.

「彼はここのところ、ずっと先生をしているよ。」

期間をつける言い方もします。

He has been a teacher for 5 years. 「彼は先生になって５年になる。」

●—— **have been in 場所**

これは例えば、下記を現在完了にすることです。

He is in Tokyo. 「彼は東京にいる。」 (in Tokyo という状態で存在している)

これを現在完了にするわけですから「彼は（過去のあるときから）今に至るまで、ずっと in Tokyo という状態で存在している」という意味になります。

He has been in Tokyo. 「彼はここのところずっと東京にいるよ。」

He has lived in Tokyo. のような、「そこに居を構え住んでいる」感じは薄く、仕事の関係などで**一時的に**東京に滞在している感じが出やすいです。

●—— **has been to 場所**

これはちょっと特殊で、現在完了・過去完了に特有の表現です。

「～に行ったことがある」という意味にも、「～に行ってきたところだ」という意味にもなりますが、共通の根っこの意味は**「過去にそこに行って、戻ってきた結果、今はここにいる」**ということです。

He has been to Hawa three times. 「彼は三度ハワイに行ったことがある。」

→彼は過去ハワイに行って、戻ってきて、現在はここにいる、という経験を三度 have している。

“Where have you been?”　“I've been to the station.”

「どこへ行ってたの？」　　「駅に行ってたんだよ。」

→「過去（＝ついさっき）にどこに行って、戻ってきて、今ここにいるの？」

「過去（＝ついさっき）駅に行って、戻ってきて、今ここにいるんだよ。」

●── have gone to 場所

go は動作動詞で、図にあるような 3 つの動作の段階を持ちます。

gone という言葉の感覚を理解するには go を単に「行く」という日本語訳だけで捉えてはだめです。come と go の対比で考えるべきです。

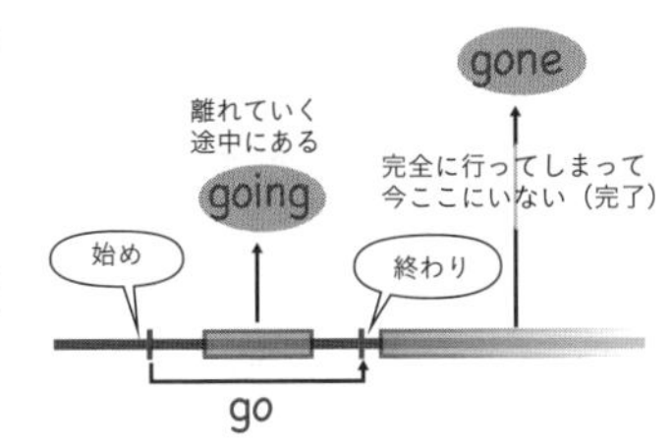

“Hey, come here.”　「ねえ、こっちにおいで。」

※ come は、「近づいてくる」という意味。

“Hey, I must go now.”　「ねえ、もう私行かなきゃならない。」

※ go は、「離れていく」ことを表す。

そうすると、下記は話し手が聞き手から離れていく形で渋谷に向かっている最中・途中であると表しているということになります。

I'm going to Shibuya.　「私は渋谷に向かっているところだ。」

そして、「**離れてしまった後で、今はもうここにいない**」ことは次のようにあらわします。

He has gone to Shibuya.「彼は渋谷に行ってしまった。」

gone が表す「行ってしまった後の状態」というのは、「主語が出発し、離れていって、視界から消えた状態になる」ということを表しています。

Must
15

現在完了その3「everの本当の意味を知る」

▶ever＝「今まで」という日本語訳を鵜呑みにしない

現在完了が経験を表すときに出て来る ever という言葉ですが、そのときに「今まで」とか「これまで」という日本語訳がついてくることが普通です。

Have you ever been to Australia?（今までにオーストラリアに行ったことはありますか？）という文を肯定文にして、日本語で「私は今までに、オーストラリアに行ったことがあります。」というのは不自然に聞こえません。少なくとも間違った日本語とは言えないでしょう。しかし、これを英語にして、

× I have ever been to Australia.

とすると、明らかにおかしな文になります。

何がおかしいのか、どんな風に奇妙に聞こえるのか、わかるでしょうか。

●—— ever の本当の意味は

ever の根っこの意味は「**どのときの一点をとってみても**」です。「今まで」とか「これまで」という和訳は文脈を通して、この根っこの意味から出てきた便宜的なものにすぎません。

Have you ever been to Australia?

→1歳のときでも、5歳のときでも、3年前でも、1週間前でも昨日でも、どのときの一点でも良いんだけど、オーストラリアに行ったことはありますか？

→「今までにオーストラリアに行ったことはありますか？」

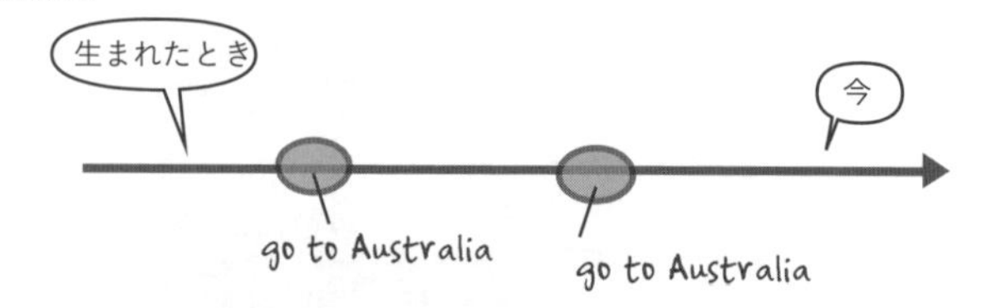

肯定文 +ever；
どんなときにもやってる＝四六時中常に

ではこれが ×I have ever been to Australia. ではどうおかしくなるのか、見てみましょう。

その前に前項でやった「**have been to 場所**」の意味を確認しておきましょう。「行ったことがある」とも「今しがた行ってきたところだ」とも訳される根っこの意味は「行って、戻ってきた結果、今はここにいる」でした。

これを先ほどの文にあてはめると、

→1歳のときでも、5歳のときでも、3年前でも、1週間前でも昨日でも、どのときの一点をとってみても、オーストラリアに行って、戻ってきて、今ここにいる。

となり、あらゆるときの一点において、目にも留まらぬ超高速で、オーストラリアに行っては日本に戻るという神業を成し遂げていることになります。

●── ever は肯定文に使えない？

学習者の中には表面的な文の形だけを見て、「ever は現在完了の肯定文に使っちゃいけないんだ」というルールを勝手に考えつく方もいるのですが、そんなことはありません。

He is the funniest guy that I have ever seen.
「彼はこれまで私が見た中で一番おもしろい奴だ。」

上記の文は肯定文で ever を使っていますし、ever の和訳も「これまで・今まで」として問題はありません。なぜ問題ないのか？ それは ever の根っこの意味「どのときの一点をとってみても」を当てはめてみればわかります。

→1歳のときでも3歳のときでも、10歳のときでも、去年でも、昨日でも、どのときの一点で見た奴と比べてみても、彼が一番面白い

そうです。要するに、文の表面的な形によって言葉が使えるかどうか決まるのではなく、**言葉の根っこの意味がその文に合うかどうかが大事**なのです。

some が存在を疑問視したり否定する文に使えなかったり、will が時や条

件を表す副詞節で使えないのも同じ原因が働いています（別項で説明します）。

ちなみに、ever の根っこの意味がわかると、ever に「常に」という和訳がつくことがあるのも簡単に理解できます。

We are living in an ever-changing society.
「私たちは絶え間なく変わりゆく社会の中を生きている。」

ing というのは「動作の途中」という意味ですから、ever-changing というのは「どのときの一点をとってみても、変化の最中・途中にある」ということです。したがって、「常に変わりゆく」「絶え間なく変わりゆく」という和訳が出て来るわけです。

そして never は not + ever です。「**どのときの一点をとってみても、not**」ですから、「一度もない」「決してない」という意味が出て来ます。

I have never seen such a guy.
→どのときの一点をとってみても、そんな男を見たという経験は have していない。
一回もない・決してない。
→「そんな男は見たこともないよ。」

I have not seen such a guy.
→そんな男を見たという経験はこれまで have していない。
→「そんな男はこれまで見ていない。」

「　」で示した和訳では never は単純に「not が強くなったやつ」というような感じにしか見えません。読んだり聞いたりする分にはそれでかまいませんが、自分で never という言葉を使うときに「言葉の気持ち」がピンとこないのは大きな障害になります。**単純に経験を持っていないことを淡々と表す** have not と、**どんな時の一点の記憶を検索してみても、そんな事実はない、ということを表そうとする** have never の違いを意識して、使い分けをすることをお勧めします。

●――「疑問詞＋ ever」

whatever, however, whenever, wherever, whoever といった、「疑問詞＋ever」では、ever は「時」の意味が薄れ、「**どの１つをとってみても**」という「ランダムな検索」のイメージが使われています。

例えば「何であろうと」という whatever なら「どの１つの what であろうと」であり、「誰であろうと」の whoever や「どこであろうと」の wherever なども同様です。様子を尋ね、「どんな風？」「どうやって？」という意味を出す how に ever がついた however は後ろに形容詞や副詞をつけ、however hard you may try（どれだけ君が一生懸命やろうと）というような使われ方をします。「どの１つの、『どれだけ一生懸命』をとってみても」という感じです。

●――「最上級＋ ever」

現在完了とは直接関係はありませんが、単純で使いやすく、しかも非常によく使われる言い回しをご紹介します。それは「**最上級＋ ever**」です。

This musical is the best ever!　「これは史上最高のミュージカルだ！」
This year's sales were the highest ever.　「今年の売上は史上最高だった。」
That was the nicest present ever.
「あれはこれまでにない最高のプレゼントだったなぁ。」

「最上級＋ ever」でも「最上級＋名詞＋ ever」でもどちらでも構いません。ever が「どの時の一点を考えてみても」という意味なので、**最上級とともに使うことで「史上最高」という意味が簡単に出せます**。

典型的には「主語＋動詞＋補語」の第２文型で使われ、その際の時制は現在形か、過去形です。現在完了と一緒に使う必要はありません。

Must

16

現在完了その４「現在完了進行形」

▶あの時からずっと今も ing の状態を have している

ここで一度復習をしておきましょう。

現在完了は大きく言うと、動作動詞の現在完了と状態動詞の現在完了の２つに分かれます。

動作動詞の現在完了は「動作してしまった後の状態を、今 have している」というところから「**してしまった**」という完了を表し、状態動詞の現在完了は「**過去のある時点から、今に至るまで変わらない状態を have している**」という、期間を伴う継続を表します。ちなみに「したことがある」という「経験」は「生まれてから今までの時間の中で、してしまった後の状態を一度、もしくは複数回 have している」ということで、動作動詞の現在完了である「完了」用法の延長上にあります。

●――動作動詞の現在完了

例えば eat という動作動詞の場合・・

●――状態動詞の現在完了

例えばliveという状態動詞の場合・・

I have lived in Yokohama for ten years.

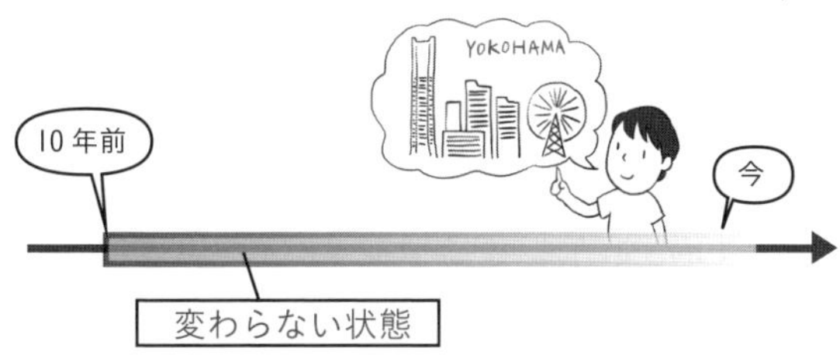

●――「～したことがある」の現在完了

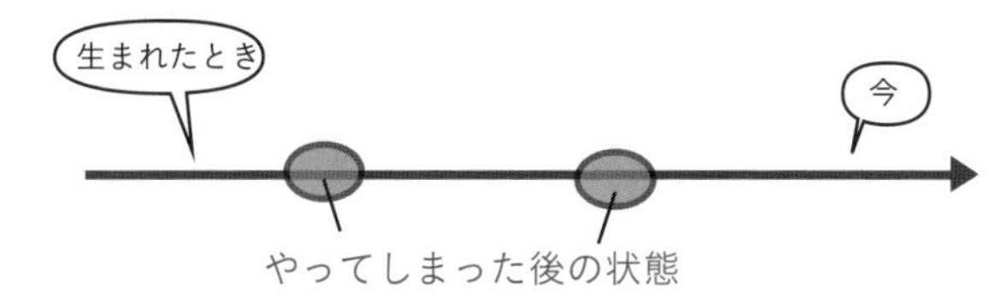

I have seen the movie twice.
「その映画は2回観たことがある。」

進行形＝未完了形

さて、なぜ上記でこんな復習をしたかというと、現在完了進行形を理解する上で、**進行形が状態動詞と同じような働きをしている**ということに注目する必要があるからです。

進行形は「動作の最中・途中」にあるということで、別の言い方をすれば、「**まだ動作は終わっていない**」という「未完了形」の性格を持ちます。

My dad is reading the newspaper.
「父さんは新聞を読んでいる。」

→読んでいる途中・最中であり、まだ読み終わっていない。

これは「新聞を読んでいる途中」の状態が今現在、変わらずつづいていることを表してもいます。ということは、これは状態動詞と同じ感覚を持っているということになります。

reading の部分だけを取り出して考えてみると、「読み始め→読み終わり」の間、ずっと変わらず reading の状態がつづくわけですから、**reading 自体は状態動詞と同じ性質を持つ**わけです。

ちなみに状態動詞の I live in Tokyo. が「東京に住んでいる」というふうに、日本語で進行形風に訳されるのは、状態動詞と進行形に共通する「状態の継続」という性質によります。

したがって、**進行形を現在完了にすると、「過去のある時点から、今に至るまで、ずっと〜している最中の状態を have している」**ということを意味することになります。状態動詞の現在完了と似た感じになるわけです。

My dad has been reading the newspaper for three hours.

→3時間前から今に至るまで、新聞を読んでいる最中の状態をずっと変わらず have している。

→「父さんはもう3時間、ずっと新聞を読んでいる。」

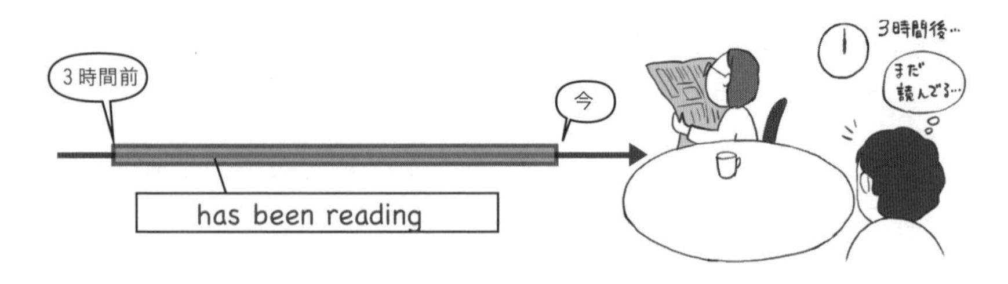

状態動詞の現在完了を思い出してみましょう。

I live in Tokyo. という普通の現在形は「私は東京に住んでいます。」という「漠然と今つづく状況」を表します。

これに対し、I have lived in Tokyo for ten years. という現在完了は、「私は東京に住んで10年になります。」という、「10年前から今に至るまで」という**時間の切り取り**を表しています。

それと同様に、My dad is reading a newspaper. は「漠然と今つづく、何

かをしている最中の状況」を表し、My dad has been reading a newspaper for three hours. は「3時間前から今に至るまで」という時間の切り取りが表されているのです。

●── have studied English for 10 years と have been studying English for 10 years

I have studied English for 10 years.
「これまで英語を10年間学んできました。」
I have been studying English for 10 years.
「これまで英語を10年間勉強しています。」

上記の文はどちらが正しいのか、そして意味の違いは何なのか、という質問を受けることがあります。日本人が英語で自己紹介をするときに使いやすい文だからでしょうね。
「**どちらを使っても構わない**」というのが答えですが、少し解説をしておきましょう。

I study English.（私は普段英語を勉強しています。）というような言い方で study を使うときは、I eat breakfast every day.（毎日朝ごはんを食べます。）のような動作動詞の「繰り返し」のイメージはなく、**状態動詞の持つ継続のイメージ**が出て来ます。
したがって I have studied…は「10年前から今に至るまでずっとやってきた」という「継続」のイメージが出ます。ただし、**これからも勉強をつづけるのかどうかは、この文には情報として現れていません**。
一方で I have been studying…だと、～ing は「やっている途中であり、まだ終わっていない」ことを表すので、「**今も勉強しているところであり、これからも勉強をつづける」という意味を明確に表します**。

Must

17

現在完了その5
「未来完了」の呪縛を解く

▶未来というよりは、予想・想像と考えよ

英文法の時制には、学習者の気持ちを萎えさせる用語があって「過去未来」という、昔なのか、先の話なのかわからないものや、「未来完了」という、終わっているのかこれからの話なのかわからないものがあったりします。

しかし、**英語も人間が話す言葉ですから、決して無茶なルールを文法に組み込んだりはしません。**

今回お話しする「未来完了」も、人間が持つ、ごく自然な観念を文法にしたものです。

will は「未来」というよりは「意志」と「予想」

「未来完了」のうちの、まずは「未来」部分から見直していきましょう。

will は現在の日本の英語教育でさまざまな混乱を引き起こしている言葉です。「will は未来形だ」とか、「時間的に未来の時点の話は will を使う」という教え方がその混乱の原因です。

助動詞 will の項で改めて詳しく説明しますが、will は正確には「未来を表すこと『も』できる」と言って良い言葉です。つまり will の根っこの意味はもっと別のところにあるのです。

will の根本的な意味は「心が揺れて、パタンと傾く」ことで、そこから

①「よしやろう、と心が傾く」→「意志決定」→「～するつもりだ」という意味
②「こうなるだろうな、と心が傾く」→「予想」→「～だろうな」という意味

の二本柱となる意味が出て来ます。

例えば①では、We will go out for lunch after finishing this.（これを終わらせたらみんなで昼食に行こう。）という「**意志**」を表している文ができあがります。

②では、The meeting will start at nine.（会議は9時に始まるだろう。）という「**予想**」を表す文ができあがります。

意志決定はこれから何かをやることを決めることがほとんどであり、予想も未来に何が起きるかを予想することが多いので、結果的に will は未来を表すときによく使われます。

しかし、一方で、下のように、未来とはなんら関係のない「意志」「予想」の表現もあり、そこで will という言葉の本質を見ることができます。

This door won't open.　「このドアったら、開こうとしやしない。」
→ will は擬人化されたドアの意志

You will be Mr. Johnson.　「ジョンソンさんでいらっしゃいますよね。」
→「あなたはジョンソンさんだ」と断言すると失礼なので、「きっと、ですよね」という will の予想表現を入れて言い方を和らげている

未来完了で使われる will は②の「予想」の用法です。

例えば「明日の今頃は、もう私はアメリカに着いてしまっているだろうな。」という感じで、未来のある時点において、「**もう～してしまっている（完了）だろうなぁ**」ということを「**予想**」するための表現なのです。

I will have arrived in the U.S. by this time tomorrow.
「明日の今頃は、もうアメリカに着いてしまっているだろうなぁ。」

このように、「未来完了」の本質は、「そのころにはもう、やってしまっているだろうなぁ」という風に「完了してしまっていることを予想する」とい

う、「予想完了」とでも言えるものなのです。

では、普通の will の文、つまり will ＋動詞原形の文とはどう違うのでしょうか？

比較してみましょう。

I will arrive in the U.S. tomorrow at eight.
「明日の８時にアメリカに着くだろう。」

この文では arrive という動作動詞の原形を使っています。

動作動詞は変化を表しますから、下の図にあるように、「(明日の８時に) 着いていない状態から、**着くという状態への『変化』を起こすだろう**」と予想していることを表す文になります。

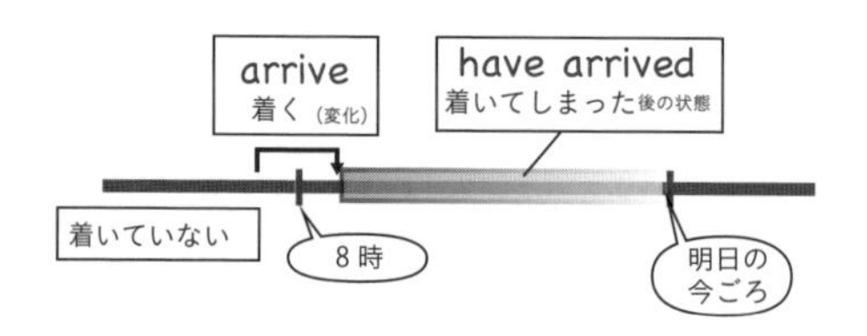

以下のような会話を想像してもらうと、will arrive と will have arrived の違いがよくわかると思います。

「君は明日何時にアメリカに着くの？」
「明日の８時に着くだろうね。」
→ I will arrive in the U.S. tomorrow at eight.
「え？ 着くのは明日の今頃じゃなかった？」
「明日の今頃は、もうとっくに着いてしまっているよ！」
→ I will already have arrived by this time tomorrow!

「着いていない」から「着く」への**変化を起こすことを予想**するのが will arrive、「その頃にはもう着いた後の状態を抱えているだろう」と**状態を予想**するのが will have arrived です。

「締め切りのby」

未来完了には、「**〜までには**」とか「**〜のころにはもう**」という意味を表す「by ＋時間」がよく出て来ます。

このbyは「締め切りのby」とでも呼べるものです。同じく「〜まで」という和訳がつくuntilとの区別がややこしいところです。

untilは「**その時点まで１つの状態や行動がずっとつづく**」ことを意味します。

I'll be with Kathy until seven.　「7時までキャシーと一緒にいると思うよ。」

→7時まで「キャシーといる」という状態がずっとつづく。

「by ＋時間」では、「**その時点には、すでにある状態が発生している**」ことを意味します。

Finish it by seven.　「7時までにそれを終わらせなさい。」

→7時にはすでに、それが終わっているという状態が発生している。

このように「by ＋時間」は「それまでにはすでに」という意味なので、「そのときにはもう、終わった後の状態を抱えているだろう」という未来完了の意味と相性が良いわけです。

Must
18

過去完了
物語の舞台はいつか

▶文法というよりは一種の熟語だと考える

過去完了の「気持ち」を考える

この世に存在する**「客観的で物理的な時間」と、人間が時間をどう理解し、文法に組み込んでいるのかは、全く別の話**です。

例えば、「今から何時間後の未来なら will が使うのがふさわしいのか」とか、「何時間前までが現在完了と過去形の境目なのか」というトンチンカンな質問をされることがあります。

これは英文法の時制を、物理的・客観的時間に沿って使うルールとして教わってしまい、時制に潜む人間の心象風景（＝気持ち）、つまり人間の時間の捉え方について、考える機会がなかったから起きてしまうことです。

過去完了のときによく出て来る、**「過去完了は過去の１つ前」という解説も、悪い意味で時制を物理ルール的に捉えてしまっているケースの１つ**です。

次の文を見てください。

He entered the room and turned on the TV.
「彼は部屋に入り、テレビをつけた。」

turned という過去形が表す通り、テレビをつけたのは過去の話です。そして、物理的に考えれば、部屋に入ったのは、テレビをつけた時点より、１つ前の時点で行われた行為です。

では、turned よりも１つ前の時点で発生した、entered という動作は過去完了である had entered にしなくてはいけないのでしょうか？
もちろんその必要はありません。上記の英文は全く自然な文です。
なぜ過去完了を使わなくても良いのか？
それは、**「過去完了の気持ち」を表そうとする文ではないから**です。
では「過去完了の気持ち」とは一体どんなものなのでしょうか？

●――過去その時点で、もうすでにその状態を抱えていた

過去完了が表そうとする気持ちは「**過去その時点で、もうすでに〜という状態を抱えていた**」です。
「過去完了の気持ち」は、例えば「私がテレビをつけたときには、彼はもう私の部屋に忍び込んでしまっていた。」という文に現れます。
英語にすると以下のようになります。

He had sneaked into my room when I turned on the TV.

過去完了が苦手な人は、こう考えてください。
過去完了は主に、「〜したときには、すでに……してしまっていた」という構文で使われるものなのです。文法というよりは、一種の構文、熟語みたいなものなのだと考えてください。
すると、同じ状況でも言い方ひとつで過去形だけの文になったり、過去完了を使う文になったりすることがわかります。

「終電が出た後、彼らは駅に着いた。」
↓ 過去形の文。「そのときにはもう、〜なってしまっていた」という感覚がない。

They arrived at the station after the last train left.

「彼らが駅に着いたときには、終電はすでに出てしまっていた。」
↓過去完了を使う文

The last train had left when they arrived at the station.

●――セットになるもの：舞台となる過去の一点

過去完了で注意すべきなのは、実は過去完了だけではありません。

過去完了とセットになって、ある表現が付いてくることに注意しましょう。それは、物語の舞台となる時点を表す、**過去の時の一点の表現**です。「そのときにはもう、～してしまっていた」の「そのときには」の部分です。普通の過去形の文と、表す意味を比べながら読んでみましょう。

I had already finished it when I saw you.

「君に会った時点では、すでに私はそれを終わらせてしまっていた。」

→君に会った時点で、すでに「終わった後の状態」をhadしていた。

I finished it when I saw you.

「私は君に会ったときにそれを終わらせた。」

→君に会ったときに、「終わっていない」から「終わった」への変化が起きた。

過去完了の持つ、「その時点ではすでに終わった後だったよ」という感覚がよくわかると思います。

●――いわゆる「大過去」は時制の一致でよく起きる

「過去完了は過去の１つ前」という感覚が、その通りに発生している場合もあります。それは、時制の一致の場合です。

He told me that his car had broken down.

「彼は、自分の車が壊れたと私に言った。」

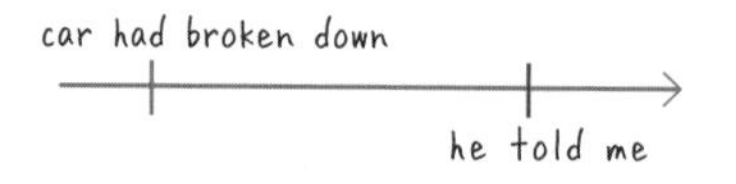

ここでは、過去形の時点、つまりhe told meした時点が「**物語の舞台となる時点**」で、この時点ですでに起きてしまった後だった状態が、his car had broken downです。この文を過去形だけで表すと、こんな感じになります。

"My car broke down," he said to me.

「『僕の車は壊れたんだ。』と彼は私に言った。」

セリフは、「今目の前に話者がいて話している」感覚なので、時制の一致は不要です。

後置修飾にもよく使われます。

I lost my camera that I had bought the day before.
「前の日に買ったカメラをなくしてしまった。」

ここでは、過去形の時点、つまり lost した時点が「物語の舞台となる時点」で、この時点ですでに起きてしまっていたこと、つまりこの時点の前日に起きた、「買った」行為が had bought で表されています。

●——否定語をともない、「するやいなや」を表すパターン

以下の文に使われている、barely という否定語は「かろうじて、どうにか」ということを表します。「ギリギリであり、完全・完成とは言えない」という意味で一種の否定語です。

I had barely sat on the sofa when I fell asleep.
↓私が眠りに落ちた時点で、私はかろうじてソファに座ったところという状態を抱えていた。
→「ソファに座るやいなや、私は眠ってしまった。」

He had barely left home when he was involved in an accident.
↓彼が事故に巻き込まれたとき、彼はかろうじて家を出たところという状態を抱えていた。
→「家を出るやいなや、彼は事故に遭った。」

Must
19

進行形その１
進行形によくある誤解

▶「進行形」＝「～している」と考えてはいけない

現在完了などと比べると、現在進行形に関する英語学習者のアレルギーはそれほど多くはありません。多くの学習者が進行形を理解しやすいと感じているようです。

一方で、実際に英語を使う場になると、英語学習者による進行形の使用ミスの頻度はかなり高いものがあります。

この項では多くの学習者が英語の進行形に対して持っている誤った思い込みを指摘し、進行形の持つ本当の「気持ち」を解説していきます。

日本語の「～している」と、英語の進行形の違い

日本人の英語学習者が英語の**進行形を間違って学習する根本的な原因は、「進行形＝～している」と教わることにあります**。もしくは教師がそう教えているつもりはなくても、生徒はそう考えた方が楽なので、結局「進行形＝～している」と覚えてしまう場合もよくあります。

now playing

She is playing tennis now.　「彼女は今テニスをしている。」

確かに和訳するとき、進行形は「～している」という日本語が当てはまる場合がたくさんあります。

しかし、**「～している」というのは進行形の和訳にあてはまる場合があるという程度の日本語表現であって、英語の進行形の「意味」などではありま**

せん。
「進行形＝～している」と機械的に覚えてしまっている英語学習者は以下のような間違った英文を作ることがあります。

× The fridge is breaking.　「その冷蔵庫は壊れている。」
△ I'm living in Osaka.　「私は大阪に住んでいる。」

実際には以下の英文が自然な表現です。

The fridge is broken.　「その冷蔵庫は壊れている。」
I live in Osaka.　「私は大阪に住んでいる。」
※I'm living in Osaka. という表現は、文法的に間違いではないが、「現在一時的に大阪に住んでいる。しばらくしたら大阪を離れる。」という意味が出る

上記例文の is broken は be 動詞＋過去分詞ですが、「壊れている」という日本語訳が適切であり、「壊れる」とか「壊される」という和訳は不適切です。同じく現在形である live も「（大阪に）住む」と訳すのは不自然で、「（大阪に）住んでいる」という和訳に落ち着きます。
日本語の「～ている」という表現は一体何を意味しているのでしょうか？

●――日本語の「～ている」は変わらずつづくこと

日本語の「～ている」が持つ根っこの意味は「**ある状態が変わらず継続する**」ということです。
「今テニスをしている」というのは「テニスをしている最中の状態が、今つづいている」ということを意味し、「その冷蔵庫は壊れている」というのは、「正常だった冷蔵庫が壊れるという変化を起こした後、壊れたままの状態が今もつづいている」ということを意味しています。
前者は「動作の途中・最中の状態の継続」であり、後者は「動作が完了した後の状態の継続」です。
そして「大阪に住んでいる」というのは「住んでいる状態が今ずっとつづいている」ということを意味しています。

live は状態動詞です。状態動詞とは「動作の始まり、途中、終わり」というアスペクトが存在しない、同じ状態が漠然とつづくことを表す動詞のことでしたね。

●――英語の進行形は「動作の途中」

日本語の「～ている」の意味が、「ある状態が変わらずつづく」ことを表すことがわかりました。それでは英語の進行形は何を表すのでしょう？

すでに現在完了のところで説明した通り、「**動作の途中**」ということです。

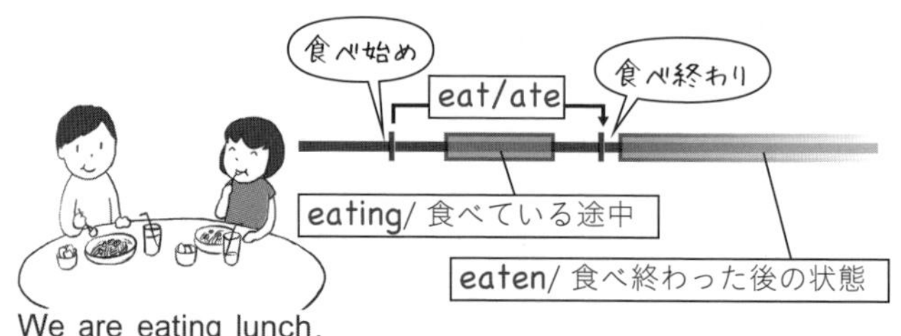

We are eating lunch.

上記の図だと、eat/ate という動作動詞の「動詞原形・現在形・過去形」は「食べ始めから食べ終わりまでのプロセス全体」を意味します。このプロセス全体のうちの「食べている最中・まだ食べ終わっていない」部分だけを取り出して表現するのが進行形です。

つまり、日本語訳の「～している」のうち、英語の現在進行形を意味するのは、「**動作の途中がつづいている状態にある**」という意味での「～している」だけなのです。

「～している」の呪縛から離れて進行形を理解する

進行形が「動作の途中・未完了の状態」を表すことがわかると、「～している」以外の進行形も理解しやすくなります。

It seems the kids are understanding my English.

「どうやら子どもたちは私の英語を理解しつつあるようです。」

→「理解し始め」と「理解し終わる」の間にいる、ということ。「理解しつつある途中」。

理解し始め
理解終わり
理解している途中
理解した

He is becoming popular in Japan.
「彼は日本で人気が出てきている。」
→ become popular「人気が出る」「人気者になる」。ここでは「人気者になりつつある途中」。

die「死ぬ」という動詞は「生きている状態（alive）から死んでしまった状態（dead）へと変化を起こすこと」という意味です。それを踏まえて、以下の文はどういう意味になると思いますか？

“Oh, no. I’m dying.”

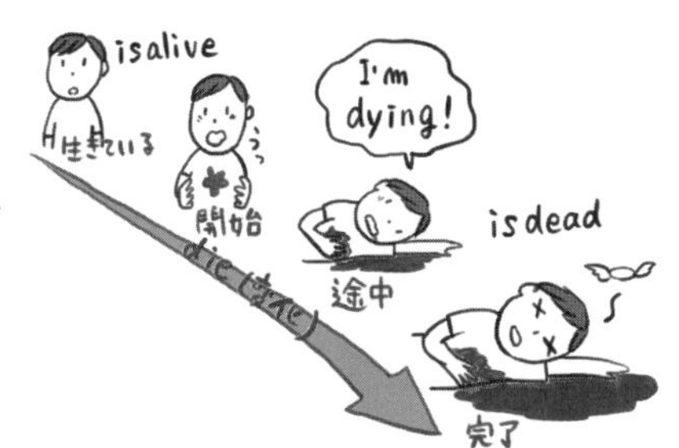

これは例えば、銃で撃たれた人がばたりと倒れて、「ああ、もうダメだ。」とか「もう死ぬ。」という意味で使いますし、すごく辛い目に遭っている人が、比喩的に「もう、死んじゃうよ！」と言いたいときに出て来るセリフです。「生から死への変化の途中」を表すわけですから、I’m dying. は「私は死にゆく途中にある。」というのが直訳です。

次に紹介するのも、進行形に絡んで日本人英語学習者がよく犯すミスです。

× A little child drowned in the river.　「小さな子どもが川で溺れた。」

上記の文がなぜおかしいかわかりますか？

drown は「溺れる」という意味なのだと勘違いしている方が多いのですが、実は「溺れ死ぬ」「溺死する」という意味の動作動詞です。つまり、「溺れ始める→溺れる→水死する」というアスペクトを持った動詞ですから、「溺れる」と言いたければ、「水死しつつある途中」である drowning を使わないといけないのです。

○ A little child was drowning in the river.　「小さな子どもが川で溺れた。」

Must
20

進行形その２　状態動詞はなぜ進行形にできない？

▶動作動詞と状態動詞の違いを理解する

現在進行形を高校で習うと、さまざまな「例外用法」を教えられます。その代表的なものの１つに、「**状態動詞では進行形は使えない**」というのがあります。

ここでは、なぜそういう現象が起きるかを説明します。

現在進行形は、動作動詞で発生する用法です。

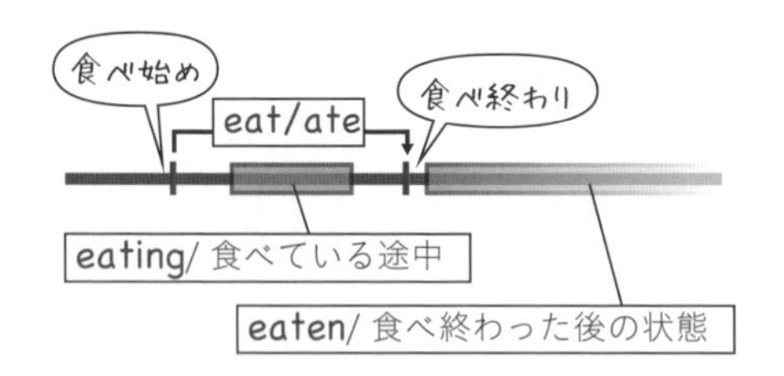

動作動詞は動作の「始め、途中、終わり」という３つの相（アスペクト）を持ち、動作を行うことによって、**「変化」が起きる**動詞です。

例えば She ate dinner. なら eat は動作動詞で、「食べる」ことによって「空腹の状態」から「満腹の状態」へと変化が起きます。

そしてこの、「満腹への変化の途中」の段階が、

She was eating dinner.　「彼女は夕食を食べているところだった。」

↑食べ終わる前の、食べている途中の段階

といった進行形なのです。

大事なことなのでもう一度言いますが、**進行形は、「変化していく」途中**

の状態を表します。

一方で**状態動詞**は、「いつ始まった」とか「いつ終わる」とかを意図しない、「ただ漠然とその状態が**変わらずつづいている**」ということを表す動詞です。

例えば「君、部活は？」「私、バスケ部。」という会話が行われるとき、「いつバスケ部に入って、いつ辞めるつもりだ」ということを考えながら「私、バスケ部。」と言うでしょうか。

そうではないですよね。漠然と、「バスケ部に所属している状態が変わらず毎日つづいている」という意味で「私、バスケ部。」と言うのが普通のはずです。

I belong to the basketball club.　「私、バスケ部。」

このように状態動詞は「**変化のない状態がつづく**」ことを表しますから、「変化の始まり・途中・終わり」というものも存在しないわけです。

よって、「変化の途中」にあることを表す**「進行形」というものも存在しない**のです。

進行形にできない状態動詞で他に有名なものはknowです。

これは「知る」という変化ではなく、**「知っている」という状態**を表す動詞です。

例えばI know him.は「私は彼を知っている。」という日本語訳がつきます。そして、昨日も今日も明日も、知り合いという状態が変わらずつづいていることを表します。ですから「変化してゆく途中」を表すことになる、I'm knowing him.とはできないのです。

状態動詞でも進行形にできるものもある

しかし、使い方によっては、状態動詞でも進行形にできるものもあります。ただし、わけのわからない例外規定のようなものではありません。進行形になる理由がちゃんとあるのです。

例えば「私は母にとても似ている。」の「似ている」を表す resemble という動詞があります。

I resemble my mother very much.

この resemble は「似ている状態が変わらずつづいている」ことを表す状態動詞です。「似る」という変化を表す動作動詞ではありません。

ですから通常は進行形にはなりません。

しかし、以下のように、day by day（日に日に）というような、**「時間とともに変化が起きている」ことを表す言葉と一緒に使うと、進行形にすることができます。**

My daughter is resembling me more day by day.

「娘は日に日に私に似てきている。」

これは「１日ごとに似る度合いが増していく、その変化の途中にいる」ということを表しているので、進行形にすることができるのです。

think「思う」という動詞も状態動詞です。例えば

I think he is a nice person.　「私は、彼はいい人だと思う。」

ならば、「彼はいい人だ」という意見・感想を昨日も今日も明日も変わらず持ちつづけているということで、状態動詞だということがわかります。

例えばこれを「私は、彼のことをいい人だと思っている。」という日本

語にしたとしても、「思っている」というのはずっと変わらない状態であり、変化の途中ではありませんので、× I am thinking he is a nice person. というような進行形にするわけにはいきません。

しかし、**「考えをまとめる」という意味で think を使う場合には話が変わってきます。**

I am thinking about it now.
「今それについて考えているところなんだ。」

この think なら、「考え始め→考えている最中→考えがまとまる」という変化を表すことになり、「考えている最中＝考えがまとまっていく変化の途中」という意味で、進行形が自然なものとなります。

have も本来は「所有の状態が変わらずつづいている」という状態動詞ですが、**「食べる」という意味で使われる場合**には、eat が eating になるのと同様、**進行形にすることができます。**

○ I have a car.　「私は車を持っている。」
↑変わらない所有の状態

× I'm having a car.

○ I'm having dinner.　「私は夕食を食べているところだ。」
↑食べ物がなくなっていく変化の途中

Must

21

進行形その3　知覚動詞はなぜ進行形にできない？

▶ 知覚動詞の性質を理解すれば、謎はすぐに解ける

知覚動詞とは「ハッと気づく」もの

知覚動詞とは、ざっくり言ってしまえば「**入ってきた情報に、五感を通して気づく**」ことを意味する動詞です。

●── see と look at と watch

例えば see は「**視界に飛び込んできた情報に、気づく**」ということです。

I saw a cat in the yard.　「庭で一匹の猫を見かけた。」
→見ようとして見たのではなく、視界に入ってきた猫に気づいた。

このように see は知覚動詞の条件を完全に満たします。

ちなみに look at は「**何かを見ようとして**、ある方向に目線を向ける」ということを意味します。

Hey, look at that! … Did you see it?
「ほら、あれ見て！ 見た？」
→「あれに目を向けて！……ちゃんと視界に入った？」ということ

watch は「**成り行きを見守る**」ということを意味します。何かが動いていて、「この後どうなるのだろう？」と思いながら見ていることを意味します。

〇 I watched TV.　「私はテレビを見た。」

→テレビ番組の中身を「このあとどうなるのか」と思いつつ映像を追いかけて見守る。

× I watched a picture.　「私は写真を見た。」

→写真の画像は動かないので、映像を追いかけて見守ることができない。

このように look at と watch は、see と比べると「知覚動詞」とは言えません。知覚動詞とは「入ってきた情報に**ハッと気づく**」感じのものだからです（それでも look at と watch は知覚構文には使われるのですが、それは、今回は割愛します）。

●—— hear と listen to

see は視覚ですが、聴覚では hear がこれに相当します。

I heard some strange noises.　「変な音が聞こえた。」

→聞こうとして聞いたのではなく、耳に入ってきた音に気づいた。

listen to は「自分の周りにある無数の音を無視して、**ある音だけを聞き取ろうと耳を傾ける**」ということを意味します。

Hey, are you listening to me?　「ねぇ、私の話聞いてる？」

→自分の話に集中して耳を向けてくれているかどうか。

"Do you hear me?" "No, I can't hear you. We've got a bad connection."

「私の声、聞こえる？」「いや、聞こえない。電波が悪いみたい。」

→声が耳に入ってきているか、つまり、声を知覚できているかを聞いている。

知覚動詞はなぜ進行形にできないのか

このように see は視覚の、hear は聴覚の知覚動詞です。

そして、高校で習う重要なルールに、「知覚動詞は進行形にできない」というのがあります。こうした文法をただのルールとして覚え、なぜそういうルールが成立するか理由がわからないと、パッと書いたり、話したりすることができなくなります。

そこで、なぜ知覚動詞は進行形にできないのか、考えてみましょう。

ヒントは「気づく」です。

例えば、「パーティで彼女を見かけた。」というときに、「見かけた」というのは「視覚を通して『おや、彼女がいる』と気づいた。」ということです。「気づく」という動作は「気づいていない」から「気づいた」へ変化を起こすという意味で確かに動作動詞なのですが、ここで問題になるのは、「気づく」という動作が一瞬で行われるということです。

進行形は「やり始めからやり終わりへと変化していく途中・最中」の状態を表します。例えば「食べる」という動作なら、「食べ始めから食べ終わりへと変化していく途中の状態＝食べている最中」という進行形は成立します。

しかし、「見かける」という動作において、その途中というのは成立するでしょうか？

「おや、彼女だ」という気づきは一瞬で成立します。

「気づきかけているその最中」というのはいかにも不自然です。

もう少し詳しく説明すると、「食べている最中」というのは、「まだ食べ終わっていない（未完了）」ということでもあります。ということは、

× I was seeing her at the party.

にすると、「パーティで彼女がいるのに気づきかけたけど、まだ完全には気づいていない、その途中だった。」という意味になってしまい、おかしいわけです。

●── smell と taste「気がつく」か「意識的な観察」か

smell と taste は２つの使い方があります。

まずは、「鼻・舌を通して入ってきた情報に気づく」という、知覚動詞としての使い方です。

This smells bad.　「これ、臭いね。」

This coffee tastes good.　「このコーヒーおいしいね。」

→知覚する対象である、匂いや味を発するものが主語になるのが特徴。

これは「鼻に入ってきた匂いに気づく」「舌に入ってきた味に気づく」という**瞬間的に完結する動作ですので、知覚動詞であり、進行形にできません**。

一方で、smell と taste は「どんな匂い・味なのだろうと意識的に観察する」動作にも使えます。

Let me smell the soup.

「そのスープの匂いを私に嗅がせてみて。」

Let me taste the soup before you add salt.

「君が塩を入れる前に私にスープの味見をさせて。」

これは「よし、今から匂いを嗅ぐぞ」→「嗅いでいる最中」→「嗅ぐの、終わり」、もしくは「よし今から味見をするぞ」→「味見をしている最中」→「味見、終わり」というアスペクトを持ちますから、進行形にできます。

I'm smelling the soup now.　「今スープの匂いを嗅いでいるところだよ。」

I'm tasting the soup now.　「今スープの味見をしているところだよ。」

→人が意識して行う動作なので、人が文の主語になるのが特徴。

「単にそういうルールだから」で終わらせるのではなく、「なぜそうなるのか」がわかることが大事です。

そうすることで、自信を持って意識的に正確な文法を使いこなせるようになりましょう。

Must

22

進行形その 4「一時的な状態」

▶始まりと終わりがなければ、「途中」は存在しない！

"Why are you being so nice to me today?"

「なぜ今日は私に親切にしてくれるのですか？」

上記の文は、"You are nice."（あなたいい人だね。）とは違って、「いつもはそうじゃないけど、今日だけいい人」という意味が出ます。

You are being nice. という形は進行形で、You are nice. の are が現在分詞の being に変わり、進行形ですから、さらにその前に are という be 動詞をつけたものです。

このように**「be 動詞＋形容詞」を進行形にすると、「いつもはそうじゃないけど、一時的に今そういう状態になっている」という意味に**なります。

なぜ進行形に、こんな意味が出るのでしょうか。

「途中」があるから「始まりと終わり」がある

下の図を見てください。

この点を見て、直感的に「途中」だと思える人はあまりいないでしょう。しかし、次の図ならどうでしょうか。

これなら明らかに「途中」です。

途中というのは何かの間にあることですから、必ず「始まり」と「終わり」を伴います。

進行形というのは「動作の途中」ということを表しますので、**進行形は必ず「動作の始まりと終わり」をセットで伴う**のです。

状態動詞を思い出してみましょう。

James is nice.（ジェームズはいい人だ。）の is も状態動詞です。ジェームズがいい人だというのは、**ずっと変わらずつづく**状態です。何時いい人になり始めて、何時いい人でいることをやめるのか、ということは表していません。

ところがこれを「無理やり」進行形にして James is being nice. とすると、

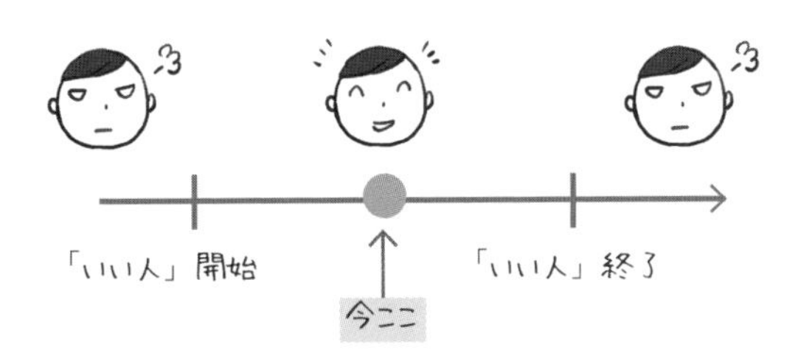

という風になるのです。つまり、「いつもはいい人じゃないけど、今一時的にいい人になっている最中だ」ということが表せるわけです。ここでは「お愛想でいい人のふりをしている」とか、「今だけ相手に合わせて下手(したて)に出ている」とかいった文脈で使います。

How come he can be so rude to me. I was not being nice for this!

「彼はなんであんなに私に無礼でいられるんだ。下手に出てればいい気になって。」

↑後半の文の直訳；私はこんなことのためにいい人になっているんじゃなかったんだぞ。

I was just being nice.　　「私は気をつかっただけだ。」

↑一時的にいい人の体裁をとった。

他にも、この構文は人のキャラクターを表す形容詞と共によく使われます。

Stop telling stupid jokes. You are being foolish.

「くだらないジョークを言うのはやめなよ。馬鹿みたいだ。」

↑いつも馬鹿な人間というわけではないが、今は一時的に馬鹿な人間になっている。

状態動詞の進行形

「be 動詞 + being + 形容詞」の他にも、「一時的な状態」を表す進行形はあります。状態動詞が進行形にされたときに起きやすくなります。

I'm living in Yokohama.　「私は一時的に横浜に住んでいる。」

I live in Yokohama. に比べると、何か事情があって一時的に横浜に住んでいるのであって、いつか横浜を出て行くという意味が出ます。なぜか？ I live in Yokohama. だと、live は状態動詞ですから、「いつ住み始め、いつ住み終わるのか」などと考えずに、「自分がずっと暮らしているところは横浜」ということを表します。しかし、これを進行形（途中形）にすると、始まりと終わりが強制的にできます。

したがって一時的に住んでいるという意味が出るのです。

日本人の英語学習者がよく使い方を間違える動詞に stand があります。

stand は「たっている状態がつづいている」ことを表す状態動詞として使うことが普通で、「立ち上がる」という動作動詞は stand up です。日本語の「〜ている」は進行形にも状態動詞にも使う言葉なので、例えば「丘の上にその家はたっている。」という日本語を英語に直すのに、✕ The house is standing on a hill. としてしまう人が結構いますが、正解は下記です。

The house stands on a hill.

stand を進行形で使うと「一時的にある場所に立っている」という意味になります。

The man was standing in front of your car.

「その男は君の車の前に立っていたんだよ。」

車の前で立ち止まる
今ここ
車の前から離れる

「その男」は車の前に立ち止まり、そこで「stand 開始」です。その後につづくのが「車の前で立っている最中」であり、これが上記の文の表す意味です。その後、車の前から離れ、「stand 終了」となります。

●──「意見をやわらげる」ための進行形

他にも状態動詞が進行形になる例を見てみましょう。ただし、ここからは「意見をやわらげる」ために使われる進行形が応用されるというものです。

まずは think です。**意見を表す意味での think** も、本来は昨日も今日も明日も変わらず have an idea しているということなので状態動詞です。

🔊 I think he is a kind man.　「彼は親切な男だと思う。」

しかし進行形にすると、「一時的に思っている」、つまり「ずっとそう思いつづけるわけではない」という意味が出て、そこから「そんなに強く思っているわけではない。**軽くそう思っているだけだ**」というニュアンスが出ます。

🔊 I'm thinking of buying that book.

「その本を買ってみようかと思ってるんです。」
→ちょっとそう思っているだけ、というニュアンス。

この「自分の意見をやわらげて表明する」ための進行形は、同じく自分の「思い」を表す hope にも出て来ます。例えば I hope …なら比較的しっかりと、そう願っているという感じが出ます。

🔊 I hope the plan will be successful.　「その計画がうまく行くといいですね。」

これを I'm hoping …とすると、「**〜だといいなぁ、なんて思っているんですが**」くらいの「軽い」感じになります。

🔊 I'm hoping the plan will be successful.　「その計画がうまく行くといいなぁ、って思ってるんですが。」

これは進行形が持つ「一時的」という感覚が「ずっとではない＝弱い・はかない」という意味で応用されたものです。

Must
23

さまざまな「未来」表現

▶使いこなすために、未来への「気持ち」を理解する

「未来表現」を作るのは未来への「気持ち」

人間が時間を言葉で表すための文法である「時制」は、物理的な時間の法則にもとづいてできているものではない、ということはすでに述べました。

未来表現もその1つで、**英語を話す人が未来をどう見ているのかで表現は変わってきます**。

ここでは「現在形」「現在進行形」「be going to」「will」そして「be about to」といった未来表現がどのような気持ちを表しているのかを見ていきましょう。

●――未来を語る現在形は「いつもそうだよ形」

現在形が表す未来は「**昨日も今日もそうで、明日もそうだよ**」という「繰り返されるできごと」に使われるのが一般的です。

この「いつもそうだよ」という感覚はつまり、「私たちが住んでいる世界ではいつもこうなんだよ」という「現実」を表してもいます。ですから、現在形は「いつもそうだよ」形、**「現実」形**と考えるとしっくりきます。

I get up at seven.　「私は（いつも）7時に起きます。」
He teaches English.　「彼は（普段）英語を教える→彼は英語の先生だ。」
The sun rises in the east.　「太陽は（いつも）東から昇る。」

すると、**未来の話でも**、現実として確定している気持ち、言い換えれば、**まず間違いなく起きると考えているできごとがあると、現在形**を使います。

Tomorrow is Thanksgiving Day.

「明日はサンクスギビング・デイ（感謝祭の日）だ。」

→カレンダーに記されている、確実に起きるできごと。つまり話し手と聞き手にとって自分の住む世界の現実。

The express train leaves Shinjuku Station at 7:20 tomorrow morning.

「その急行は明日朝の７時２０分に新宿駅を出る。」

→時刻表に記載されている情報は「いつもそう」という情報で明日も確実に起きること。

●――現在進行形は「変化して行く途中・最中」

現在進行形は「やり始めからやり終わりの間にある、途中・最中」を表します。

We are leaving for London tomorrow.　「私たちは明日、ロンドンに向けて発つ。」

この文が表す気持ちは、「**もうその事態・モードに突入している最中**」です。例えば「ロンドンには行くんだけど、まだ先の話で、今はまだ関係ない」なら進行形は使いません。

別に明日でなくても３日後でも１週間後でもいいんですが、気持ちとして、「ああ、もうロンドン行きが迫ってきた。今の自分のスケジュールも基本、ロンドンに行くことの準備や何やらでかかりっきりだ。」というのがあれば、進行形が出て来ます。

自身がロンドン行きモードに入ってしまって、ロンドンに行く、ということに向かって進んでいる最中だからです。

では例えば、be going to を使った文と、進行形が表す未来とはどう違うのでしょうか。

We are going to leave for London in July.「７月にロンドンに向けて発つ予定だ。」

be going to も元々一種の進行形で、文字通り「**あることをすることに向かって、今、進んでいる最中**」という意味です。この表現は We are leaving for London tomorrow. と比べると、それほど切羽詰まってはいません。

We are going to leave … を直訳すると、「7月にロンドンに向けて発つ、というイベントがあるのだが、それに向けて、私たちは今向かっているところだ。」という感じです。

「事態に突入」し、生活や気持ちがロンドン行きのモード一色に染められている We are leaving … とは違い、**まだずっと先にある予定に向かって今進んでいる最中**という感じです。

●── will は「思っているだけ」

will は未来完了のところで説明した通り、「心がパタンと傾く」という意味が根っこにあります。

そこから「よしやろう」という意志決定を表す「～するつもりだ」の意味と、「～だろうな」という判断、予想を表す意味に分かれていきます。

ここからわかる通り、**will というのは「心の働き」を表す言葉**であり、**物理的な未来を表す純然とした「未来形」というものではありません。**

心の働きを表す動詞とすごく相性が良いのもそのせいだと思われます。

think や hope は目的語の節に will が来ることがよくあります。特に hope の目的語節は will がつくのがデフォルトと言っても良いくらいです。

🔊 I think he will be successful.　「彼はうまく行くだろうと思う。」

→「思っている（think）」の内容を表す節に「予想」を表す will がある。

🔊 I hope someday my prince will come.

「いつか王子様が来てくれるといいな。」

→「希望する未来」の内容を表す節に「予想」を表す will がある。

さて、will はこのように心の働きであることがわかれば、will の持つ「未来への確定度合い」もつかめてきます。

It will rain tomorrow.　「明日は雨だろう。」

は、「**思っているだけ**」です。一方で、

It's going to rain tomorrow.　「明日は雨だろう。」

は「雨が降る」というイベントに向かって状況が進んでいる最中であることを表します。すると、心の中で予想しているだけの will よりも「**確実にそこへ向かっている**」感覚が出て来ることがわかります。

●―― be about to は「～する寸前」

最後に be about to について説明します。

about という言葉は「**周辺**」というのが根っこの意味です。

例えば「およそ 10 時」というのは、「10 時の周辺」ということです。「彼についてのエピソード」というとき、それは「彼を取り巻くさまざまなエピソード」ということを表します。

I was about to get on the train.

「私は電車に乗り込もうとしているところだった。」

というのは直訳すると「私は、電車に乗る（get on the train）ということに向かう（to）周辺（about）という状態で存在していた（was）」となります。つまり、「およそ乗り込もうとしていた」ということです。

ですから、be about to は「**～する寸前**」という意味で、**非常に近い未来を表す**ことになります。

英文の鬼100

法則

第4章
動詞③現在分詞：ingはここから考えよう

Must
24

ingとは何か

▶進行形も動名詞も分詞の形容詞用法も分詞構文もすべてここから考える

ingの根っこを考える

現在分詞、つまり～ingは現在進行形だけではなく、動名詞、分詞の形容詞的用法、分詞構文、という風にさまざまな形で使われています。

これらはすべて、～ingの形はとっても全く異なるものなのでしょうか？

それとも品詞や用法は違っていても底に流れる共通の感覚はあるのでしょうか？

言語学的な答えを言えば、「**形が同じなら、共通する意味はある**」のです。

現在進行形のところで述べた通り、～ingの根っこの意味は「**動作の途中・最中**」です。この項では各用法の中に～ingのこの「根っこの意味」がどのように生きているのかをざっと見渡してみます。

●──進行形：～ingの動詞用法

「be動詞＋～ing」の形にして、文の中で動詞として使うのが進行形です。1つの動作を「やり始め」「やっている途中」「やり終わり」の3つのアスペクト（相）に分けたうちの、「**やっている途中**」の部分を抜き出したものです。

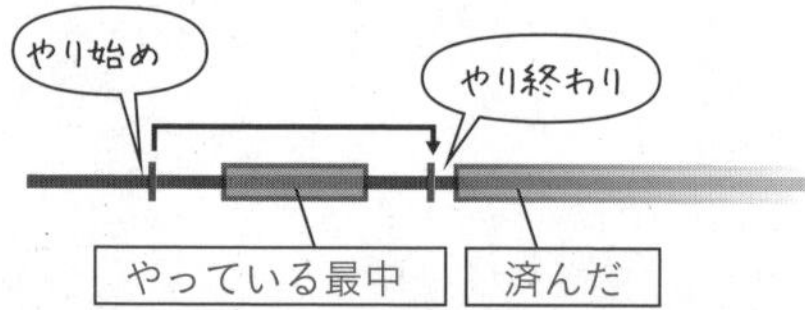

He was listening to the music.　「彼は（そのとき）音楽を聴いていた。」

→「よし音楽を聴こう」と耳を向け（動作開始）、その後、「音楽を聴いている最中」という状態が出現する。これが進行形。このあとしばらくして「彼」は音楽を聴くのをやめる（動作終了）。

●──動名詞：～ ing の名詞用法

動名詞や不定詞の名詞的用法は日本語で言えば「**～すること**」です。「～する」という動作を「事柄（ことがら）化」することで、動詞を名詞化しているわけです。ここでは動名詞～ ing のイメージを説明します。

動名詞のイメージは、**動画の一部を写真にして切り取り、取り出す**感じです。

例えば「テニスをする」という動作を写真にして切り取ると、どんな絵が写るでしょうか？

それは「テニスをしている最中・途中」の絵ですよね。つまり～ ing の絵ができ上がります。それが「テニスをすること」を表す playing tennis です。

Playing tennis is fun.　「テニスをするのは楽しい。」

動名詞は動詞を名詞化したものである、というのは、動名詞を代名詞 it で置き換えて意味が通ることでもわかります。

He likes traveling. → He likes it.

「彼は旅行が好きだ。」→「彼はそれが好きだ。」

●──分詞の形容詞的用法：形容詞とは、名詞の様子を説明する言葉

～ ing を「**～している（最中の）**○○」という風に形容詞としても使うことができます。

a running man　「走っている（最中の）男の人」

形容詞は名詞を修飾します。修飾とは「様子を説明すること」だと考えるとわかりやすいでしょう。ここでは「男の人」という名詞がどんな男の人なのかを説明するために、「走っている」という言葉が使われています。そして、ここでも～ingには「～している最中の」という意味がこもっています。

I don't know the girl speaking Chinese.

「中国語を話している（最中の）その女の子を私は知らない。」

「～している最中の」ということは、「一時的に今そうなっている」ということを表します。

上の文でも「今中国語を話している最中である女の子」ということです。今一時的にそうなっているだけです。

ですから、**「いつもそうする○○」という言い方はできません**。そういう場合は関係代名詞が出て来ます。

I don't have any friends who speak Chinese.

「中国語を話す友人は1人もいない。」

上記の文などは、「いつも話す言葉は中国語」という意味で現在形が使われています。any friends speaking Chineseとすると「今一時的に中国語を話している最中の状態にある友だち」という意味になり、ふさわしくありません。

●――分詞構文は「分詞の副詞的用法」

分詞構文は現在分詞（～ing）や過去分詞（～ed）を副詞として使っているものです。

副詞にはいろんな働きがありますが、一番大きな働きは、動詞を修飾すること、つまり、動作の様子を説明することです。例えば「走る」は動詞ですが、どんな風に走るのかを説明する「速く（走る）」「ゆっくり（走る）」「友だちと（走る）」などは副詞です。

Seeing me, he ran away.　「私を見て、彼は逃げた。」

Seeing me は分詞構文です。「逃げた」という動作がどうして起きたのかを説明しているので副詞の働きをしていると言えます。

valuable information

現在分詞は「同時発生」

私は、分詞構文が元々は「同時発生」であることを表す構文だった、と考えています。つまり「A している最中（～ ing）に、B が起きる」という構文です。これが「A して、B する」という文になったのでしょう。
分詞構文は過去分詞も使いますが、あれは正確には「being ＋過去分詞」という受動態から being が省略されたものです。したがって分詞構文は能動・受動に関わらず、常に～ ing のイメージが付いて回ります。
また、分詞構文はいろんな意味を持つのですが、「私を見て、彼は逃げた。」なら、「私を見たので、彼は逃げた」とも「私を見たとき、彼は逃げた」とも解釈できる曖昧さがあります。こうした曖昧さから分詞構文はいろんな意味を出すようになったと考えられます。

Must

25

MEGAFEPSなんて暗記するな その1：不定詞編

▶「→」が生み出す意味

「英語って暗記科目だなぁ〜。」と多くの人が思うようになる項目の１つに、いわゆる「MEGAFEPS」というのがありますね。

これは動詞の後ろにくる目的語が不定詞にならないといけないのか、それとも動名詞にならないといけないのかを判断するときに、「mind, enjoy, give, avoid などといった動詞の目的語には動名詞がくるよ」というのを覚えるためにそれぞれの動詞の頭文字をとって並べたものです。

確かに外国語を勉強するのに「覚える」ということは避けて通れません。

しかし、**「なんでも丸暗記する」というのと「効率良く覚える」というのは話が違います**。

この項ではもっと直感的にこのルールを使いこなせるよう、不定詞と動名詞のイメージを掴みながら自分の感覚で使い分けを判別できるようになりましょう。**みなさんは、「ルールに従う」側から「ルールを使役する」側へとなっていく**のです。

不定詞の to ①「これから向かう」

to の根っこの意味は「→」です。ただし、**その「→」をどういう方向から見るか**によって意味が大きく２つに分かれてきます。

１つは「**これから向かう**」もう１つは「**到達している**」です。

不定詞のtoは多くの場合、「**これから向かう**」の意味をとります。

前置詞のtoはほとんどの場合「到達している」という意味になり、あとは「**感情の原因**」を表す不定詞や、「**結果**」を表す不定詞などが「**到達**」を表すtoを使います。

I am happy to see you.　「あなたに会えて嬉しい。」　感情の原因

He grew up to be a doctor.　「彼は大人になって医者になった。」　結果

動詞の目的語に不定詞を持ってくる場合、ほとんどの場合は「これから向かう」のto不定詞です。

●——「実現するのはこれから」という意味の動詞なら目的語は不定詞

例えば「何か食べたい。」という願望を表すとき、食べたいと願っているだけで、食べるのはこれからになるはずです。

英語で言えばwantは願望を表します。そして、wantの後にくる「願望の内容」は「これからすること」になるはずです。そこで「**これからすることに向かう**」を意味するto不定詞がwantの目的語にやって来ます。

I want to eat something.　「何か食べたい。」

何をすることに向かってwantな気持ちなのか

They never expected to see the rock star.

何をすることに向かって全くexpectしていなかったのか

「彼らはそのロックスターを目にすることができるとは、つゆとも思っていなかった。」

→expectは「期待する」というよりは「状況からして当然こうなるものと予測する」という感覚の言葉であることに注意。

Attention needs to be paid.　「注意を払う必要がある。」

何することに向かってneedなのか

このように want（欲しい）、expect（当然これからそうなるものと思う）、need（必要である）などすべて、「**今は思っているだけで、実現するのはこれから先**」という特徴を持っています。そこで「これからすることに向かう」ことを意味する**不定詞の to がうまくマッチする**のです。

不定詞が目的語としてマッチする動詞には他に以下のようなものがあります。

agree to (do ~)：～することで合意する

→「合意するのは今。実行するのはこれから。」

hope to (do ~)：～することを希望する、～できるといいなと思っている

→「希望するのは今。実現するのはこれから。」

decide to (do ~)：～することにする

→「決心するのは今。実行するのはこれから。」

promise to (do ~)：～すると約束する

→「約束するのは今。実行するのはこれから。」

offer to (do ~)：（他人のためにすすんで）～しようと申し出る

→「申し出るのは今。実行するのはこれから。」

refuse to (do ~): ～することを拒絶する

→「これから～する、ということを拒絶する。」

不定詞の to ②「到達している」

一方で、少数派ですが、「**到達**」のイメージの to が使われている不定詞もあります。

これら「到達」組は少数派なので、覚えてしまった方が良いでしょう。

manage to (do ~)：どうにか～する

→動作の完成になんとか「到達」する。

He managed to finish the beer.

「彼はなんとかビールを飲み干した。」

↑ manage は「手」を意味するラテン語の manus を語源としており、「手を尽くしてなんとかやり遂げる」という感覚を持つ。

learn to (do ~)：（学んだり、訓練した結果）～することができるようになる

→（学んだ結果）～するという技術を身につけるところまで「到達」する。

She learned to drive a car during the summer.

「彼女は夏の間に車を運転できるようになった。」

↑ learn は「学習する」というよりは、「(学習した結果) 何かを身につける」というところに意味の重点がある言葉。

●――こうした動詞の目的語を動名詞にするとなぜおかしくなるのか？

では、これらの動詞の目的語を試しに動名詞にすると、どのようにおかしくなるのでしょうか？

動名詞は～ ing。つまり、「**動作の途中**」です。

例えば、I want eating something. としてしまうと、どうなるのか？

eating は「食べている最中」ですので、「食べたいなぁ」と思っているときに「食べている最中」になってしまいます。極端に言えば「食べながら、『何か食べたいなぁ』と思っている」感じですね。

他にも例えば「私たちはキャンプに行くことにした。」を We decided going camping. にしてしまうと、「行くことを決めたときにはもう行っている最中」という感じになってしまいます。

We decided to go camping.

MEGAFEPSなんて暗記するな その2：動名詞編

▶「同時発生」と「頭に浮かぶ映像」で理解する

ここではどういう動詞の目的語に動名詞がくるのかを説明します。

動名詞は～ ing ですから、「**動作の途中・最中**」というイメージは必ず影響力を発揮します。

●──その１：同時発生。「A している最中に B を行う」

目的語に動名詞をとることで有名な動詞に enjoy や、finish があります。その理由を見てみましょう。

○ I enjoyed swimming.　「私は水泳を楽しんだ。」

→「泳いでいる最中」に「楽しいなぁ」と感じている。

× I enjoyed to swim.

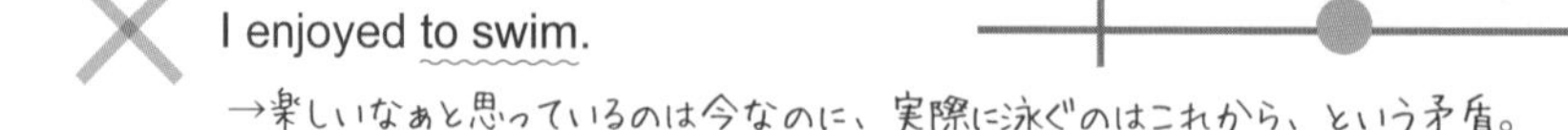

○ He finished reading the new novel.「彼はその新しく出た小説を読み終わった。」

→「読んでいる最中」の本を終わらせる。

× He finished to read the new novel.

→終わらせたのは今なのに実際に読むのはこれからという矛盾。

このように「動詞＋動名詞」になることで、**「A している最中に B を行う」**という意味が出ます。つまり、同時発生とでも言えるイメージが発生するわけです。

同時発生の形をとる動詞には以下のようなものがあります。

give up ～ ing：～するのをやめる

I gave up smoking.　「私はタバコをやめた。」

finish ～ ing と同じ感覚で、これまでずっとやりつづけてきていた最中のことを、あきらめてやめるという意味です。

他にも例えばI gave up trying to convince her.（私は彼女を納得させようとするのをあきらめた。）なら、これまで説得を試みつづける最中の状態がつづいていたが、それをやめた、ということです。

avoid ～ ing：～するのを避ける

Avoid using the same password.

「同じパスワードを使うのは避けてください。」

例えばボクシングで、相手がまだパンチを打っていないのに避ける人はいません。相手のパンチがやってくる「最中」に、避ける動作を行うはずですね。したがって avoid は「A が来る最中にそれを避ける」という同時発生の感覚が出ます。

put off ～ ing：～するのを延期する

I put off buying a house.　「私は家を買うのを延期した。」

off は「離れている状態で」という意味なので、put off で「いったん脇へ置いておく」＝「延期する」という意味です。買うのをやめたわけではなく、延期しているだけなので、「買うモード」の最中にいつづけています。put off と同じく「延期する」という意味の postpone の目的語にも動名詞が来ます。

stop ～ ing：～するのを中断する

I stopped smoking.　　「タバコの火を消した。」

stop は「いったん中断する」というイメージが強い言葉です。stop ～ ing は「やっている最中のことを、いったん中断する」ということ。もし、「タバコ（という習慣）をやめる」「禁煙する」という意味なら I quit smoking. が一番よく使われます。

以上で、いわゆる "megafeps" のうちの enjoy, give up, avoid, finish, put off(postpone), stop は、「同時発生」のイメージに基づいて目的語に動名詞を持ってくることがわかりましたね。

●――その２：「頭に浮かぶ映像」は必ず～ ing になる！

動名詞を目的語に持ってくるシステムは、もう１つあります。それは「**頭に映像が浮かぶことを表す動詞は、目的語に～ ing をとる**」というものです。

例えば皆さん、今朝は何を食べました？ 思い出してください。

……思い出しましたか？

私は鮭の切り身を食べました。私の頭の中にはちょうど鮭の切り身を箸でほぐしている「最中」の映像が浮かびましたよ。皆さんはどうでしたか？

人間が何かを思い出すとき、そこに浮かぶ映像は「何かをしている最中の映像」になるはずです。

remember ~ing, remember to~

I remember seeing him at the party.

「私はそのパーティで彼に会ったことを覚えている。」

→ remember は「記憶」を表す動詞。目的語に～ ing が来ているときには「何かをしている最中」の記憶の映像が頭に浮かんでいることを表す。記憶の映像だから必然的に「過去のできごと」になる。

Remember to see him next Sunday.

「次の日曜日に彼に会うことを忘れないでね。」

→「予定を覚えている」ということを言いたいなら、「これからやること」の話になるので to 不定詞が remember の目的語になる。

admit, deny

admit（認める）、deny（否定する）も「**過去に～したことを認める・否定する**」という意味のときに、目的語に動名詞をつけます。これも、過去の記憶を思い浮かべながらそれを認めたり、否定しているからだと考えられます。

ただし、remember と違い、admit と deny は、意味の上では明確に「記憶」を表すための動詞とは言えません。そこで、「過去の記憶の話である」ということをはっきり表すために**「having ＋過去分詞～」という完了動名詞の形にして目的語に使う**人もよくいます。

He admitted breaking(having broken) into the house.
「彼はその家に押し入ったことを認めた。」
→admit は認めたくないことを「しぶしぶ」認めるイメージを強く持つ。

I denied being(having been) by myself on that night.
「私はその夜１人でいたということは認めなかった。」

最後になりますが、「想像」も「頭に浮かべる映像」です。したがって、「想像する」を意味する imagine の目的語には動名詞が来ます。

I imagined flying in the sky.　「私は空を飛ぶところを想像した。」

consider（～かどうか考える）は、いろいろ頭の中で迷いながら「どうしようかな」と考える、つまり頭に映像をうかべることを意味します。

He considered attending the meeting.「彼は会議に出席しようかどうかと考えた。」

megafeps の m である mind も「頭の中で想像してから、『いや、やっぱりいいや』という気持ちになる」動詞です。

Do you mind helping me?
直訳：私を手伝うのはやっぱり嫌ですかねぇ……？
和訳：「私を手伝ってもらえませんか？」
→手伝うところを想像して、やはり嫌だなと思うかどうかを尋ねることで、すごく控えめに手伝うよう依頼している。

Must
27

分詞構文の読み方

▶いろいろな意味、用法にごまかされずにingの本質に注目する

分詞構文は、多くの英語学習者が苦手とするパートです。慣れてしまえばすごく楽に使うことができる便利な表現方法なのですが、そこにいたるまでに、「何かよくわからない形のルール」みたいなものがあり、それが学習者の気持ちをくじいています。本項では分詞構文の「読み方」を、次項では「作り方」を解説していきます。そうすることであなたの理解は複眼的になり、より簡単に分詞構文を身につけることができるようになるはずです。

「この位置に来れば副詞」3つの位置

本項では、分詞構文の読み方を中心に理解していきましょう。

まずは、「この文は、分詞構文だな」と判断できなければ、その読み方を当てはめることもできません。したがって、どういう文なら分詞構文だと言えるのかを見ていきましょう。

分詞構文は分詞の「副詞的用法」です。**副詞は主に「動詞の様子を説明する」ための言葉です**。例えば、「起きる」という動作を考えてみると、どのように「起きる」のかを説明する言葉があります。「早く起きる」とか、「ゆっくり起きる」とかですね。この「早く」とか「ゆっくり」というのが副詞です。

英文の中で**副詞が来る位置というのは大まかに決まっています**。したがって、その位置に～ing（＝現在分詞）か過去分詞で始まるかたまりがあれば、それは分詞構文だと言えます。その位置は以下の3つです。

●——①文頭：S+V の前

At the party, I found myself very nervous.

「パーティで、私は自分がとても緊張しているのがわかった。」

→ at the party は「どこで緊張している自分を find したか」という「動作の発生場所」を説明しているので、副詞。

↓

Talking with her, I found myself very nervous.

「彼女と話していて、私は自分がとても緊張しているのがわかった。」

→ talking with her は、「どういう状況で緊張している自分を find したか」という「動作の発生状況」を説明しているので、副詞。

●——②文中：否定文にした時に not が来る位置

He didn't remain silent.

「彼は黙ったままではいなかった。」

→ didn't は「remain」という動作がなかったことを説明しているので副詞。

He, not knowing what to do, remained silent.

「どうしたら良いかわからなくて、彼は黙ったままでいた。」

→ not knowing は didn't と同じ位置に来ている。また、「なぜ remain silent したのか」という「動作の理由」を説明しているので副詞。

●——③文末：文が終わった後に「カンマ＋分詞〜」の形

🔊 She ate breakfast at eight in the morning.

「彼女は朝８時に朝食を食べた。」

→ at eight in the morning は「いつ eat breakfast したのか」という「動作の発生時間」を説明するので副詞。

↓

🔊 She ate breakfast, reading the newspaper.

「彼女は新聞を読みながら、朝食を食べた。」

→ reading the newspaper は「何をしながら eat breakfast したのか」という「動作の様子」を説明しているので副詞。

いろいろな訳し方がある分詞構文の「根っこ」の読み方

「これは分詞構文だな」と判断できたら、次にその読み方です。

分詞構文は「**時**」「**理由**」「**条件**」「**付帯状況**」など、さまざまな訳し方があります。だから学習者は「どういうときにどういう風に訳し分けをすればいいの？」と困ってしまいます。

しかし、分詞構文の形は〜 ing で変わらないのですから、根っこの読み方も変わらないわけで、そこから枝葉のようにいろいろな訳し方が広がっていくわけです。いきなり枝葉を見れば混乱しますが、根っこから辿れば、適切な枝葉にたどり着くのは難しいことではありません。

根っこの読み方

現在分詞（〜 ing）：「〜して」

過去分詞（〜 ed など）：「〜されて」

Driving a car, he had an accident.
「車を運転していて、彼は事故にあった。」 **時**

Being sick, I stayed home.
「病気（という状態）で、私は家にいた。」 **理由**

Turning right, you'll find the shop.
「右に曲がって（＝右に曲がれば）、その店が見つかりますよ。」 **条件**

Pushed by me, the shopping cart fell over.
「私に押されて、ショッピングカートが倒れた。」 **理由**

He, not knowing what to say, kept looking at the ground.
「彼は何と言って良いかわからなくて、地面を見つづけた。」 **理由**

She kept talking to me, shaking our hands.
「彼女は握手をして（＝握手をしたまま）、私に話しつづけた。」 **付帯状況**
→「～しながら・したまま」を表す。文末の分詞構文はこのパターンが多い。

なぜ「～（し）て」が根っこの読み方になるのかというと、分詞構文は～ ing でできあがっているからです。

受動態の場合には過去分詞を使いますが、それは単に「being ＋過去分詞」から being が省略されただけのものです。したがって、**分詞構文である以上、すべて～ ing からでき上がっています**。

ということは、「動作の最中・途中」という感覚が根っこにあることがわかります。「A している最中、B を行う」という感覚が基本にあるわけで、この「A している最中」が「A していて」という感覚の元になっているのです。

Must
28

分詞構文の作り方

▶2回同じことは言うな、言わなくてもわかることは言うな

本項では分詞構文の作り方を見ていきましょう。分詞構文を作るポイントは2つで、

①言わなくてもわかることは言わない
②2回同じことは言わない

です。では早速作ってみましょう。

When he saw me, he ran away.　「彼が私を見たとき、彼は逃げた。」 時
Because he saw me, he ran away.「彼は私を見かけたので、彼は逃げた。」 理由
If he sees me, he'll run away.　「彼が私を見たら、彼は逃げるだろう。」 条件

上記の3つの文を見てみると、こんなことが言えないでしょうか？

1.「時」だろうが、「理由」だろうが、「条件」だろうが、結局全部、「～(し)て」と訳せないか？
2.「彼は」が2回繰り返されるのは、うざくないか？

上記の2つのポイントを考えて和訳を作ってみると、

「私を見て、彼は逃げた。」 時
「私を見て、彼は逃げた。」 理由
「私を見て、彼は逃げるだろう。」 条件

となり、自然な日本語の文ができ上がることがわかります。**「～して、～する。」という、この感覚をそのまま英語にするのが分詞構文の作り方です。**順を追って作り方を見てみます。

When/Because he saw me, he ran away.

↓「時」だろうが、「理由」だろうが、どっちでも大して変わりはないので、接続詞（when もしくは because）は消してしまう。

~~When/Because~~ he saw me, he ran away.

↓ he を2回繰り返すのはくどいし、そもそも2回も言わなくてもわかること。したがって、一方を消す。どちらを消すかだが、he ran away は結論で、より重要な情報なので、こちらの he は残す（*1）。説明のための情報である he saw me の方の he を消す（*2）。

~~he~~ saw me, he ran away.

saw me, he ran away.

↓「〜して」という感覚を出すために saw を seeing にする。これにより、「me を see している最中、he は run away した」つまり「me を see して、he は run away した」という文になる。

Seeing me, he ran away.

●——重要：主語が同じでなければ残す

前後の節の主語が同じだと、２回同じことを言わなくてもわかるから、片方を消します。逆に言えば、「**前後の節の主語が同じでなければ、両方とも残さないといけない**」ことになります。分詞構文を作るときには一番気を使わないといけないところです。

Because it was sunny, we went to the park.

「晴れていたので、私たちは公園に行った。」

↓接続詞 because を消す。

~~Because~~ it was sunny, we went to the park.

↓前後の節の主語が異なるので、主語を両方とも残す。because が付いていた副詞節の動詞である was を being にして、完成。

It being sunny, we went to the park.

*1：he ran away のような、結論を表す S+V を「主節」と呼びます。

*2：he saw me のような、説明のための S+V を「従属節」と呼びます。また、品詞の観点から言えば、副詞の働きをしている S+V なので、「副詞節」とも呼べます。

なぜこれが重要なのかというと、単純に「〜して……」というのが分詞構文だとだけ覚えてしまうと、「晴れてて、公園に行った」という脳内の日本語をそのまま英語に置き換えて、

× Being sunny, we went to the park.

としてしまう人が多いのです。**主語に意識を向ける癖**をつけていれば、「天気の主語は it だから、前後が異なる主語になるな。じゃぁ it も残さないとな。」と考えることができるようになります。慣れるまでは大変ですが、はじめのうちはきちんと意識を向けておくべきことです。

valuable information

名称を覚える必要はありませんが、一応参考までに述べておきますと、このような主語が残された分詞構文を文法的には「**独立分詞構文**」と呼びます。このパターンは、There is/are 構文の分詞構文でよく見られます。

Since there was no bus service, we had to walk home.

→ There being no bus service, we had to walk home.

「バスの運行がなかったので、私たちは家へ歩いて帰らなければならなかった。」

ここで読者の皆さまの中には、「なぜわざわざ being にしなきゃいけないんだ？ There was no bus service, we had to walk home. じゃだめなのか？」と思う方もあるかもしれません。

しかし**英語では２つの「S+V 〜」**（これを「節」と呼びます）**を接続詞なしに、カンマだけでつなぐことを文法上、良しとしない**のです。ですから、there was no…なら普通の節なので、接続詞を使ってつなぐ必要があります。この場合の接続詞は since ですね。since は「〜なので」という「意味」だけではなく、節と節をつなぐ接続詞という文法的役割を持っているのです。

●――受動態の分詞構文は being を省略する

「言わなくてもわかることは言わない」が分詞構文の鉄則です。したがって、**受動態の分詞構文は being を省略します**。be 動詞は「〜という状態で存在している」という非常に抽象的な意味で、取り立てて言わなくても意味は通じるからですね。

普通の文なら動詞があることで、それが現在なのか、過去なのかが初めて

わかるようになっているのですが、分詞構文なら主節は別にあるので、動詞の時制は主節の動詞に任せれば良いわけです。

Because she was pushed by Tom, Mary fell down.

↓

~~Because she~~ being pushed by Tom, Mary fell down.

↓

~~Being~~ pushed by Tom, Mary fell down.

↓

Pushed by Tom, Mary fell down.　「トムに押されて、メアリーは倒れた。」

●――副詞節の時制が主節より古ければ、「having 過去分詞」にする

普通は**主節の動詞に時制の説明をお任せする**のが分詞構文ですが、副詞節と主節の時制が違えば、それは分詞構文でも説明しなければいけません。主節より１つ前のできごとを分詞構文では「having ＋過去分詞」で表します。

Because I drank too much last night, I have a headache today.

↓　副詞節：動詞が過去形　　主節：動詞が現在形

~~Because I~~ drank too much last night, I have a headache today.

↓

Having drunk too much last night, I have a headache today.

「昨夜飲みすぎて、今日は頭が痛い。」

●――否定の分詞構文は裸の not

最後に、分詞構文の否定は don't や didn't ではなく、単に not です。なぜなら、**分詞構文は時間を表さないから**です。don't は現在形、didn't は過去形ですよね。でも分詞構文は～ ing だけですから、「時間」ではなく「動作の途中」であることしか表さないのです。

Not having eaten anything, he could hardly move.

「それまで何も食べていなかったので、彼はほとんど動けなかった。」

英文の鬼100

法則

第5章 動詞④過去分詞：イメージから理解しよう

Must
29

受動態その1
「気持ち」が受動態をつくる

▶ただ機械的にひっくり返していると思うな

中学で受動態というものを初めて教わります。主語と目的語をひっくり返し、動詞は be 動詞＋過去分詞にし、by ～をつけて……。多くの方々が、受動態を「文の作成の作業」として記憶しているかと思います。つまり、「ひっくり返す」ことがゴールで、だから何？という印象がないでしょうか？

受動態の気持ち、つまり、**どういうときに受動態を使いたくなるのか**、これがわからないと、話したり書いたりする際にぱっと受動態が出てきません。

まずは受動態の気持ちを一緒に見ていきましょう。

「する側」「される側」、どちらに注目しているのか？

例えばあなたが猫を飼っていたとします。名前もつけておきましょう。みーちゃん。みーちゃんは甘えん坊でとても可愛い猫なのですが、いたずら好きが玉に瑕（きず）で、ちょっと目を離すと何かやらかすので、気を抜くことができません。

ある日、みーちゃんが台所の隅っこに頭を突っ込んで何かゴソゴソしていました。みーちゃんが振り返ると、口にネズミをくわえているではありませんか！

そのときあなたは、とっさに下のどちらの文を使いますか？

①「きゃー、みーちゃんがネズミを食べてる！」
②「きゃー、ネズミがみーちゃんに食べられてる！」

まず間違いなく①を使うという人が多いはずです。

ではつづいて、今度はあなたがハムスターを飼っているとしましょう。名前もつけておきましょう。いつもひまわりの種を美味しそうにもぐもぐしているのでモグちゃん。

ある日、見たこともない野良猫にモグちゃんが食べられてしまいました。その報告を家族にするとき、あなたは下のどちらの文を使いますか？ ちなみに野良猫は今日初めてあなたが見たもので、当然ご家族はその野良猫を見たことがありません。

③「今日、野良猫がモグちゃんを食べちゃったの……」

④「今日、モグちゃんが野良猫に食べられちゃったの……」

かなりの人が④の文を使うと思います。ご家族は「野良猫」のことは見たこともないし、ニュースの主役はあなたも家族も大切にしていた「モグちゃん」です。ですから、モグちゃんが主役になる④の文を選択するでしょう。

このように**態の選択というのは、話し手が「する側」「される側」のどちらに注目して話をしているか、ということで決まってきます**。

①では「みーちゃん」、④では「モグちゃん」が情報の主役になり、注目されている立場です。

そして①では「みーちゃん」は「食べる側」なので能動態の文、そして、④では「モグちゃん」が「食べられる側」なので受動態の文となっているのです。

「される側」に注目しながら話をする。

これが受動態を使うときの、話し手の気持ちなのです。

●——自動詞、不完全自動詞で受動態はつくれない

多少の例外はあるのですが、**受動態は他動詞だからこそできる**ものです。

なぜなら自動詞の文（第１文型）や不完全自動詞（第２文型）の文には「される側」が存在しないからです。

受動態というと、機械的になんでも前後をひっくり返せば良いんだと思い込んでいる人もいて、間違った文ができることがあります。しかし、「する側」と「される側」がひっくり返され、「される側」が主役になって話される文が受動態ですから、**「される側」がない文は受動態にはなりません**。

I slept seven hours last night.　「夕べは７時間寝た。」 **第１文型**

→自分が自分で寝ているだけで、他の誰にも影響を与えていない自動詞の文。
seven hours last night は動詞の力が届いていない修飾語で、動詞の力が届いていないということは、「される側」ではない、ということ。

✕ **受動態はつくれない**

He is〔happy〕.　「彼は満足している。」 **第２文型**

→happy なのは「彼」の中身であって、「彼」が「happy」に何かをしているわけではない。
したがって、happy は「される立場」にはならない。

✕ **受動態はつくれない**

Many people saw the criminal in the station.
「多くの人々が駅の中で犯人を見かけた。」 **第３文型**

→「多くの人たち」は目撃「する」立場で、「犯人」は目撃「される」立場。
受動態にすれば the criminal が主役になる。

↓ **受動態**

The criminal was seen by many people in the station.
「駅の中で犯人は多くの人たちに目撃された。」

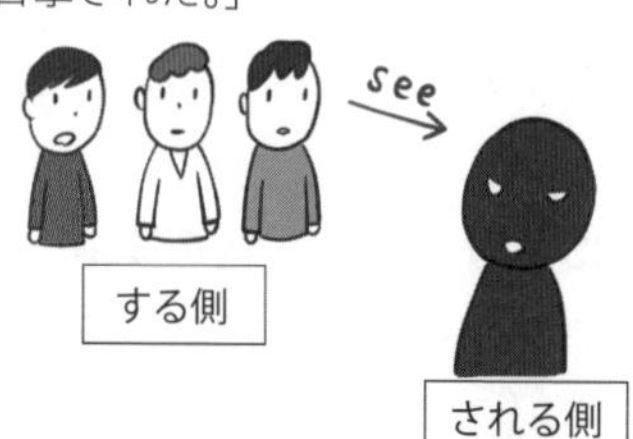

単に文の前後をひっくり返すのではなく、「する側」と「される側」をひっくり返すことに意識が行けば、どの言葉を主役にすれば良いのかがわかりやすくなり、第５文型のような文でも受動態は作りやすくなります。

We call this flower =〔*Yuri*〕.

「私たちはこの花を『百合』と呼ぶ。」**第５文型**

→「呼ぶ」側は we で、this flower は「呼ばれる」側。Yuri は this flower の「中身」でしかない。したがって、受動態にするなら、this flower が主役になる。

↓ **受動態**

This flower is called *Yuri*.　「この花は『百合』と呼ばれる。」

He pushed the door =〔open〕.　「彼はそのドアを押し開けた。」

→「押す」側は he で、the door は「押される」側。open は the door が押された結果どうなったのかという「結果の状態」を表すだけで、「押される」側ではない。したがって受動態にするなら the door が主役になる。

↓ **受動態**

The door was pushed open.　「そのドアは押されて開いた。」

Must
30

受動態その2 責任をボカす

▶断言を避け、客観性を醸し出す

他動詞構文というのは、基本的に

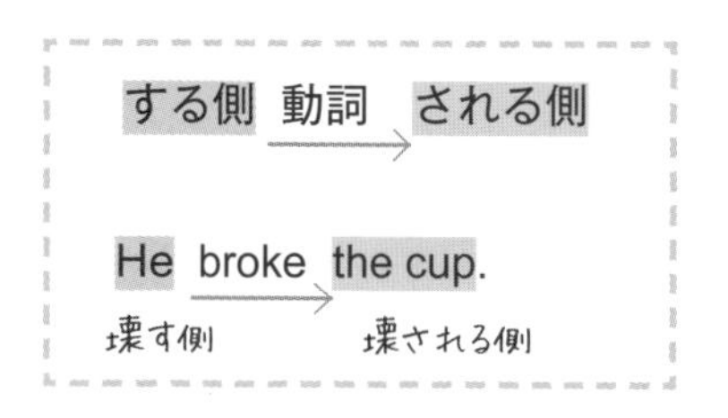

という形をとります。見方を変えると、他動詞構文は「**原因と結果の構文**」と捉えることもできます。

このように、**他動詞構文というのは「責任の所在をはっきりさせる」**構文だと言えます。
「カップが壊れた」という自動詞の文なら、まるでカップが自然に割れたかのようにも聞こえ、責任の所在がわかりません。しかし、「彼がカップを割った。」というなら、責任が彼にあることを明確に宣言しています。

社会での人付き合いの上で、責任を明確にすることはもろ刃の剣となることがよくあります。このため、当然ですが「責任をぼかす」ための表現も発達してきます。それが、受動態のもう1つの使い道です。

The factory polluted water.　「その工場が水を汚染した。」
能動態

例えば、上の文なら、工場が「汚す側」で水が「汚される側」。明らかに工場に責任があることを示しています。

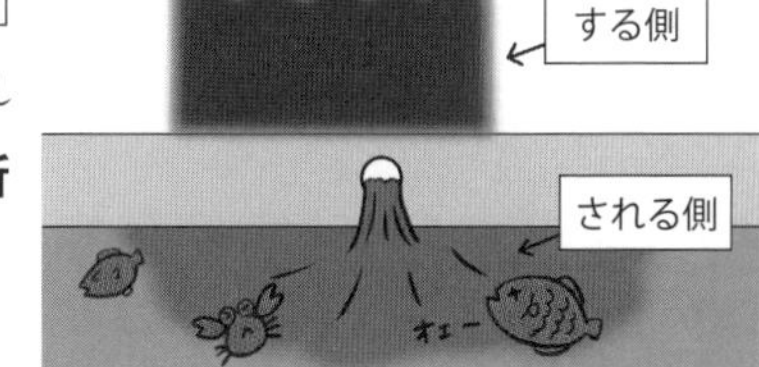

しかしこれを受動態にすれば、「汚す側」が消えて、「汚される側」だけが言語化されます。**誰が汚したのか、つまり、責任の所在が文の中から消える**のです。

Water was polluted.　「水が汚染された。」
受動態

読者の中には「あれ？ by the factory はどこへ行ったの？」と思う方もいらっしゃると思いますが、受動態では、よほど明確に「誰によってなされたか」を言いたい場合でない限り、**8割以上の確率で by ～が省略される**と言われます。理由はいくつかあるのですが、その１つに「責任の所在をぼかす」というのがあります。責任の所在を明確にしないことで、状況が客観的に表される効果が発生します。

During the 1960s, the air and water were more polluted than now.
「1960 年代には、現在よりも空気と水は汚染されていた。」
→当時起きていた状況を淡々と客観的に述べている。「by ＋動作主」をつけると、状況説明よりも責任追及に焦点が移ってしまう。

This sort of communication is thought to be a key step in perception.
「この種のコミュニケーションは知覚における重要な段階と考えられている。」
→科学論文によくある形式。誰がそう考えているのかに言及しないことで、筆者の主観だけではない、客観的事実という印象を植えつける効果がある。

「自分が、っていうかみんなが言っているんですよ」

受動態の表現をうまく使えば、「自分が言っているというよりは、みんなが言っているんですよ」というポーズをとりやすくなります。

●—— **It is said that**

例えば、所見や意見を述べるとき、

🔊 Japanese people don't look others in the eye when talking.

「日本人は、話すときに、相手の目を見ない。」

と仮に言ったとします。言った後、少し不安になりませんか？

聞き手から「本当にそうか？」「お前、調べたのか？」「証拠はあるのか？」「私は違うけど。」などと言われたらどうしよう？ なんて気持ちになったりしませんか？

このように、普通の言い方で意見を言えば、話し手の個人的な主張という印象を与えてしまい、場合によっては**発言の責任を取らなければいけなくなる**ことがあります。それを避けるには、

「だと言われています」「だと考えられています」

というような言い方をつけ加えれば良いですね。

ここで受動態が出て来るわけです。

🔊 It is said that Japanese people don't look others in the eye when talking.

「日本人は、話すときに、相手の目を見ないと言われています。」

これだと客観的にそういう事実があることを述べている感じが出ます。

ちなみにitは「状況」を意味する仮主語で、「抽象的で軽い情報から先に話し、具体的で重い情報は後ろに回す」という英語の語順の原則に従って、itの具体的な内容（that Japanese people …）は後ろに回されています（3項と41項参照）。情報の流れから見ると、「状況は、言われているよ、状況の中身は、『日本人は……見ない』ということだよ」という感じです。

●—— **it is thought that S + V ～**

it is said thatの他には、it is thought that S + V ～で、「SがVすると考えられている」というのがあります。

🔊 The older we get, the more easily we forget things.

「歳をとるほど、物忘れをしやすくなる。」

と述べるよりも、

It is thought that the older we get, the more easily we forget things.
「歳をとるほど物忘れをしやすくなると考えられている。」

と言った方が、筆者の個人的な主張という感じを避け、**世間一般の常識的考え方という印象を与える**ことができます。

●―― It is believed that

it is believed that という言い方もあります。ただし、ここでは believe という動詞が表そうとしている概念に注意が必要です。

英語学習者なら誰でも「believe ＝信じる」という意味だと考えています。間違ってはいないのですが、何でもかんでも「信じる」と訳してはしっくりとこない場合もあります。特に it is believed that S ＋ V ～となるときには、**「S は V すると『考えられている』」**と捉えた方が、より正確です。

日本語の「信じる」は「根拠はないけど、とにかく本当にそうだと考える」というニュアンスがありますが、英語の believe は「実際に見たわけではないけど、そう考えるだけの根拠があって、そう思っている」というニュアンスがあります。

It is believed that dinosaurs went extinct 66 million years ago.
「恐竜は 6600 万年前に絶滅したと考えられている。」

科学者は恐竜の絶滅を実際に見たわけではないけれども、いろんなデータや化石から、根拠を持って「恐竜が絶滅したのは 6600 万年前だ」と考えているわけで、この感覚を英語では believe という動詞で表します。

Scientists believe that dinosaurs went extinct 66 million years ago.
「科学者は恐竜が絶滅したのは 6600 万年前だと考えている。」

でも良いですが、it is believed を使うことでさらに**淡々とした客観性**が出て来ます。説得力を増すためにはこうした客観性を表す受動態表現を組み込むことも有効です。

Must
31

受動態その3 前置詞を攻略する

▶by 以外に使われる受動態の前置詞

前置詞をそれに対応する日本語訳だけで覚えていることが原因で、多くの英語学習者が前置詞の使い方を間違えます。今回は受動態ですので、by と、by 以外に受動態の構文で使われる前置詞について触れていきます。

●——「〜で」：by と with

以下の文は何がおかしいかわかるでしょうか。

× Cut the meat by a knife.　「その肉はナイフで切ってください。」

「〜で」という日本語につられて by を使ってしまう英語学習者をこれまでたくさん見てきました。**正解は by ではなく with です**。with は「一緒にいる」→「自分といつも一緒にある物＝自分の所有物」というところから、「所有」という、have に似たイメージを持つようになります。

a girl with long hair　「長い髪の女の子」

ここから「**道具の with**」とも呼べる用法が出て来ます。「with a knife（ナイフで）」「with a hammer（かなづちで）」「with the stick（その棒を使って）」など、「手に道具を持って（have）」という用法です。

そうすると、最初に出した例文は、下記が正しいとわかります。

○ Cut the meat with a knife.　「その肉はナイフで切ってください。」

受動態は「する側」と「される側」がひっくり返り、「される側」が主語になり、「by ＋する側」が後ろに回ります。つまり**受動態の by は「する側」、「直接の行為者」を表す**わけです。すると、

✕ The meat was cut by a knife.　「その肉はナイフで切られた。」

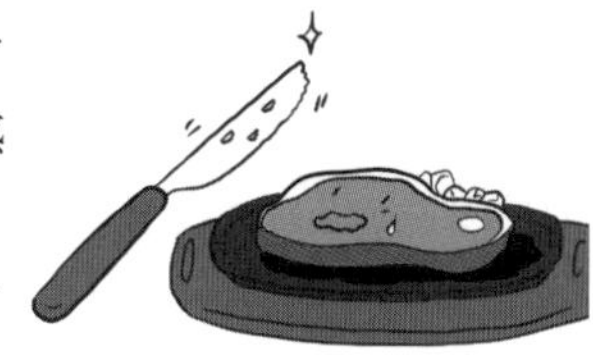

だと、ナイフが生きて意志を持っていて、そのナイフが自分で動いて自分で肉を切っているような感じがします。肉を切るのはナイフそのものではなくナイフを持った「人」になるはずです。したがって

The meat in question was cut by Doug with his knife.
「問題のその肉はダグによって彼のナイフを使って切られた。」

となるのです。

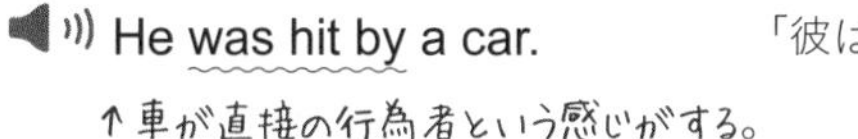
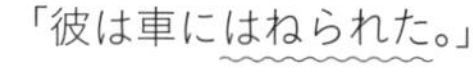

He was hit by a car.　「彼は車にはねられた。」
↑車が直接の行為者という感じがする。

He was hit by Tom with his car.「彼はトムによって、車を使ってはねられた。」
↑車はあくまで道具で、直接の行為者はトム、なおかつトムが車を使って故意にはねた感じがする。

上記の文はどちらも間違いではなく、前置詞を使い分ければニュアンスを変えることができるということです。

●――分野の in

これはあまり間違える人はいないのですが、一応指摘しておきます。

✕ The letter was written by English.
「その手紙は英語で書かれていた。」

正解は The letter was written in English. なのですが、問題は、「なぜ in なのかがよくわからない」という人が多いところにあります。

in は「**枠の中にいる**」ということを意味する前置詞です。上記の文で in English は「さまざまな言語が世の中にはあるが、どの言語の枠内で書かれていたのか」ということを意味します。この in を私は便宜上「**分野の in**」

と呼んでいます。一番ポピュラーなのは、I'm interested in Indian culture.（私はインド文化について興味がある。）の in でしょう。どの分野の枠内に興味があるか、ということです。

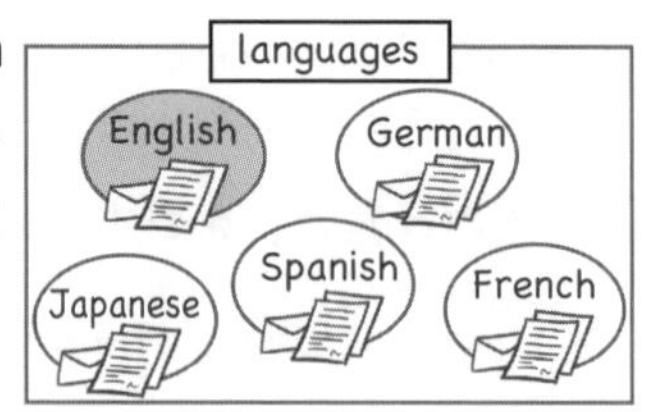

●── be made of と be made from のイメージの違い

中学で、「～でできている」という熟語として、be made of と be made from を習います。be made of は「パッと見てそれが何の材料でできているのかがわかる」ときに、be made from は「製品が何の材料でできているか、一見してわからない」ときに使うのだと習います。これらのイメージはどのような違いから生まれるのでしょうか。

of「全体から、構成要素を一部取り出す」

of の根っこの意味は「**全体から、構成要素を一部取り出す**」ということです。例えば、a piece of cake でしたら「ケーキ全体からその一切れを取り出す」ということで、「一切れのケーキ」という意味ができ上がりますし、a student of the school なら「その学校から、学校を構成する生徒の１人を取り出す」ということで、「その学校の生徒」という意味ができ上がります。

すると、例えば

This desk is made of wood.　「この机は木でできている」

なら、木材（wood）から直接机を取り出したような感じが出て来ます。ですので、ぱっと見、それが木でできていることがわかる感じがするわけです。

from「離れている」

一方で be made from ですが、from の根っこのイメージは「**距離**」です。例えば「家から５分」と言われて、家から離れるイメージはあっても、家に近づくイメージは出てきませんよね。日本語の「から」、そして英語の from は「**起点から遠ざかっていく**」イメージを持ちます。例えば keep A from B で「A を B から遠ざけておく」という熟語があります。

🔊 Keep this product from children.
「この製品はお子様の手の届かないところに保管してください。」

というとき、「手が届かない」という意味は keep からは出ていません。keep が出す意味は「保つ、保管する」という意味のみです。もうおわかりの通り、from の持つ「距離」という意味が、「手の届かないところ」という意味を出すのです。

さて、「距離」「離れている」は「(見た目が) 近くない、似ていない」という意味にも発展します。

🔊 Paper is made from wood.　「紙は木でできている。」

というときには、木材と紙の**見た目が「離れている」**ことを表しています。

by「する側」

ちなみに be made by ～はどんな意味なのでしょう？

受動態の **by は「する側」** です。したがって、「作られる側」が例えば「机」ならば、「作る側」は人とか、メーカー名になるはずですね。

🔊 This desk was made by my son.　「この机は、私の息子が作った。」

🔊 This desk was made by a Japanese company.
「この机は日本の会社によって作られた。」

Must
32

過去分詞：She has gone.じゃなくて、She is gone. ？

▶gone が辞書に「形容詞」と書かれている理由

過去分詞は形容詞になり得る

私がアメリカの大学にいたころ、大学のジムでウェイトトレーニングをしていました。他の人がバーベルを使い終わるのを待っていたのですが、終わった後、その人は私に

I'm done.　　「終わったよ。」

と言いました。私はこれを聞いて、意味はわかるものの、「なんでだろう？」と思ったものです。

今思えば単に勉強不足だったのでしょうが、私が日本の学校で習った記憶では「be 動詞＋過去分詞」は受動態であり、「～される」という意味のはずです。でも I'm done. はどう考えても**「私はされる。」という意味ではなく、「私は終わったよ。」という意味で使われている**のです。

「既に終わってしまっている」ということを表したいなら、学校では I have done it. という現在完了で習ったはずです。

それからもずっと、「こういう言い方があるんだ」くらいでこの知識は私の中にとどまっていました。

自分が英語を教えるようになって、形容詞とは何か、ということをいろいろ考えていたときに、たまたま木になっていた赤い木の実を見てハッと思ったのです。

「木の実が赤い」の「赤い」は形容詞です。

形容詞は「変わらずつづく状態」を表します（したがって、「〜という状態で存在する」を表すbe動詞と相性が良いのです）。

しかし、この「赤い」という状態は、青かった木の実が「赤くなる」という変化（動詞）を起こした後につづいている状態です。

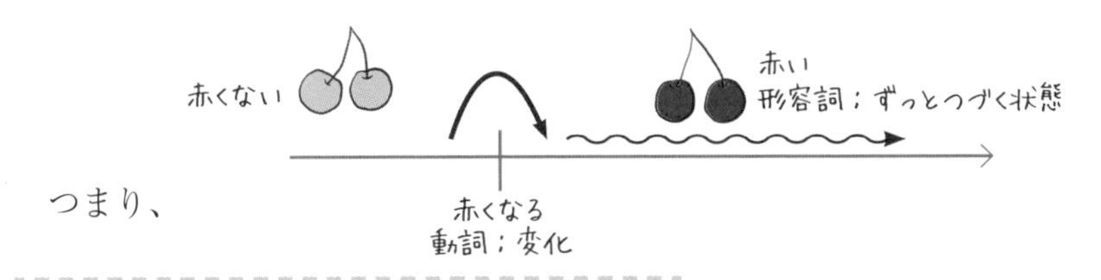

つまり、

形容詞＝動作が完了した後につづく状態

ここから、動作動詞が「動作のし始め」→「動作の最中」→「動作の終了」という３つのアスペクト（相）を経て、完了の過去分詞になったとき、その**過去分詞は形容詞の働きができる**、と気づいたわけです。

そうすると、doneというのは「やった後につづく状態＝終わってしまっている状態」という形容詞であると考えることができます。形容詞ですからI'm happy. と言うのと同じように、I'm done. と言うことができます。

なおかつ、この場合の**doneは形容詞**ですので、他動詞と違って目的語を取ることができません。他動詞は他者（目的語）に力をぶつけるのがその働きですが、形容詞はただ状態を説明するだけの働きだからです。

したがって ✕ I'm done it. とは言えません。言うなら ◯ I'm done with it. となります。もしくは ◯ I'm done. だけで十分なのです。

一方で、✕ I have done. とは言えません。have doneは他動詞doを現在完了で使っているので、目的語が必要です。ですから ◯ I have done it. とならなければなりません。

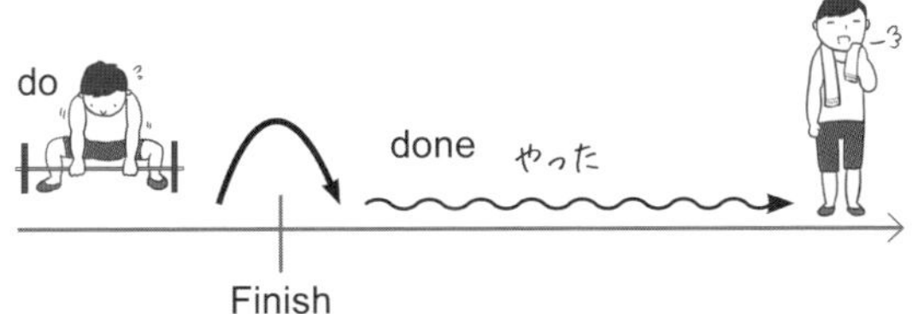

I have done it. と I'm done. は、意味に大きな違いがないときも多いのですが、**have done it が「やり遂げた感」がある**のに対し、**am done が「縁切り状態」という意味での「終わった！」感**を表すこともよくあります。形容詞の方が「やった後の状態に、既にずっといる」感がよく出るからかもしれません。

I'm done with him.　「彼とはもう終わりよ。」

→ここでの with は「対立・対戦相手」のイメージ。with は「一緒に・共に」のイメージ以前に、語源的には「対立（against）」のイメージから始まっている。例えば I played tennis with Tom. なら「トムと一緒にテニスをした。」ということではあるが、同時に「トム」は対戦相手でもある（81 項参照）。

●――なぜ was ではなく is ？

過去分詞の形容詞につく be 動詞について説明をしておきます。

過去分詞の形容詞は「**既に終わってしまった後の状態**」を表すため、日本語訳を見ると過去の話っぽく見えることがよくあります。それにもかかわらず、**be 動詞は現在形**であることが普通です。

ここで混乱する学習者が結構います。

例えば、「be 動詞＋過去分詞の形容詞」の形でよく使われるのは is gone です。gone は、go してしまった後、つまり「いなくなってしまった状態」という意味の形容詞として使われます。

The salt is all gone.

「塩は全部なくなってしまった。」

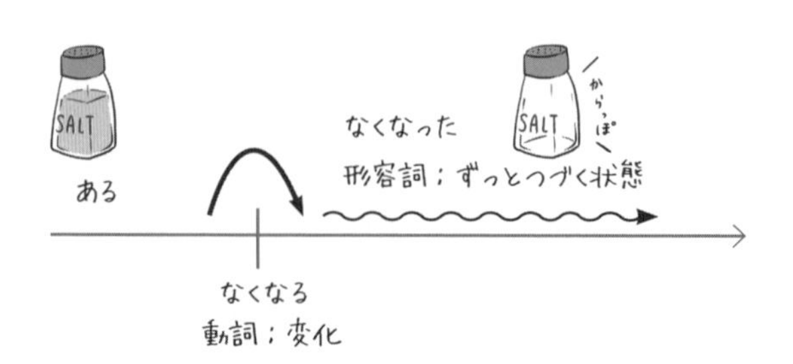

「なくなってしまった」は「た」がついているから過去を意味するのではないか？

それなら is gone ではなく was gone にした方が良いのではないか？

なぜ is なのか？

という質問をよく受けます。

タネを明かしますと、日本語の「た」、つまり「タ形」は必ずしも過去を表すためのものではなく、「**既に現実になっている**」という根っこの意味を持つ言葉です（12 項「現在形と過去形」を参照）。

「過去」というのも「既に一度現実になっている」ことを意味しますから、「タ形」は日本語の過去形としても使われるので（しかし同時に「現在、既に終わった状態にある」という、英語で言えば、現在完了の意味でも使えます。このせいで日本人にとって英語の過去形の現在完了の区別がつきにくくなっているのです。それはともかく）、The salt is all gone. が言いたいことは、「現在、塩はすべて『行ってしまった後 (gone)』の状態にある (is)。」ということです。

したがって、過去形の was ではなく、現在形の is を使うのが適切なわけです。

Must

33

「させる系」の動詞

▶surprise はなぜ「驚く」ではなく、「驚かせる」になるのか

日本語では「驚く」「興奮する」「満足する」などがデフォルトなのに、英語では surprise は「驚かせる」、excite は「興奮させる」、satisfy は「満足させる」、disappoint は「失望させる」など、「する」ではなく、**「させる」というのがデフォルト**です。

私もこうした単語を覚えたときは「変なの」と思いましたし、さらには文法問題で例えば exciting なのか、それとも excited なのかを判断する際には頭を抱えたものでした。

「ワン、ツー、スリー、はい、驚いて！」

surprise は、日本語のように「驚く」となるのではなく、なぜ「驚かせる」という、持って回った意味になるのでしょう？

excite はなぜ「興奮させる」なのでしょう？

どういう動詞が「〜させる」という意味になるのでしょう？

「させる」系の動詞には、何か共通する特徴があるのでしょうか？

一般にはよく「感情を表す動詞」という言い方で一括りにされます。

確かに、驚き、興奮、満足、がっかり、など感情を表す動詞にこのような特徴がありそうです。

しかし、それではなぜ、感情を表す動詞に「させる」系が多いのでしょう？

それでは１つ実験してみましょう。
ワン、ツー、スリー、はい、驚いてみてください。
……芝居でもない限り、「驚け」と言われて驚くことはできませんね。
それでは、興奮してみてください。
無理ですね。
退屈してください。満足してください。
がっかりしてください……
全部無理だということがわかります。

なぜでしょう？　それは「原因」がないからです。**驚く原因がないのに、自分から驚くことは無理です**。その他の上記の感情もそうです。原因がないと成立しない感情ですから、ヨーロッパ語の感覚から言えば、

原因があなたを「驚かせる」「興奮させる」「満足させる」「がっかりさせる」と言う方が自然

なのです。逆に日本語を勉強している欧米人は日本語の「驚く」とか「興奮する」という言い方に違和感を覚えます。「日本人って、自分からやろうと思って驚いたり興奮したりできるの？」と言いたくなるような感覚だそうです。

というわけで、これらの動詞の力の流れは以下のようになります。すべて、「原因が人にある感情を起こさせる」という形をとります。

The news surprises me.　「そのニュースが私を驚かせる。」

The report excites us.　「その報告が私たちを興奮させる。」

The results satisfy her.　「その結果が彼女を満足させる。」

What he did disappoints me.「彼がやったことが私をがっかりさせる。」

●——現在分詞（～ ing）や、過去分詞は形容詞扱い

こういった動詞が「**be 動詞＋～ ing**」や「**be 動詞＋過去分詞**」の形で使われるとき、それぞれの分詞は**形容詞として扱われます**。

既に説明した通り、形容詞は「変わらない状態」を表す言葉です。「赤い木の実」なら、その木の実は赤い状態がずっとつづくわけです。

～ ing は「動作の途中の状態がずっとつづいていること」を表せます。例えば、He is reading a book. なら、「本を読んでいる最中の状態がずっと変わらずつづいている」わけです。過去分詞は「終わった後の状態がずっとつづいていること」を表せます。She is gone.（彼女は行ってしまった。）なら、「行ってしまった後、いなくなった状態がずっとつづいている」わけです。

したがって、現在分詞（～ ing）も過去分詞も形容詞として使われるわけです。

現在分詞は能動、つまり、**原因が主語に来たときに「原因＋ be 動詞＋～ ing」という形で使われます**。

The news was surprising.

「そのニュースは驚きだった。」

The game was pretty exciting.　「その試合はとても興奮するものだった。」

→ surprising や exciting は形容詞なので、「平静→驚く」「冷静→興奮する」への変化ではなく、主語である「ニュース」や「試合」の内容への「評価（＝驚くべきニュース・興奮させられる試合）」を意味する。

名詞の前に分詞の形容詞をつけるときにはその**名詞が「感情の原因」であれば、～ ing がその名詞の前に**つきます。

This is surprising news.　「これは驚きのニュースだ。」

This is an exciting event.　「これはワクワクするできごとだ。」

→ news も event も感情を引き起こす原因。

過去分詞は受動、つまり、（原因によってある感情を引き起こされた）**人が主語に来たときに「人＋ be 動詞＋過去分詞」**という形で使われます。

I was surprised at the news.

「私はそのニュースに驚いた。」（＝驚かされた状態だった）

→ at は「動いている最中の一点を指す」が根っこの意味。ここでは銃の照準を合わせるかのように、ある点に、パッと注意が向くことを意味する。驚いて、そのニュースの方に注意がパッと向く、という感じを表している。

She was excited about the event.

「彼女はそのできごとに興奮した。」（＝興奮させられた状態だった）

名詞の前に過去分詞の形容詞をつけるときは、その名詞が「（原因によって感情を引き起こされた）人」である必要があります。

An excited man was shouting.　「興奮した男が叫んでいた。」

→ a man は何かの原因によって、「興奮させられた男」。

A lot of disappointed people wandered into the building.

「大勢のがっかりした人々が、建物の中へふらふらと入っていった。」

→ people は何かの原因によって、「がっかりさせられた人たち」

いかがでしたでしょうか。

こうした規則に沿って使われる動詞には surprise, excite, disappoint, satisfy の他に、bore（退屈させる）、tire（疲れさせる）、amaze（驚かせる）、embarrass（ドギマギさせる）、interest（興味を引く）など、たくさんあります。

注意すべきは日本語にもなっている shock ですね。

これは「原因が人にショックを与える」という動詞です。

日本語の感覚から、「私、ショックだわ。」と言いたいときに ✕ I'm shocking. と言ってしまう英語学習者が見られます。

「私は原因によってショックを与えられている」ので、○ I'm shocked. としなければなりません。

英文の

10

第6章 動詞⑤動詞の原形：その意味を考えたことがあるか？

Must

34

動詞の原形を考える

▶動詞が時間から解放され、残るもの

動詞の原形って一体何なのでしょう？

動詞の原形は、現在形でもなければ過去形でもありません。

初めて習ったときは一体なぜこんなものがあるのか不思議でした。現在の話を表すために現在形があり、過去の話を表すために過去形がある。では原形ってなんなのか？

動詞の原形は、現在も過去も表しません。動詞から「時間」を差し引くと、その残りは「『○○する』とはどういう動作なのか？」という「**動作の概念**」です。

例えば、「液体を、口を通して体内に取り込むこと」の名札が「飲む」という動詞名であり、これは名詞で言えば、例えば「４月に咲く日本人が最も愛する花のこと」の名札が「桜」という名詞名だというのと同じようなものです。

動詞の原形は動作の「名札」なので動作の「こと」化、名詞化がおこり、ここから**動詞の原形を名詞として使う、不定詞の名詞的用法（～すること）が生まれた**と考えられます。

不定詞には名詞的用法の他に形容詞的用法や、副詞的用法もありますが、不定詞の中で一番初めに生まれた用法は、ラテン語などでもそうですが、名詞的用法です。

To walk is good for your health.

「歩くのは健康に良い。」

To know is one thing, and to practice is another.

「知っているということと、実践するということは、また別の話です。」

→いずれも「歩く」「知っている」「実践する」というのはどういうことなのかという「概念」の話をしている。

英英辞典でも、動詞の意味を解説するときは、不定詞の名詞的用法であるto＋動詞原形を使います。そうやって動詞の「概念」部分を説明するわけです。

eat：to put food in your mouth, chew it and swallow it

「食べる：食べ物を口の中に入れ、噛み、飲み込むこと」

（OALD オックスフォード現代英英辞典より）

→「食べる」という行為をいつやるのかはどうでもよくて、「食べる」とはどういう行為なのかということだけを説明するのに「to ＋動詞の原形」が使われている。

●──「まだやっていない」ことを表す傾向

動詞の原形は、全体的な傾向として「まだやっていないこと」を表すことが多いようです。**to ＋動詞原形は「これからやること」を意味する**ことが多いですね。

I want to eat something.　「何か食べたい。」

→何か食べたいと思う（want）のは今だけど、食べる（eat）のはこれから。

命令文も動詞の原形です。

Stop!　「止まれ！」

→今やっていないことをこれからやれ、ということ。

仮定法現在とよばれる用法も動詞原形で、主節の動詞には「やれよ」「やろうよ」を意味する言葉がきます。仮定法現在の項（47 項）で説明しますが、これは should が省略されたものではなく、純粋に仮定法現在という活用形です。

They suggested to her that she stay with me.

「彼らは彼女に、私と一緒にいたらどうかと言った。」

→ suggestedでわかる通り、過去の話なのに、stayとなっていることに注目。これは動詞の原形。that節の内容はsuggestが「(これから) やったらどうか」と提案している中身。

動詞の原形が「まだやっていないこと」を表しがちなのは、**動詞の原形とは時間から解放された、頭の中の「概念・想念」だけを意味**し、そのため、**「考えているだけのこと（＝やるのはこれから)」という意味に結びつきやすい**からと考えることができます。

助動詞の後ろにも動詞の原形が来ます。

Yes, we can!　オバマ大統領：「そう、私たちならできる！（と思ってますよ！)」

→ canの後に「do it」が省略されている。

The meeting will start at eight.

「会議は8時に始まるだろう（と思います)。」

valuable information

助動詞の後ろに動詞の原形が来るのも、上記と同じ感性がありそうです。
助動詞は「現実の話ではなく、思っているだけ」ということを表す言葉であり（例 will＝〜だろうなと思う、may＝〜かもしれないと思う、should＝〜するべきだと思う)、「現実にいつもそうだ（現在形)」とか、「過去に現実としてそうだった（過去形)」というような、事実を表す言葉ではありません。
動作の概念だけを表す動詞の原形は、「頭の中に思うだけ」という意味で、助動詞の世界と相性が良いのだと思われます。

●――すでに時間の概念を表していたら原形

一方で、疑問文や否定文の do や does も広義での助動詞ですが、こちらは will や can などの法助動詞とはちがい、do, does, did が人称や時間をすでに表しているので、動詞は原形になっていると考えられます。

He swam across the river.　「彼は川を泳いで渡った。」

過去形

Did he swim across the river?　「彼は川を泳いで渡ったのですか？」

時間を表す必要がない

ここで時間を表している

最後にまとめます。

動詞の原形は、現在とか過去といった時間から解放された、**動詞の「概念」だけを表す**のであり、そこから、「ものの概念」を表す名詞にならって、「動作の概念」を表す名詞的用法で使われるようになりました。これが不定詞の起源です。

そして、動詞としての用法で見ていくと、「概念・想念」を表す動詞の原形は「**頭の中に浮かんでいるだけでまだやっていない、これからやる動作**」という使い方にも発展していったようです。

大昔の英語には動詞の原形にも、命令形にも、仮定法現在にも個別の活用の形があり、現在のように同じ形（＝動詞の原形）ではないのですが、少なくとも、現代英語においてどれも同じ形になったのは、単なる偶然というものを超えた、認知的必然性を感じさせます。

Must
35

不定詞（＝to＋動詞原形）その１「こちらへどうぞ」

▶用法に惑わされず、まずはただの「→」だと考える

前項で、動詞原形は「時間から解放された動詞」であり、動詞の概念（つまり、「どんな動きなのか」というイメージ）だけを持っている言葉であることをお話ししました。そして、不定詞には名詞的用法を起源として、形容詞的用法や、副詞的用法も生まれました。

私が中学のとき（30年以上前です）、用法について、いろいろと問題のある教え方がなされていました。中には今でも同じ教え方をしている人がいると聞きます。ここでは主な問題点２つを挙げてみます。

①各用法を日本語訳で教える人がいる。
→「～すること」＝名詞的用法、「～するべき○○」＝形容詞的用法、「～するために」「～して」など＝副詞的用法などとしているが、日本語訳などというものは、文脈次第でいくらでも変わる。

②「用法がわからなければ訳せない」と教えている人がいる。
→英語のネイティブに、用法をいちいち考えている人などいないし、日本人でも英語に慣れれば慣れるほど、用法などいちいち考えない。

●――働きを考える

まずは①ですが、名詞とか形容詞とか副詞とか言って用法を区別したいなら、少なくともそれぞれの**品詞の働きに応じて区別できるようになりましょう**。

1. 名詞的用法：**不定詞句（to ＋動詞原形を含むひとまとまりの意味のかたまり）を代名詞である it で置き換えても意味が通る**なら、それは名詞的用法。

I want to buy the car. → I want it.

「このクルマが買いたい。」 →「それがほしい。」

The idea is to generate electricity out of wind. → The idea is it.

「風で電気を発電しようというのが狙いです。」 →「それが狙いです。」

It is fun to swim with friends.

「友だちと一緒に泳ぐのがおもしろいんだよね。」

→ to swim with friends は仮主語 it の具体的内容を表す。

2. 形容詞的用法：形容詞は名詞を修飾する言葉。つまり名詞の様子を説明する言葉。「軽い情報が先、重い情報が後」という英語の語順に従い、「名詞の詳しい様子説明」である不定詞の形容詞的用法は「重い情報」として、名詞の直後につく。要するに**名詞の直後にあり、名詞の様子説明をしている不定詞**は形容詞的用法。

He doesn't have any power to [hire or fire someone].

権力 → 誰かを雇ったりクビにしたりする

何することに向かう権力？

「彼には誰かを雇ったりクビにしたりするような権力は一切ない。」

→ to hire or fire someone は「どのような power なのか」の詳しい説明。

3. 副詞的用法その１：副詞にはさまざまな働きがあるが、まずは、動詞の修飾、つまり**動詞の様子を説明する**のが主な働き。例えば「走る」という動詞があったら、どんな風に走るのかを説明する「速く走る」とか「友だちと走る」は副詞。

I went to the station to [see my friends].　「友だちに会いに駅に行った。」

何することに向かって「行った」?

→ to see my friends は went という動作の目的を説明。

He grew up to [be a rock star].　「彼は大人になってロックスターになった。」

どういう状態(be)にたどり着いた?

→ to be a rock star は grew up という動作の結果たどり着いた状態を説明。

4. **副詞的用法**その2:副詞や形容詞の**「程度」がどのくらいなのかを説明するの**も副詞の働き。例えば、「赤い」という形容詞の程度を説明する「とても赤い」は副詞。「速く走る」という副詞の「速く」に関してどのくらい「速く」なのかを説明する「世界一速く走る」も副詞。

His offer is too good to [be true].　「彼の申し出は話がうますぎる。」

どういう状態(be)に向かうには too good?

→ to be true(真実であるには)は何を基準に too good(良すぎてダメ)なのかを説明。

●——「→」と考える

次に②に移ります。

英語教師の意見で「不定詞の用法がわからなければ訳せない」という話をよく聞きますが、果たしてそうでしょうか。

不定詞の to はすべて「→」である。

ただそう捉えれば良いのではないでしょうか。

「訳す」の意味が、「正確な日本語に訳す」ということを意味するのなら、確かに用法に応じて日本語訳も変えていく必要はあります。

しかし、彼らの話を聞いていると、「英語の意味を理解する」という意味で「訳す」という言葉を使っているように思える方もたくさんいます。

英文を読んだり聞いたりして、ただ意味を理解するだけなら、むしろ日本語に置き換えることは頭の中でマルチタスクを引き起こし、かえって意味の理解の妨げになります。

名詞的用法

My plan is to → [hire more people for the project].

「そのプロジェクトのためにもっと人を雇う、というのが私の計画だ。」

→「私の計画はこちらですよ（→）」という感じ。

It is impossible to → [finish it in a day].

「それを１日で終わらせるのは不可能だ。」

→「それって不可能ですよ、それを1日で終わらせることに向かうのは」という感じ。

形容詞的用法

This pair of pants doesn't have any pockets to → [put things in].

「このズボンには物を入れるポケットが１つもない。」

→「このズボンにはポケットが1つもないですよ、それって物を入れることに向かうやつですけど」という感じ。

副詞的用法

I went to the supermarket to → [buy some food].

「食べ物を買うためにスーパーへ行った。」

→「スーパーへ行ったよ、食べ物を買うことに向かって」という感じ。

このようにto不定詞というのは、**「より詳しい情報へとtoが導いてくれる」**という形ですべて読めるようになっています。

用法をきちんと区別できることは良いことですし、正確な日本語訳をつくるには必須の知識ではあります。しかし、瞬間的に読み、聞き、また瞬間的に英文をつくり話すのに、その知識はあまり使いません。

枝葉にとらわれず、根っこは何かを考えて学習すれば、もっと直感的な英語の操作が可能になります。

Must

36

不定詞（＝ to＋動詞原形）その２　→をどこから見るか

▶「→」は３つの意味を持つ

不定詞は「to ＋動詞の原形」、つまり、「[→] + [時間から解放された、動詞の概念]」です。そして、to、つまり「→」は３つの意味を持ちます。

①「これからすることに向かう」
②「到達している」
③「指差している」

の３つです。どれも同じ「→」。ただ、それを**どこから見るかで意味が違ってくる**のです。

●──①これからすることに向かう

不定詞のかなりの部分を占めるのがこの「これからすることに向かう」という意味です。

名詞的用法

I want to [see him tomorrow].　「明日彼に会いたい。」

→「これから会う」ということに向かって want な気持ちでいる。

I don't know what to [do].　「どうしたらいいのかわからない。」

→「これから何をすることにむかうのか」。このため「疑問詞＋不定詞」は「〜すべき」という意味になる。what to do なら「何をすべきか」。

*ちなみに to see him tomorrow も、what to do も it に置き換えてそれぞれの文の意味が通るので、これらの不定詞は名詞的用法。

形容詞的用法

We need to buy something to [drink].

「何か飲み物を買う必要がある。」

→「これから飲む」ことに向かう「何か・もの」。

I have nothing to [talk about].　「何も話すことはない。」

→「これから話す」ことに向かう「ことがゼロ」。

*ちなみに to drink と to talk about は、直前にある something, nothing という名詞の内容を詳しく説明する言葉なので、これらの不定詞句は形容詞的用法。

分詞の形容詞的用法は、～ ing ですので「やっている最中の」という感じが出ます。

We got closer to the man=[talking with Mr. Morita].

「私たちは森田氏と話している男性に近づいていった。」

→「森田氏と話している最中の男性」

副詞的用法

I went to the movie theater to [see the movie].

「その映画を観に映画館に行った。」

→「これから映画を観る」ことに向かって「行った」。

I am ready to [go].　「行く準備はできている。」

→「これから行く」ことに向かって ready の状態にある。

*to see the movie は went という動詞の目的を説明しているので副詞的用法。to go は be ready という動詞句の内容（何の準備ができているか）を詳しく説明しているので副詞的用法。

独立不定詞

文頭に置かれる、慣用句です。「今からこうさせてもらうけど」という、一種の「これから向かう」感があります。

To [be frank], I don't want to make friends with a guy like him.

（今から）率直にならせてもらうと……

「ぶっちゃけて言うと、私はああいう男と友だちにはなりたくない。」

Needless to [say], your company pays for it.

言うことに向かう必要はないのだが

「言うまでもなく、費用は君の会社が持つ。」

●――②到達している

「到達してしまっている」ことを意味する不定詞は主に副詞的用法で使われます。これらの不定詞は「すでにこういう動作が現実に起きている」ことを意味します。

副詞的用法（結果）

He grew up to [be a doctor].　「彼は大人になって医者になった。」

→成長して大人になった結果、「医者である状態」に到達する（grow は成長するという意味しかないが、grow up は「成人する」という意味）。

I studied without sleeping a wink, only to [fail the exam].

努力　ここにしか向かわない　失敗

「一睡もせずに勉強したが、結局テストに落ちた。」

→「努力＋only to ＋失敗」の構文。「努力したが、結局失敗にしかたどり着かない」という意味を出す。

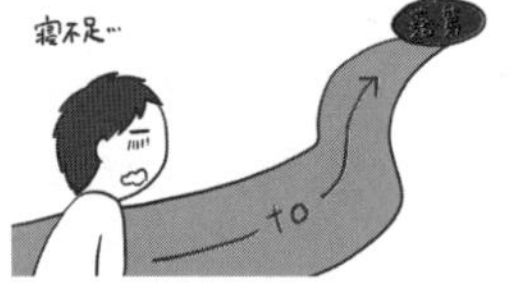

副詞的用法（原因）

It' s good to [see you].　「会えて嬉しいです。」

→「あなたに会う」ということにたどり着いて、「状況 (it) は良い」。

副詞的用法（判断の根拠）

He must be a genius to [solve the problem within a few minutes].

判断・評価

「その問題を数分で解いてしまうなんて、彼は天才に違いない。」

→「判断・評価＋ to ＋判断・評価の根拠」の構文。「あるできごとにたどり着いて、それを根拠として判断・評価を下す」。

副詞的用法（条件）

To [hear her talk], you would think she was Chinese.

条件　　　　　　　　帰結

「彼女が話すのを聞けば、君は彼女のことを中国人だと思ってしまうだろう。」

→文頭に「to ＋条件」がくるパターン。「その条件に到達すれば」ということ。条件の部分には「to see ～」か、「to hear ～」の知覚構文がくることが普通。

●――③指さしている「→」

「これから向かう」にも「到達」にもあてはまらない to 不定詞もあります。この「→」は「想念」を指す、純粋に「指示機能」の「→」です。**「こちらですよ」と指差している**感じですね。

名詞的用法

To[eat vegetables every day] is good for your health.

想念・概念・考え

「毎日野菜を食べることは健康に良い。」

「実際にやった」わけでも「実際にこれからやる」わけでもない、「**一般的に、こういうことをすること**」という概念・考えを表す、想念の to 不定詞です。動詞原形は時間から解放された、動作の概念のみを表す言葉ですから、こういう用法もうまれるわけです。

＊to eat vegetables every day は it で置き換えても文の意味が通るので、名詞的用法。

以上、不定詞の to が持つ「→」の意味を大きく３つに分けてみました。to を「→」で捉えると、言葉の意味がもっと生き生きと感じられるようになりますよ。

Must
37

次に進む前に……あらためてbe動詞を考える

▶be 動詞はいろいろな場所で何をしているのか

この項では、be 動詞とは何なのか、そしてさまざまな文法で使われる be 動詞は何をやっているのかを見ていきながら、これまで手に入れてきた知識を「点から線へ」つなげるようにしていきます。

be 動詞は一番基本的でありながら、英語学習ではその意味の学習が軽視されているように思える動詞です。
「文法上必要だからそこに使われているけれど、文の意味にとってはあまり重要ではない」というような捉え方をされている感じがします。
例えば進行形や受動態では、「be 動詞 + 〜 ing」「be 動詞 + 過去分詞」という形式上、be 動詞が必要だけど、**なぜそこに be 動詞があるのか、そしてそこで be 動詞は何をしているのか**、ということに関する説明はほとんどありません。
また、I am a student. を「私は学生だ。」と訳すとき、「だ」は何を表しているのか、という説明はありません。さらに言えば、これが、I am in Tokyo. になると、「私は東京にいる。」という訳になるわけですが、「だ」になったり「いる」になったりする be 動詞の正体は一体何なのか、ということの説明もありません。
ここでは、そんなそもそものお話を考えてみます。

be 動詞の正体は「〜という状態で存在している」

be 動詞の正体は、「**〜という状態で存在している**」です。

ちなみに日本語の「学生だ」の「だ」は、「学生という状態で存在している」ということを表しています。つまり、「昨日も今日も明日も、変わらず学生の状態がつづいている」ということを表しています。

「東京にいる」の「いる」は、「in Tokyo という状態で存在している」ということを表しています。

ですから、be 動詞の「〜という状態で存在している」という意味のうち、I am a student.（第２文型）では be 動詞の「状態」の意味がクローズアップされ、I am in Tokyo.（第１文型）では be 動詞の「存在」の意味がクローズアップされているわけです。

●――補語の形容詞の前になぜ be 動詞がつくのか

第２文型では、補語に「学生」のような名詞だけでなく、形容詞もつきます。

He is happy.　「彼は満足している。」

This flower is beautiful.　「この花は美しい。」

形容詞は名詞の様子を説明する言葉で、

①変わらずその状態がつづいていることを表す
　つまり、「美しい」なら、「美しくなる」という変化とは違い、「美しい」状態がずっとつづいていることを表す。
②いつの話なのか（＝現在なのか、過去なのか）を表せない

という特徴があります。したがって、形容詞は**「状態」を意味する be 動詞とても相性が良く**、また、be 動詞が時間を表します。

●——進行形になぜ be 動詞がつくのか

進行形の be 動詞の役割は、まず、～ ing だけでは表せない**「現在」「過去」を be 動詞が表してあげている**、ということです。

He is reading a book. 「彼は本を読んでいるところだ。」

He was reading a book. 「彼は本を読んでいるところだった。」

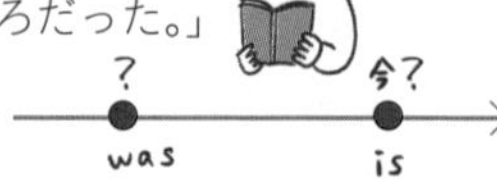

という違いですね。

be 動詞がなければ、「本を読んでいる最中なのは、今の話なのか、過去の話なのか」がわからないわけです。

次に、じゃあ使われるのがなぜ be 動詞なのか、他の動詞じゃないのか、ということになるわけですが、～ ing というのは「ある程度の時間、何かしている**最中の状態がずっとつづいている**」わけで、これは「動作」「変化」ではなく、**「変わらない状態」の世界**なわけです。したがって、～ ing に何か動詞をつけるなら、「状態」それ自体を意味する be 動詞がぴったりなわけです。

●——受動態になぜ be 動詞がつくのか

受動態において、過去分詞につく be 動詞は、～ ing と同様、**「現在」「過去」という時間を表します**。また、過去分詞に have がつけば現在完了ですが、be 動詞なら受動態です。

さて、**受動とは、「**なされた**後の状態」**と考えられることが第一であり、「されていなかったものが、される」という「変化」としてとらえられることは二次的であるようです。

The idea is accepted across all generations.

「その考えは幅広い世代に受け入れられている。」

→ accept は「受け入れる」という動作動詞だが、受動態で使うと「受け入れられてしまっている状態にある」という「受動＋完了した状態」のイメージ。

John is said to have been fired two weeks ago.

「ジョンは２週間前に解雇されたという話だ。」

→ say は「口から言葉を出す」という動作（変化）を表す動詞だが、is said では「そういう噂がずっとある」という「状態」を表している。

My watch is broken.　「私の時計は壊れているんだ。」

→特に文脈がなければ「私の時計は壊される」という「変化」ではなく、「壊れている」という「状態」で解釈される。つまり、「何らかの原因により壊された後の状態」にあるということ。

The door was closed.　「そのドアは閉まっていた。」

→特に文脈がなければ、「ドアは閉じられた」という変化よりも「ドアは閉まっていた」という状態で解釈されることが多い。もし「閉じられた」という変化を表したいなら後ろに by がつくことが多い。

The door was closed by the tall man.

「その背の高い男によってドアは閉じられた。」

→受動態の by は「する側」を呼ぶ言葉であるので、「する」という変化、つまり状態ではなく動作の意味が受動態に色濃く出て来る。

このように、受動態は動作（変化）を表すこともできますが、どちらかというと、**状態（変化しない）を表すほうがデフォルトに近い**表現です。したがって、状態を表す be 動詞が、相性が良いのだと思われます。

valuable information

ちなみに大昔の現在完了は、例えば、I have finished my work.「私はもう自分の仕事を終わらせている。」なら、

I have my work finished.

(→ I have [my work = finished].

「私は『自分の仕事＝終わらされた』状態を今 have している」)

というものでした。

「なされた状態（＝受動）を持っている（＝ have)」＝「し終えている（完了)」ということで**受動と完了は表裏一体**だったわけです。

この I have my work finished. が、時代の流れの中で、「動詞の後ろに名詞（目的語）を置く」という SVO 語順が定着する中で、I have finished my work. という風に入れ替わっていったようです。受動が「なされた後の状態」と解釈されやすい原因には、こうした歴史的背景もありそうです。

Must
38

be to不定詞

▶根っこは「～することに向かっている状態にある」

be to 不定詞は少し硬めの書き言葉に必須の文法事項で、「be 動詞＋ to 不定詞」という１つの形に５種類もの意味があるということで学習者を悩ませる項目の１つです。

①確定した予定

The president is to visit China next month.

「大統領は来月中国を訪れることになっている。」

②運命

She was never to see him again.

「彼女が彼に会うことは２度となかったのであった。」

③可能

No one was to be seen in the street. 「通りには人影が全く見られなかった。」

④意志

If you are to be successful, you need to work harder.

「成功したいというなら、もっと努力すべきだ。」

⑤義務・命令

You are to come to my office. 「私のオフィスまで来るように。」

しかし、形（言い方）が同じということは、何かそこに共通の意味の根っこがあるはずで、それを掴むと、理解がかなり楽になります。また、直感的な理解は英語のアウトプットに必要なものです。

「〜するということに向かっている状態にある」

be 動詞は「〜という状態で存在している」が根っこの意味、to 不定詞は基本的には「これから〜することに向かう」ということですから、「be to 不定詞」の**根っこの意味は「〜するということに向かっている状態にある」**という感じです（ただし、③は例外的に少し異なります）。

この根っこの意味に一番近いのが①の「確定した予定」です。

①「確定した予定」

be to 不定詞の中で一番よく使われる用法です。一番よく見かけるのは新聞の見出しで、英語で新聞の見出しは慣習的に be 動詞と冠詞は省くものですから、以下のような書き方がなされます。

The President to visit China　「大統領、訪中へ」

普通の文に直せば The President is to visit China. になります。この表現は will や他の未来表現とはどうちがうのでしょうか？

1.will だと…

The President will visit China.

「大統領は中国を訪れるだろう。」

→ will は「訪れる」という方向に心がパタンと傾く、ということ。つまり心の中で行う「予想・判断」。話し手がそう思っているだけという意味で予定の確定度はそれほど高くない。

2.be going to だと…

The President is going to visit China.　「大統領は中国を訪れる予定だ。」

→未来に「China を visit する」というできごとがあり、今大統領はそこに向かって進んでいる途中だ、ということ。すでにその予定に向かって進んでいるという意味で、「思っているだけ」の will より確定度は高い。

3. 進行形だと…

The President is visiting China next week.　「大統領は来週訪中する。」

→「訪中に向けてすでに事態が進行中」。たとえ大統領がまだ米国にいたとしても、もう訪中モードで生活が動いているという意味。「訪中というイベントはまだ先にあって、今はただ、そこに向かって進んでいる」という be going to よりもはるかに慌ただしくなっている。

4.be to 不定詞だと…

🔊 The President is to visit China next week.

「大統領は来週訪中する予定である。」

→新聞の見出しに使われることでわかるとおり、硬い、書き言葉的表現で、政治日程や、会社同士の取り決めなど、「キャンセルしたら、かなりまずい」予定に使われることが普通。「近い未来」「遠い未来」というよりは、「公式日程」という感じで捉えると感じがつかみやすい。

●──②「運命」

必ず過去形で使われる表現です。これから先のことは誰にもわからなくても、過去を振り返ってみたとき、「ああ、あのとき、こうすることに向かっていたんだよなぁ」ということはわかります。**ドラマの最後の「そのとき、このような運命が待ち受けているとは、○○は知る由もなかったのであった」というナレーション**の感じです。

🔊 He was never to return home.

「彼が故郷に戻ることは二度とないのであった。」

→故郷に帰ることには、決して向かっていない状態だった、ということを未来から振り返って見通している表現。

●──③「可能」

形式上の特徴として、**否定文で使われるのが普通**なので、「可能」というよりは、**「不可能」を表す構文**です。そして、to 不定詞が受動態、つまり「to be 過去分詞」という形になります。

valuable information

このパターンの to だけは、「これから向かう」ではなく、「たどり着く」という意味ではないかと考えられます。そう考えると、**「(～されるということに) たどり着くという状態にはなかった」＝「(～される) ということが実現しなかった」**という意味で解釈できます。

be to 不定詞の否定文で「to be 過去分詞」なら、「不可能」を意味する文だと思ってください。

My wallet was not to be found. 「私の財布は見つからなかった。」

→「私の財布は発見されるという状態にたどり着かなかった。」が直訳。

●——④「意志」

この表現は if を使い、If S be 動詞 to (do ～) の形をとるのですが、直訳すると、「もし S が do するというところに向かっているというのなら」と捉えることができます。時には**「実際はそうなってないよねぇ。」という風に説教くさく聞こえたり**もします。こなれた形で和訳すると「もし S が do するつもりなら」というふうに「意志」で訳します。しかし、「意志」という意味が be to 不定詞のなかにあるというよりは、結果的に「意志」と訳せるだけという感じです。帰結節では必ず「助言」が述べられます。やはり説教くさい表現ですね。

If you are to be successful, you need to work harder.

直訳：「もしあなたが成功に向かっている状態だというのなら…」

→「もし成功するつもりなら、もっと努力したほうがいい。」

●——⑤「義務・命令」

主語は必ず you です。目の前の相手に対して面と向かって「あなたは～することに向かっているから」と言えば、**それは「やれ」ということ**ですよね。

You are to come to my office later.

「後で私のオフィスまで来るように。」

→「あなたは後で私のオフィスに来るということに向かっている状態だ。」が直訳。

以上、これらの表現は話し言葉ではありませんが、ビジネス文書では場合によっては使うこともあります（英語資格試験でも）。そして、多義（1つの形に複数の意味がある）の問題として興味深いので取り上げてみました。根っこを押さえた上で、各用法の形式を押さえ、使いこなせるようにしましょう。

Must
39

不定詞の意味上の主語と「of 人 to 不定詞」

▶なぜ of 人の前には「人の性格・性質」を表す形容詞が来るのか

今回は「不定詞の意味上の主語」と言われる「for ＋名詞 to 不定詞」の形がなぜ起きるのか、そして、似た形である「it is 性質・性格 of 人 to 不定詞」において、なぜ for ではなく of が使われるのかについてお話しします。

不定詞というのは英語で話すとき、かなり便利な表現で、必然的に上記の２つの表現はよく使うことになります。構文が持つ意味を深く知れば、それだけ直感的な操作が可能となります。

●――「(人) にとって」の for と to

My family is very important to me.
「自分の家族は自分にとって、とても大切です。」

Mr. Goldberg is very important for us.
「ゴールドバーグ氏は私たちにとって、とても重要だ。」

上記の例文にあるように、「**～にとって**」を意味するとき、to も for もどちらも使えます。

しかし、これらの意味には微妙な違いがあります。

to が前置詞で使われるときは、ほとんどの場合、「たどり着く矢印」の意味を持ちます。important to me なら「important だ」という評価が直接 me のもとにたどり着いていることを表し、これはネイティブスピーカーに言わせると「**打算も何もなしに、とにかく**重要」という「無償の愛」的な感覚をもたらします。

一方でforは「遠くに見える目標」というのが根っこの意味ですから、important for usなら「**何か成し遂げる目標が私たちにあって、その達成のために**重要だ」という感覚が出て来ます。

forの後に目標内容を詳しく補足するのが不定詞

さて、文脈上forの持つ「目標」の内容が、言わなくてもわかるようなものである場合は、上記の例文のようにfor us（私たちにとって）だけで大丈夫です。

しかし、実際には「私たちにとって、どう重要なのか」ということまで説明する必要がある場合がよくあります。そのための補足説明をしてくれるのが、to不定詞です。

Mr. Goldberg is very important / for us / to carry out this plan.

誰にとって重要？　何することに向かって重要？

「ゴールドバーグ氏は私たちがこの計画を実行するのに（直訳：私たちにとってこの計画を実行するのに）、とても重要です。」

→この会話が会社の身内だけで行われ、なおかつ「この計画の話」だということを全員了解している文脈の中でなら、for usだけで十分だが、そうでない場合には「この計画の実行」という補足説明が必要になる。

これがいわゆる「**不定詞の意味上の主語**」のfor〜の正体です。

不定詞の意味上の主語などと教わると、不定詞が主役で、意味上の主語である「for＋人」は添え物のような感じがするでしょうが、成り立ちとしては逆であったと考えられます。

●──「意味上の主語」はいるかいらないか

一方で、実際に使っているときには、確かにこの不定詞の意味上の主語は「添え物」のような感じがする場合がよくあります。

不定詞の意味上の主語が不要だと感じられるときはどういう場合なのか、見てみましょう。

It's impossible to finish this work in a day.
「この仕事を１日で終わらせるのは無理だ。」

不定詞の意味上の**主語がない場合は、一般的な性質の話**、つまり、誰にとってみても、「この仕事を１日で終わらせるのは無理だ」という話をしています。

しかし、これに意味上の主語が加わると、

It's impossible for him to finish this work in a day.
「彼がこの仕事を１日で終わらせるのには無理がある。」

「**他の人はともかく、彼は**」という、より具体的な話になります。

彼にそれをこなすだけの能力や経験がないとか、今日は、彼は他にもたくさん仕事を抱えているとか、そういう事情があって、「他の人はともかく、彼には無理だ」という話ができるようになります。

●――性質・性格を表す形容詞＋ of ＋人＋ to 不定詞

次の文を見てください。

例えば「前もって私にその情報をくれるなんて、彼って親切だね。」と言おうとするとき、

× It is kind for him to give me the information in advance.

○ It is kind of him to give me the information in advance.

「for 人 to 不定詞」をうっかり使ってしまう英語学習者は結構いるのですが、ここでは of を使わないといけません。

どういう場合に for ではなく、of を使うのかというと、**of の前に「人の性**

質・性格」を表す形容詞が来るときで、「人の性質・性格に対する感想を述べようとする文」となるときにofが出て来ます。

ではなぜ、ofが使われるのでしょうか？

ofというのは「全体から、それを構成する一部を取り出す」というのが根っこの意味です。

a piece of cakeなら「ケーキ全体から、その一部を取り出す」ということですし、a student of the schoolなら「その学校から、（学校を構成する）1人の生徒を取り出す」ということです（84項参照）。

そうすると、**「性格 of 人」というのは、「その人から、その人を構成する性格の一部が出てきたね」という話をする**ことになるのです。

It's kind of himなら「彼の親切なところが出てきたね。」ということになります。

話し手と聞き手にとって、「何が原因で彼の親切なところが出てきたと思ったのか」が了解済みの場合は、It's kind of him. で話は終わりです。しかし、その**原因まで補足説明する必要がある場合、後ろにto不定詞がつき**、It's kind of him to give me the information in advance. となるわけです。

このように、不定詞は「さらなる補足説明を行う」ときによく使われます。そして、英語では「軽い情報（旧情報、抽象的情報、情報の骨組み）」は先に話し、「重い情報（新情報、具体的情報、情報の肉づけ）」は後に話すのが鉄則なので、**補足説明の働きをする不定詞は、文の後半に**出て来ることが多くなるのです。

Must

40

tough構文攻略その1

▶なぜ「彼は無理だ」をHe is impossibleとは言えないのか

意味も形も「合った」文をつくる

以下の文を見てください。

○ This fridge is too large to get in the kitchen.

× It is too large to get this fridge in the kitchen.

「この冷蔵庫は大きすぎて台所に入らない。」

文法の形だけ見ると、どちらでもいけそうに思えるのですが、上の文は大丈夫でも、下の文は英文として意味がおかしくなります。

言葉とは、「意味と、その意味を表すための文法形式（＝言葉の形）の組み合わせ」です。

したがって、意味がおかしければ、当然その言葉の形は認められなくなります。なんでも書き換えられるというわけにはいきません。

This fridge is too large to get in the kitchen. から見ていきましょう。「冷蔵庫」にサイズがあり、それが「大きい」と感じられるのは極めて自然です。ですので、This fridge is too large（この冷蔵庫は大きすぎてダメだ。）という冷蔵庫の大きさに対する**評価の表明**があり、さらに「何をするのに向かって大きすぎてダメなのか」という**補足説明**を表す to get in the kitchen がつづきます（ちなみに too は「～すぎる」だけでは解釈が不十分で、「**～すぎて、**

ダメ・失格」というネガティブな意味まで持つ言葉です)。

一方で、It is too large to get this fridge in the kitchen. ですが、it というのは「状況」を意味する言葉です。

仮主語や仮目的語を、「形式だけがあって意味はない」と考えることは、よくありません。さて、そうすると、it is too large は「状況は大きすぎてだめだ」という、明らかにおかしな意味になります。

この「状況」を詳しく補足説明するのは to get this fridge in the kitchen ですが、「冷蔵庫が大きい」のではなく、「冷蔵庫を台所に入れることが大きい」という意味になり、「(入れるという) 行為」に大きさがあるかのような表現になるため、意味の上ではおかしいということになるわけです。

●――人が主語になれない表現もある

逆のパターンを見てみましょう。

今度は it is の文が自然で、人が主語になると意味がおかしくなるものです。

It is impossible for him to cancel the meeting.

× He is impossible to cancel the meeting.

「彼がそのミーティングをキャンセルすることは不可能だ。」

it is impossible は「状況が不可能」と述べているわけで、これは自然です。不可能なのは「彼がそのミーティングをキャンセルする」という状況なわけです。

ところが、he is impossible は不自然です。he が主語で、impossible は he の中身を表す補語です。he の中身として、he is happy とか、he is kind など、「彼の性格・性質」を表すのは自然でも、impossible は彼の性格や性質とは無関係の言葉です。「彼は不可能な人だ」とは言えません。

このような**「状況の性質」は表しても「人の性質・性格」は表せない**形容詞の仲間には次のようなものがあります。

It is natural for him to be angry.　「彼が怒るのも当然だ。」

He is natural to be angry.

→「彼」が自然なのではなく、「彼が怒るという状況」が自然。

It is convenient for me to visit her tomorrow.

「明日彼女を訪ねるのが、都合が良い。」

I am convenient to visit her tomorrow.

→「私」が「都合の良い性質・性格」を持っているのではなく、「私が明日彼女を訪ねる」という状況が、私にとって都合が良い。

It is necessary for us to buy it before the party.

「パーティの前にそれを買う必要がある。」

We are necessary to buy it before the party.

→「私たち」に必要性があるのではなく、「私たちがパーティの前にそれを買う」という状況が、必要だということ。

●——人も It も主語になれる表現

では、どちらでもいける場合を見てみましょう。

This computer is easy to use.

「このコンピューターは使いやすい。」

It is easy to use this computer.

「このコンピューターを使うのは簡単だ。」

This computer … から見てみると、コンピューターの属性として「使いやすい」「使いにくい」というのは自然なので、この文は問題ありません。

It is easy to … も、「コンピューターを使う」という状況が簡単なわけですから、問題ありません。簡単に対処できる状況ということです。

tough 構文

以下の３つの例文を見てください。

1. It is difficult for him to solve this problem.
「彼がこの問題を解決するのは難しい。」

× 2. He is difficult to solve this problem.

3. He is difficult to get along with.
「彼は付き合いにくい人間だ。」

不思議なのは、同じ **he is difficult でも、自然な場合と不自然な場合があ る**ということです。そして、difficult というのは、kind や nice、mean（意地が悪い）、arrogant（傲慢な）などと比べると、人の性質や性格を表すとは言いにくい言葉です。なぜ 3. の文では he is difficult と言えるのでしょうか。

英語には tough 構文と呼ばれる構文があります。

3. は tough 構文の一種です。

tough 構文というのは、一般に、**人や物に対する「しやすさ、しにくさ」の評価**を表す構文です。

なぜ tough 構文などという名称がついたのかというと、tough というのは「噛みちぎれない肉」のような、「**やりにくさ**」のイメージを持つ形容詞で、この構文の例文で典型的に使われることから、いつの間にか通称 tough 構文となりました。

3. の文は difficult が使われていることでわかる通り、「しにくさ」を表しています。すでに出てきた This computer is easy to use. も「使いやすさ」を表す tough 構文です。

次項では tough 構文の形の特徴、意味の特徴、さらに、仮主語 it を使う文とはどうニュアンスが違うのかを解説していきます。

Must
41

tough構文攻略その2

▶仮主語 it を使う文とは、ニュアンスがどう違うのか

ここでは tough 構文の形と意味の両面から、理解を進めます。

tough 構文の形の特徴

形の特徴は、「**不定詞の目的語が主語になっている**」ということです。

仮主語 it の文：It is easy to use this computer.

tough 構文：　This computer is easy to use ~~this computer~~.

→不定詞句 to use の目的語である this computer が tough 構文の主語になり、to use の後ろの目的語は省かれる。

形で tough 構文が判断できると、以下の文が正しいかどうかわかります。

× He is impossible to cancel the meeting.

→不定詞句 to cancel the meeting の目的語である the meeting がそのまま残っており、主語にもなっていない。

○ The meeting is impossible for him to cancel.

「彼にとってその会議は絶対にキャンセルできない。」

→ to cancel の目的語を主語にしている。

前項の最後で出た、

× He is difficult to solve this problem.

も、不定詞句 to solve this problem の目的語である this problem がそのまま残っており、主語にもなっていないので不適格な文だということがわかります。this problem を主語にして、This problem is difficult to solve. とすれば、自然な文になります。一方で、

○ He is difficult to get along with.

は、to get along with の目的語である him が主語 he になって文頭で使われています。よって形式的に tough 構文として適格な文だということがわかります。

tough 構文の意味の特徴

tough 構文は意味に大きな特徴があります。話し手が対象に対応するときに感じる「**やりやすさ、やりにくさ**」を表すというものです。

そして、もう１つ大事なのが、**恒常的な性質・性格を表す構文**だということです。人に対しての評価なら「この人っていつもこうだよね」、物に対しての評価なら「これって、いつもこうなんだよね」という感じです。

This computer is easy to use.

→このコンピューターが持つ恒常的性質（いつも使いやすい）を話し手が評価している。

こう考えると、普通は人の性質・性格を表さない easy や difficult なども、その人に対する「やりやすさ・やりにくさ」を表すために使えることがわかります。

× He is difficult to solve this problem.

→意味の面から考えたとき、「この問題を解決するのが難しい」のは、彼の性質・性格を評価することと何の関係もないから、この文は tough 構文としておかしい。

○ The meeting is impossible for him to cancel.

「彼にとってその会議は絶対にキャンセルできない。」

→その会議が持つ性質（どんなときもキャンセルができないという類の会議）を述べている。impossible は「やりにくさ」の極致を表す形容詞と考える。例えば社長が直接出席する定例会議など。

◯ He is difficult to get along with.　「彼は付き合いにくい人間だ。」

→意味の面から考えたとき、「一緒にうまくやっていくのがむずかしい」のは、彼への対処の「しやすさ・しにくさ」を評価する要素となる。したがってこの文はtough構文の表そうとする意味として自然。

●──仮主語itの構文とtough構文の意味の違い

He is difficult to get along with. と、It is difficult to get along with him. は、ただの書き換え表現であり、両者はほぼ同じ意味だと考える方もいらっしゃるかもしれません。しかし、実際には意味が違います。

まず、tough構文ですが、**主語にitではなく、人や物**が来ます。

これが意味するところは、「情報の主役（主語）が、状況(it)ではなく、人や物だ」ということです。このため、今回限りの状況の話ではなく、その人や物がもつ「**いつもこうだよね**」という性質に焦点が当たります。

He is difficult to get along with.「彼は付き合いにくい人間だ。」

→「彼っていつもこういうやつだよね」というところに話の焦点。

一方で仮主語itは「状況」を意味しますから、それが主語になると、「**いつもというわけではないけれど、今回に関しては**（現在形）とか、そのときに関しては（過去形）、**そういう状況だった**」ということを表せるようになります。

It is difficult to get along with him.

「（今回）彼とうまくやるのは難しい。」

→例えば、彼1人が強固に今回のプロジェクトに反対していて、とても非協力的になっている、という「今回の状況がもたらす事情」を反映した言い方にできる。

It was difficult to get along with him.

「（あのとき）彼とうまくやるのは難しかった。」

→過去を振り返り、「あの状況の中では、彼とはうまくやれなかったな」と思っている。

もちろん、彼の恒常的な性格を表す文として、上記の仮主語の文を使っても構いません。

しかし、**はっきりと「彼はそういう人間だ」ということを表してくれるのは、tough 構文**です。

●── to 不定詞の「態」

最後に、応用編として、to 不定詞の「態」についてお話しします。

× John is tough to be pleased.　「ジョンは喜ばせにくい男だ。」

上記の文のどこがおかしいか、わかりますか？

不定詞 to be pleased ですね。

学習者の中には、「主語が John でしょ。please は「喜ぶ」じゃなく、「喜ばせる」という意味の動詞。John は喜ばされる立場だから、be pleased という風に受け身にしないといけないんじゃないの？」と考える人がいます。

しかし、意味をよく考えてみると、We please John. することが難しいわけです。つまり、tough 構文であるこの文は、

It is tough for us to please John.
→ John is tough (for us) to please.

というふうに、「話し手（we）」から見たジョンの「喜ばせやすさ」の評価ですので、「話し手＝『喜ばせる』立場」として、不定詞の部分は to please という能動態にならないといけないのです。

したがって

John is tough to please.　「ジョンは（私たちにとって）喜ばせにくい。」

となります。

Must

42

haveやgetの使役構文

▶have や get に「してもらう」「させる」という意味が出るのはなぜか？

have や get を使って「〜してもらう」とか「〜される」という意味を出す構文があります。

I had my son carry my bag.　「私は息子にカバンを運んでもらった。」
I got Andy to fix my car.　「私はアンディに自分の車を直してもらった。」
I had my car stolen.　「私は車を盗まれた。」

特に３つ目の例文は英語学習者が

I was stolen my car.

とやってしまうことで有名なものです。

なぜ have や get を使ってこのような意味が出るのか、文の構造と意味の発生原因を見ていきましょう。

have のこの構文は典型的な第５文型です。

I had my son =〔carry my bag〕.　my son はカバンを「運ぶ」立場

have した状況の内容　動詞原形

直訳すると、『私は「自分の息子＝私のカバンを運ぶ」という状況を持った。』ということになります。

動詞 had は主語 I から出る力なので、「私の意図により、そういう状況を持った＝私の意図により息子にカバンを運んでもらった」という意味が出て来ます。

have の後ろに来る目的語が「する立場」なのか「される立場」なのかで

補語の動詞の形が変わります。

目的語が「する立場」の場合、補語は動詞の原形が、「される立場」の場合、補語は過去分詞がきます。

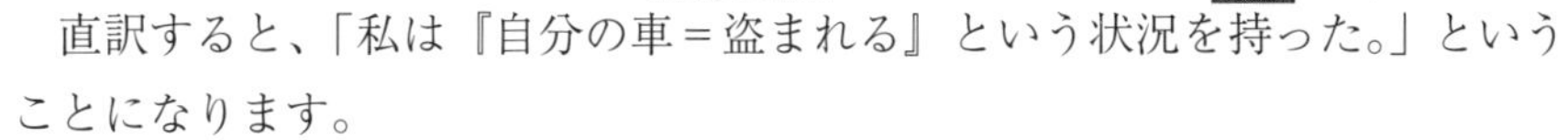

直訳すると、「私は『自分の車＝盗まれる』という状況を持った。」ということになります。

意地の悪い解釈をすれば、「私は自分の車を盗んでもらった。」というふうに取れないこともないですが（言葉遊びのレベルではそういうこともジョークとして言ったりします）、常識で考えて依頼して盗んでもらうというのは特殊なことなので、普通は「被害」の意味で解釈します。

ついでに、「私は車を盗まれた。」が I was stolen my car. では何故ダメなのかも説明しておきます。

能動態の文でこういう文が考えられます。

Someone stole my car.　　「誰かが私の車を盗んだ。」

steal は主語に「盗む人」、目的語に「盗まれる金品」が来る構文をとります。**この文には被害者である「私」は一切出てこない**のです。

ですから、これを受動態にしても、以下のようになります。

My car was stolen (by someone).　　「私の車が（誰かに）盗まれた。」

やはり被害者である**「私」は文に出てこない**のです。

英語は「する側とされる側の関係」を語りますので、「盗む側（盗人）と盗まれる側（車）」の関係だけが語られます。

日本語の受け身はそこに「被害の影響を受ける人」を加えることができるので（「迷惑受け身」「間接受け身」などと呼ばれます）、「私は車を盗まれた。」と言うことができます。

英語でそれをするなら「私はある状況を抱えた。その状況の内容は、私の車＝盗まれるという状況だ。」という考え方をしなければいけません。そこで I had my car stolen. という文が出て来るわけです。
もちろん、この構文では、過去分詞が必ず被害を表すわけではありません。基本の意味は「S が〔O= ～される〕という状況を抱える」に過ぎません。

I had the wall =〔painted〕. 「私は壁にペンキを塗ってもらった。」

She had her shoes =〔repaired〕.「彼女は靴を修理してもらった。」

●── get 人＋ to 不定詞：人に頼んだり、説得して～してもらう

get で使役を表すときに、to 不定詞を使う構文があります。

I got Jim to [drive me to school].
手に入れた　たどり着く
「私はジムに頼んで、学校まで車で送ってもらった。」

この構文では単に「してもらう」というよりは、**お願いしたり、説得したりして、やってもらう**という感じが出て来ます。
まず、I got Jim で、文字通り「私は彼を手に入れた」わけです。で、そのあと、drive me to school という行動に to（たどり着く）わけです。ジムを捕まえて、頼むよ、とお願いして、それから drive me to school にたどり着く。to 不定詞の to という「→」も、「まず人を手に入れてお願いして、それから目的の行為にたどり着く」という「説得と実現の間にある時差」を表すのに一役買っていると考えることができます。

●──補語が形容詞か過去分詞のパターン

get の第５文型で、補語が形容詞か過去分詞というパターンもあります。

He got his children =〔ready for school〕.
手に入れた　形容詞
「彼は子どもたちに学校の準備をさせた。」
→彼は「子どもたち＝学校への準備ができている」という状況を手に入れた。

We got the project =〔started〕.　「私たちはその計画を始動させた。」

手に入れた　過去分詞　プロジェクトは「始動される」立場

→私たちは「その計画＝始動される」という状況を手に入れた。

ここはgetの代わりにhaveを使っても構いません。

しかし、get**の方が「頑張ってそうした」という感じが出ます**。getは「手に入れる」ということですから、「手に入れるために頑張った」という感じが出やすいのでしょう。

一方haveは例えばI have a pen.（私はペンを今持っている。）というように、「（すでに）持っている」ということですから、手に入れる苦労は表されず、**努力のいらない決まり切った行為に使われる**のが普通です。

上記の例文を応用すると、We had the project started.なら、もうプロジェクトがスタートするのはごく当たり前のことで、すごくスムーズに何事もなく始動している感じがします。

一方で、getでは「やっと手に入れた感」があり、そのため「いよいよ、ついに始動」という感じがします。

またこのような、getの「手に入れる」という「力を加える感」は、相手に「グイグイ行く」感じを与えることから、**フレンドリーな表現**になると英語のネイティブスピーカーは感じています。逆にhaveは力を与える感じが少ないからか、**少し突き放した、冷たい事務的な言い方**に感じられるそうです。したがって、仕事などで使うときはhaveが多くなります。

〇 I got my boyfriend to buy me dinner for the celebration.

「お祝いに、彼氏に晩御飯おごってもらっちゃった。」

△ I had my boyfriend buy me dinner for the celebration.

→何か事務的で、命じておごらせたような言い方。二人の関係はそんなに冷え切っているのかな、と思わせてしまうかも。

Must

43

原形不定詞と〜ing

▶なぜkeepやleaveの後ろは〜ingなのに、makeやhaveでは原形？

第5文型で「〜させる」という使役の意味をだす動詞に、keep、leave、make、haveなどがあります。このうちkeepとleaveは~ingと相性が良く、makeとhaveは動詞原形（つまり原形不定詞）と良い相性を持ちます。

原形不定詞と〜ingの大きな違いは「**動作の最初から最後までの丸ごと**」なのか「**動作の途中・最中**」なのか、ということです。

以下の例文を見てみましょう。

He kept me waiting for two hours.
「彼は私を2時間待たせた。」

Someone left the water running.
「誰かが水を出しっぱなしにした。」

He made his children stop it .
「彼は子どもたちにそれをやめさせた。」

They had us close the gate.
「彼らは私たちにその門を閉めさせた。」

keepとleaveでは〜ingを使っていますが、一方でmakeやhaveでは動詞の原形を使っています。

ルールとしてそう覚えておくことは悪いことではありませんが、欲を言えば、「ここは〜ingの方が自然」「ここは動詞原形の方が自然」と感じられるようになりたいところです。そうすればよりスムーズに、瞬間的に、英語を書いたり話したりできるようになります。

●――ing と keep、leave が相性が良い理由

～ ing は**動作の途中**を表しますので、keep や leave のような動詞とは相性が非常に良いです。

keep は「**ある動作の最中の状態を保持しておく**」ことですし、leave は「**ある動作の最中の状態をそのままにしてその場を立ち去り、放置する**」ことを意味するからです。ですから～ ing と一緒に使います。

keep は力を抜いたら止まってしまう動作を、止まらないで継続できるよう力を込めつづけるイメージを持ち、leave は、その場を去ることで、放置する、力を抜くイメージを持ちます。

●――原形と make、have が相性が良い理由

動詞原形は動詞の「裸」形ですから、動作動詞なら**動作の開始から終了までの丸ごと**を意味します。

make は使役動詞で「～させる」ということを意味しますが、それはつまり、「**ある動作を完成させる**」ということです。

He made his children stop it. ならば、「それをやめる」という動作を、完全に「作り上げる」ということを意味しています。したがって、stop は「やめる」という動作丸ごとを表すことになり、ここに～ ing などは使えない、動詞原形を使わなければいけない、ということがわかります。

have の使役構文も同様です。「あることをしてもらう」＝「**ある動作が完成した状況を持つ**」ということで、動詞の原形を使うと考えられます。

●――～されるなら過去分詞

keep、leave グループと make、have グループの間には上記のような違いがありますが、目的語の名詞が「される」立場の場合は両者とも補語には過去分詞がきます。

Keep the door closed.　「ドアを閉めたままにしておいて。」

Don't leave the door closed.　「ドアを閉めっぱなしにしないでね。」

→目的語である door の立場で考える。ドアは人によって「閉められる」立場なので、補語には過去分詞の closed が来る。

第1章 第2章 第3章 第4章 第5章 第6章 第7章 第8章 第9章 第10章 第11章 第12章 第13章

I tried to make myself heard.

「自分の声が届くように頑張った。」

→自分（の声）は人によって「聞かれる」立場。

I had my parcel sent.　「小包を送ってもらった。」

→小包は人によって「送られる」立場。

これらがすべて過去分詞になるのは、「なされる」ということが、「なされてしまった後の状態（完了）」と解釈されるのが自然で（37項参照）、この状態を維持するのがkeep、この状態のまま放置するのがleave、この状態の形を作る（実現する）のがmake、この状態を持つのがhaveということだからです。

知覚構文での原形不定詞と～ingの違い

すでに、現在進行形の項（21項）で、知覚動詞とは何かということを説明しました。see、hear、feelなど「入ってきた情報に、五感を通して気づく」という意味の動詞です。そこで出てきた知覚動詞は、知覚構文という構文を取ることがよくあります。

I saw him =〔enter the room〕.　「私は彼が部屋に入るのを目にした。」

saw：目にした　〔目にした状況の内容〕

→動詞原形の場合は「動作の開始から終了までの丸ごと」。ここでは「部屋への入り始めから入り終わるところまでの一部始終」を目にしたことを表す。

I saw him =〔entering the room〕.「私は彼が部屋に入るところを目にした。」

saw：目にした　〔目にした状況の内容〕

→～ingの場合は「動作の途中・最中」ということ。ここでは「部屋に入ろうとしているその途中」を目にしたことを表す。

I heard my name =〔called〕.　「私は自分の名が呼ばれるのを耳にした。」

heard：耳にした　〔耳にした状況の内容〕

→目的語が「する立場」なら、補語は原形か、～ingだが、「される立場」なら補語には過去分詞。「私の名」は人によって「呼ばれる」立場。

さて、大体の感じがつかめたところで、問題です。

I smelled something [burn / burning].

「何かが焦げる臭いがした。」

これは burn と burning のどちらが自然でしょうか？

「焦げ始めから焦げ終わりまでの一部始終」の匂いを嗅ぐのと、「焦げている最中」の匂いを嗅ぐのとでは、当然後者の方が自然ですね。

このような感覚がつかめれば、自身の直感で原形と～ ing の選択を意識的にできるようになります。

英文の鬼100

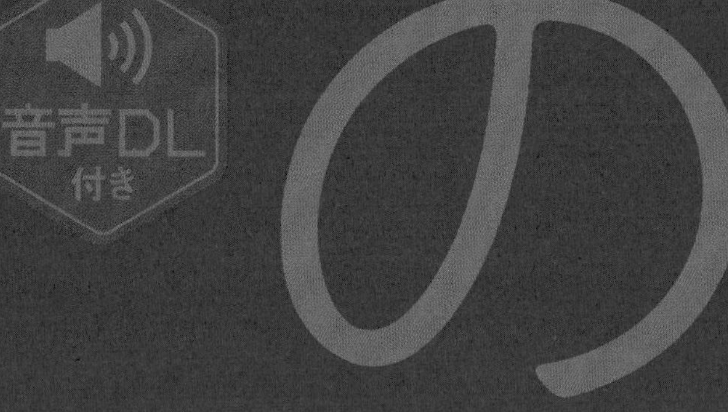

第7章
動詞⑥仮定法：「実際そうじゃないけど」

法則

Must
44

仮定法とは何か

▶if が付いているから…ではなく、見るべきところは他にある

「仮定法は if のことだ」と勘違いしている学習者が結構いらっしゃるので、ここで仮定法の「法」とは何かを説明しておきます。

日本語で「**法**」というと法律やルールをイメージしがちですが、文法の世界で「法」は mood（「気分」の mood です）という英語名であり、「あることを事実として述べるのか、命令として述べるのか、仮定として述べるのか（『ロイヤル英文法』旺文社より）」を表すときの**動詞の活用の形のことです**。

つまり、「あることを、『**実際にあったこと、いつも実際にあることだよ**』として述べるのか、『**今実際には起きていないけれども、これから実現させてね**』と述べるのか、『**実際そうではないけれど、仮にそうだとしたら**』という前提で述べるのか」ということを、それぞれ違う動詞の活用の形を使って区別して表すのです。

①「**実際にいつもあること、過去実際にあった**ことを述べる動詞の活用の仕方」を直説法と呼びます（いわゆる普通の**現在形**と**過去形**）

I woke up at seven.　「私は 7 時に目が覚めた。」

②「**今実際に起きていないことをこれからやってくれと命令**するときの動詞の活用の仕方」を命令法と呼びます（**命令文**の際の原形で使われる動詞）

Wake up!　「起きて。」

③「**実際には起きていないけれど、仮にもしそうだとしたら**、ということを表すために使う動詞の活用の仕方」を**仮定法**と呼びます

If I had woken up at seven, …　「もし私が 7 時に目を覚ましていたら…」
（実際にはそうでなかったけれど）

したがって、仮定法というのはifがついているとかいないとかではなく、**「あくまでこれは仮の話だよ、想像上の話だよ」ということを表すための「動詞の活用の形」**なのです。

仮定法の3つの時間

この項では仮定法現在、仮定法過去、仮定法過去完了を大まかに眺めてみます。それぞれ別項で詳しく説明するので、ご安心を。

仮定法に通底するコンセプトは「**実際そうではないけれど**」です。

●——仮定法現在；動詞の原形を使う

①「今実際にそうではないけど、これからこうしてね」

I suggest that the plan be postponed.

「その計画の延期を提案します。」　仮定法現在形

→suggest（してみてはどうか）、demand（～するよう強く要求する）、recommend（～するよう推奨する）など、「やれよ、やろうよ」的な意味を持つ動詞の後ろに来るthat節、つまり「やれよ、やろうよ」の中身を表す節の動詞に使われる。命令文が動詞原形を使うのに感覚が似ている。

②「今実際にはそうではないけれど、これから仮にこうなったら」

If it rain tomorrow, ……　　「もし明日雨なら・・」

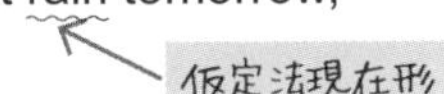

→現在では使われなくなり、代わりに「if＋直説法の現在形」（つまり普通の現在形）が使われるようになった。

If it rains tomorrow, ……

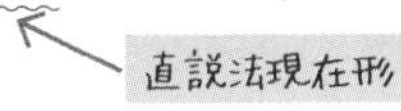

→これが現代英語の標準的な形。

つまり、学校で習う「時・条件を表す副詞節では未来のことでも現在形を使う」というのは、元々は仮定法現在（動詞の原形）を使っていました。今では仮定法が廃れて、普通の（直説法の）現在形を使うようになっています。

そして現代英文法では、この形は仮定法の文とは異なるものとして区別されています。

なぜなら、「もし明日雨なら」と言っているとき、「本当に雨になるかもしれない。その場合は……」というふうに、**少なくとも50%は「実現する」と考えて話している**からです。

ここが「実際にはそうじゃないけど」を前提に話す仮定法とは違うところです。

If it rains tomorrow, the game will be canceled.

「もし明日雨なら、試合は中止になるだろう。」

●――仮定法過去；動詞の過去形を使う

「今実際そうではないけれど、今、仮にこういう状態なら……」

If I were(was) you, I wouldn' t make the decision.

「もし私が君なら、その決断はしないだろう。」

→主語がIにも関わらず、動詞がwereになっているのは、もともと仮定法において、be動詞の過去形の形がすべてwereだから。ここが直説法の過去形の活用とは違うところ。

今では仮定法が廃れて、ただの（つまり直説法の）過去形が使われることが多く、とくに話し言葉では主語が単数ならwereではなくwasが使われることが多くなっています。

帰結節（ifがついてない方のS + V ～）の助動詞にも注目しましょう。こちらも「実際にそうはならないだろう（will not）」という話をしているのではなく、「あくまでその仮のお話の中で想像すると、そうはならないだろう」という意味で過去形のwouldn' tを使っています。

●――仮定法過去完了；過去完了の形を使う

「あのとき実際にはそうではなかったけど、
仮にあのときこういう状態だったなら」

If you had stayed there, you could have seen her.

「もし、（あのとき）そこから離れなければ、君は彼女に会えていたのにね。」

→過去完了を使うことによって、「あのとき実際にはそこにいなかったけど、仮に……」という話をしている。帰結節では「助動詞の過去形＋ have ＋過去分詞」を使うこと。

帰結節とif節

仮定法であるなしに関わらず、ifの文を作るときは、帰結節（**ifを使わない方のS＋V～）には助動詞を使う**のが基本です。

助動詞には、「**心の中で思っているだけのことであり、実際に起きている話じゃないよ**」ということを表す働きがあります（50項参照）。例えば、以下のような感じです。

will：するつもりだ、と心に思っている（意志）
～だろうな、と思っている（予想）
can：やろうと思えばできる、と思っている（能力）
あり得るな、と思っている（可能）
may：～してよろしい、と思っている（許可）
～かもしれない、と思っている（推量）
must：～しなければならない、と思っている（義務）
～に違いない、と思っている（断定）

if節は、条件節とも呼ばれ、If it were raining now, …（仮にもし今雨が降っていたら、……）というように、ある条件を心の中で設定する作業をします。

ということは、その後には、「こうするだろう」という「心の中で思っていること」が来るのがごく自然で、このために、**帰結節では助動詞**を使うのが一般的になります。

If it were raining now, I would try the new video game.
「仮にもし今雨が降っていたら、新しいテレビゲームをやってみるだろうけど。」

以上、仮定法の全体図をざっと見渡してみました。ifとともに使うことが多いのは事実なのですが、仮定法の核心が「動詞の活用の一種である」ということに着目することが重要です。

Must
45

仮定法過去

▶「お前、いいやつ『だった』よな」が表す気持ち

仮定法過去は、「**今、実際そうではないけれど、仮にそうだったら**」ということを表す文法形式です。
「今のことだけど、動詞は過去形を使うんだよ」ということを教わって、最初は混乱したかもしれません。
まずは、**「過去形というのは過去を表すのだ」という呪縛を断つ**ことが大切です。

●――過去形が表す概念

過去形はもちろん「過去」を表すためにあります。しかし、**物理的・時間的な過去だけを表すものでもありません**。これを考えるにあたって、人間が時間をどう見ているのか、を考えることが重要になってきます。

11 項でお話ししたように、人間は実際には見ることも触ることもできない時間というものを、実際に見ることも触ることもできる**「場所」の概念を通して理解**しています（このような思考方法を、メタファー《隠喩》と言いましたね）。

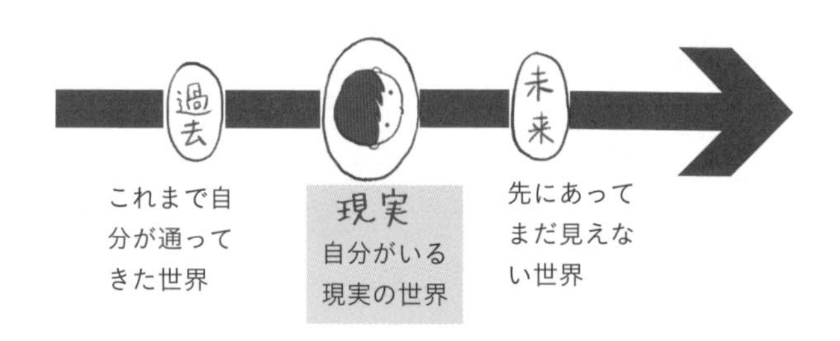

時間を一本の道のように考え、未来は前にあり、過去は後ろにあり、今いる場所を現在と考えます。

今いる場所は、自分が生きる現実であり、したがって、**現在形**は「現在」という時の一点よりも、**「自分のいる現実の世界」（場所）を表す**ことの方が自然で、このため現在形は「**いつもそうだ**」という話をすることが多くなります。

一方で、英語の過去形は「あれはあのときの話で、今は現実ではない」というニュアンスの話をすることが普通です。つまり**「今いる場所とは違う」「現実と離れている」ことを過去形が表す**という用法が生まれてくるわけです。

この感覚のせいで、例えば、That may be true. よりも That might be true. のほうが、現実である可能性が低いことを表しているわけです。また、この現実離れ感は「婉曲・丁寧」にも応用され、Will you ～？や Can you ～？でお願いするよりも、Would you ～？や Could you ～？でお願いする方が丁寧だという文法が成立します。敬意や丁寧さは「相手と距離をとる」ことで成立するからです。

そして、**仮定法過去**ですが、「今実際に現実ではないけれど、仮にもしそうだと仮定して話すと……」ということが言いたいわけですから、**「現実から離れている」ことを表現するために、過去形を使っているのだ**と考えることができます。

日本語で例を挙げてみましょう。

例えば、面と向かって聞き手に「お前、いいやつだったよな……」と言えば、相手は「なんで過去形だよ！」とツッコミを入れるでしょう。

お母さんや、恋人の女性に向かって「綺麗だったよね……」なんて言ったら、「今は違うっていうの？」と怒られるでしょう。

このように、**過去形は「今は違う・現実には違う」という前提を含めることができる**のです。この感覚が英語の仮定法過去にあるわけです。

valuable information

仮定法は消えていきつつある文法

「え？ でも、前項の話によると、仮定法というのはあくまで動詞の活用であって、仮定法で使われる過去形という形は実際の『過去』とは関係ないんじゃないの？」と、思われる読者も中にはいらっしゃると思います。
確かに、現実の過去を表す直説法の過去形と、仮定法過去形は、元々の成り立ちが違います。しかし、重要な事実として、

仮定法という文法はどんどん廃れてきている

ということを考えておかなければいけません。

大昔の英語では、動詞の活用として直説法と仮定法には明確な区別がありました。しかし、今はそうではありません。私たちが平安時代の日本語の感覚を理解できないように、大昔の英語の感覚を、現代の英語ネイティブが理解することはありません。
ですから、時の流れの中で、昔ながらの仮定法の感覚は薄れ、現代英語の話し手の中では、直説法の過去形の感覚（過去＝現実ではない）が仮定法にそのまま応用されるようになっていると考えた方が自然でしょう。前項で述べた通り、if 節の動詞に使われていた、仮定法現在（動詞の原形）は今では普通の直説法現在形になってしまっていることもその1つの証左です。同様に、現代英語で使われている仮定法過去も、直説法過去の感覚で使われています。書き言葉でこそ if he were … , if I were …, などと記されますし、私たちも学校でそう習いますが、実際の話し言葉では、直説法過去形と同様、if he was …, if I was …, が普通です。

ifを使わない仮定法に慣れておこう

仮定法過去は

If S 動詞の過去形～, S 助動詞の過去形＋動詞原形～.
仮定節（if 節）　　帰結節

という形が基本ですが、もっと柔軟に使えるようにしておきましょう。
エッセイライティングなど、議論においては、上記の形を使うことが多いと思います。
しかし、会話の中では、if 節の部分は話し手と聞き手の間ですでに文脈と

して了解されていることがよくあり、したがって、**後半の帰結節だけが使われる**場合がよくあります。

I wouldn't accept the offer.

「（私だったら）その申し出は受けないな。」

→「If I were(was) you」は言わなくてもわかっているので省略されている。wouldn'tが表すのは話し手である「私」の「予想」。

You couldn't say such a thing in such a circumstance!

「そんな状況で、（あなただったら・人って普通）そんなこと言えないでしょうよ！」

→仮にそんな状況になったら……という文脈の中で。
ここでのyouは人一般のyouを表すことも、あるいは話し相手を直接指すこともある。

This is the last thing I would eat.　「こいつは絶対食わないな。」

→the last thing S + Vを直訳すると「SがVする最後のもの」。実現する可能性の高い順に並べたときに最後にくるもの、つまり最も可能性が低いもの。
I would eatとなっているのは、「実際には、絶対食わないけど、仮に食うと考えたとしても」という意味の「食べるだろうとしても」ということ。wouldは「非現実の予想」を担当。

"How's it going?" "I couldn't be better!"

「調子はどう？」「最高だよ！」

→「（実際にこれ以上良くなろうとは思わないけど）仮にこれ以上良くなろうとしても、なることはできないだろうよ」が直訳。

Must
46

仮定法過去完了と仮定法の慣用表現

▶後悔を口にする

仮定法過去完了は「**あのとき、実際にこうじゃなかったけど、仮にそうだったら、こうしていたのに**」というのが基本の形で、

If S had＋過去分詞～, S 助動詞の過去形＋ have ＋過去分詞～.
仮定節（if 節）　　帰結節

という形をとります。

If you had attended the meeting, they would have taken your plan more seriously.
「もしあなたがその会議に出ていたなら、彼らはあなたのプランをもっと真剣に検討してくれていただろうに。」

if 節のところで、**過去実際にはそうじゃなかった**ということを過去完了で表しているわけです。帰結節のところでは、助動詞の過去形の後ろに have ＋過去分詞をつけることで、「あのときこうしていただろうに（**でも、実際にはしなかったけど**）」という、過去を振り返った「**非現実の思い**（例文の場合は非現実の予想 would）」を表しています。

前項の仮定法過去と同じく、仮定法過去完了も、話し言葉では、**後半の帰結節だけを使用する**パターンがよくあります。

口癖になるくらいよく使われるのが、「後悔を口にする」、should have ＋過去分詞のパターンです。「**～しとくべきだった！（実際にはやってないけど）**」ということですね。

🔊 I should have done that!　　「それ、やっとくべきだったなぁ！」

→シュッドハヴではなく、シュダヴと発音されるのが普通。それくらい固定した表現として定着している。I shouldn't have done that! で「やるんじゃなかった！」というのもよく使われる。発音はシュドゥンダヴ。

他には「もっとうまくできてたはずなのに！」というのもよく使われます。

🔊 I could have done better!　　「もっとうまくできてたはずなのに！」

→クッドハヴではなく、クダヴと発音されるのが普通。慣用表現化しており、done の後ろの目的語（例えば it とか that）は発話されないのが普通。

仮定法の慣用表現

●──I wish ＋仮定法

叶わない夢だとわかっている願望を表す表現です。I wish の後ろに、「**if 節から if を除いたもの**」をくっつけるとでき上がりです。

I wish ＋ if you were here now

→ 🔊 I wish you were here now.

「私は叶わないとわかって願う」
＋「もし仮に今あなたがここにいたら」
→「今あなたがここにいたらなぁ、と思うよ。」

I wish ＋ if he had not left his wallet at home

→ 🔊 I wish he had not left his wallet at home.

「私は叶わないとわかって願う」
＋「もし（あのとき）彼が財布を家に忘れていなかったら」

→「（あのとき）彼が財布を家に忘れていなければなぁ、と思うよ。」

wish の他にも、希望したり、期待したりする言葉に hope と expect があります。なぜ wish だけが仮定法と相性が良いのかを説明しておきます。

hope は「**実際にそうなることを希望する**」ことを意味する動詞です。

I hope you'll be back soon.

「あなたがすぐに復帰してくれるといいなと思っています。」

→実際にそうあってほしい。だからそうしてね。という気持ち。

仮定法は「実際は違うけど」ということを言うための文法なので、hopeでは使えないことがわかります。

expectは**「この状況では、この後当然こうなるだろう」ということを予測する**という意味の動詞です。このため、実はexpectには、「期待する」という和訳は当てはまらないことがよくあります。

We expect some rain tomorrow.　「私たちは、明日は雨だと予想しています。」

→天気予報で。手元にある気象データから、明日は当然雨だろう、と考えている。
「これを私たちは、明日は雨だと期待している。」と訳しては、おかしくなる。

このようにexpectは「当然現実になるはず」という予測を表す動詞ですので、「実際は違うけど」という仮定法とは相性が良くありません。

しかし、wishは「神頼み」に近く、そのため、**「実現しないことはわかっている」という感覚**が付いて回ります。よって、仮定法と相性が良いのです。

以下の例文は仮定法の文ではないので「実現しないことはわかっている」という感覚はありませんが、wishの持つ「神頼み」の性質をよく表しています。

I wish you a merry Christmas.　「あなたに良いクリスマスを。」

→wishの第4文型で、「願う＋渡す」。「私が神にかけた願いが、あなたに届くように」ということを表す。ここでもwishは「神」に願っている。

●── It is time ～の構文

「It is time ＋ 仮定法過去の文」で、「**そろそろ～する時間でしょ**」ということを表します。なぜ後ろに仮定法の文が来るのか？　それは「今、そろそろ～する時間なのだけれど、**実際にはまだやってないよね**」ということを表しているからです。

It's time you went to bed.

「そろそろ寝る時間だよ。」

→実際には寝てないよね、だから寝なきゃね、という意味合いがある。

🔊 It's about time I was leaving.　「そろそろ失礼いたします。」

→（実際にそうはなっていないが）本来なら、今、去りつつある途中のはずの時間です、だから本当においとまいたします、ということ。

●――「had better ＋動詞原形」は「助言」というよりは「脅し」

「had better ＋動詞原形」は「～したほうがよい」と訳されるため、「親切な助言」という勘違いを与えることがありますが、実際には「脅し」に近い表現で、特に主語が you で、相手に対して面と向かってこの表現を使うと、**「やらないとまずいことが起きるぞ」**という意味合いになります。

🔊 You' d better not.

「やめといた方がいいぜ。」

（やったらどうなるか、わかってるんだろうな。）

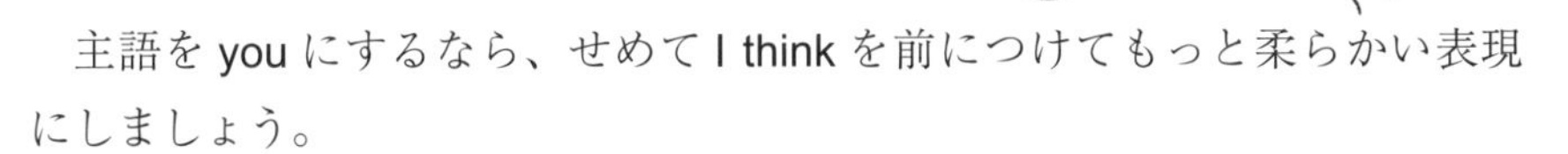

主語を you にするなら、せめて I think を前につけてもっと柔らかい表現にしましょう。

🔊 I think you had better avoid meeting him.

「彼に会うのはやめておいた方がいいと思いますよ。」

（会うと、とんでもないことになると思いますよ。）※avoid ～ ing；～するのを避ける

主語が I や we などの一人称になると、「**やばい、どうしよう。～しないとまずい！**」という感じのシチュエーションを表すことになります。

🔊 We had better take a taxi.　「私たちタクシーで行った方がいいですよ。」

（そうしないと遅刻ですよ。やばいですよ。）

この表現を仮定法で紹介しているのはなぜかというと、ここで使われる had は一種の仮定法過去で、「こういう状況を have した方が better ですが、でも今実際にはこういう状況を have していないですよね！」という警告の感じが出る表現だからです。しかし、had better のあとに動詞の原形が来ることでわかる通り、一種の助動詞的表現として定着しています。

Must
47

仮定法現在から見えてくる英語の歴史

▶suggest that や demand that などの後ろに来る「S ＋動詞原形」

アメリカの英語は最先端か？

英語というのは当然、イギリスを発祥地とするわけです。そしてそこから、北米大陸やオーストラリア大陸を始め、さまざまな場所に広がっていきました。イギリスから北米への本格的な移民が始まったのは 17 世紀、今からおよそ 400 年くらい前です。

ではここで質問です。
「古い、昔ながらの英語」が今も残っているのはイギリスとアメリカ、どちらでしょうか？

こう尋ねると、英語の講師を含めて結構な人数の方々が、「イギリス英語に古い形が残っている」とお答えになります。ところが実際は逆で、アメリカ英語のなかにこそ、「化石」のように古い英語が残っているものなのです。

これは歴史のいたずらでもなんでもなく、必然です。
日本語を例に考えてみましょう。明治の末以降、日本から大勢の人々がブラジルに移民しました。その末裔の日系２世、３世の方々の中には日本語を話す方々もいます。では彼らの話す日本語はいつの時代の日本語でしょうか？
そうです。大正、あるいは昭和初期の日本語である可能性が高いのです。

なぜなら彼らはその世代の日本人からしか日本語を学ぶ機会がないからです。一方で、本国の日本は、海外の日系社会と比べて圧倒的に人口も多くその分すごいスピードで新しい言葉が生まれ、入れ替わっていきます。

このように海外に渡った言語は母国の言語より古い形を残しやすいのです。ですので、**アメリカ英語には１７世紀以降の古い形が残っている**ことがよくあります。

イギリス英語とアメリカ英語でいくつか用法の違うものがありますが、元々の形はどうだったのかといえば、すべてではないにしても、かなりの確率でアメリカ英語の方が元々の形だったりします。

●―― suggest や demand の後ろの that 節

suggest（～してはどうかと言ってみる）、demand（有無を言わせず～しろと要求する）、recommend（推奨する）など、「やれよ」「やろうよ」を意味する動詞の後ろに that S + V ～が来るとき、イギリス英語では一般に **that S should 動詞原形～**という形をとりますが、アメリカ英語では **that S 動詞原形～**という形をとります（ちなみにこのアメリカ英語の形は日本では好んで文法問題に取り上げられます）。

🔊 I suggested to him that he should be nicer to Tom. 🇬🇧
🔊 I suggested to him that he be nicer to Tom. 🇺🇸

「私は彼に、トムに対してもう少し良くしてやってもいいのではないか、と言った。」

The doctor strongly recommended that my daughter should eat more.
The doctor strongly recommended that my daughter eat more.
「その医者は、うちの娘にもっと多く食事を摂るようにと強く勧めた。」

日本の高校などでは一般的に、「元々 S should 動詞原形だったのが、アメリカ英語では should が省略されて使われるようになった」と説明されます。そこには「アメリカ英語よりもイギリス英語の方が古い。だから、イギリス英語の形が元々で、それが変化してアメリカ英語の形になったのだろう。」という間違った思い込みがあるように思えます。

実際には逆で、アメリカ英語の that S 動詞原形～というのが古い元々の形で、のちのイギリスで新しく should を使う言い回しが生まれたと考えるのが自然です。

valuable information

上記のように考えられる理由は3つあります。

① should が省略される動機がない（他に類例となるような助動詞省略の現象が見つからない）。

②アメリカ英語で使われている「that S 動詞原形～」の動詞原形は仮定法現在と呼ばれる動詞の活用によるもの。**仮定法自体、英語の中ではどんどん廃れていっている古い文法**で、それが保存されているのは古いアメリカ英語だからこそ。

③仮定法は「現実の話ではなく、あくまで仮の話を想像して言っている」ことを表す文法だが、英語ではこれが廃れて、代わりに**助動詞を使って「事実ではなく、思っているだけのこと」を表現**するようになる歴史的傾向がある。ということは should という助動詞を使うイギリス英語の用法の方が、仮定法を使うアメリカ英語の用法よりも新しい可能性が高い。

仮定法現在とは何か

これまでお話ししたように、**仮定法過去**というのは「今実際そうではないけれど、仮に今もしそうだとしたら」という「今の仮定の話」をするときに、動詞を過去形にするものです。

仮定法過去完了というのは「あのとき実際そうではなかったけど、仮にあのときそうなっていたら」という「あのときの仮定の話」をするときに、動詞を過去完了にするものです。

では**仮定法現在**というのは何かというと、**「今は実際そうではないけど、この先仮にこうなったら」ということを表すもの**です。

よく学校で「未来の話でも if の後ろに will をつけない。動詞を現在形にして。」と言われたのを覚えているでしょうか？

🔊 If it rains tomorrow, I will not go out.　「もし明日雨なら、外にはいかない。」

これはシェークスピアあたりの昔の英語では、現在形ではなく、仮定法現在、つまり、動詞の原形が来ていました。「今は雨じゃないけど、もしこの先雨になったら」ということで、仮定法現在が使われていたのです。

If it rain tomorrow, …

そしてこの仮定法現在が廃れて、ただの直説法現在形になったのが、現代英語です。

仮定法現在は「今はそうじゃないけど、これからこうなれば」という意味だけでなく、「**今はそうじゃないけど、これからそうしてね**」という**命令や依頼**の意味でも使われていました。

ですから、suggest や demand、recommend などの「やれよ」「やろうよ」の意味を持つ動詞の後につづく「やれよの中身」を表す that 節にはその名残として仮定法現在である動詞の原形が使われるのです。命令文が動詞原形を使うのと似たような感じだと思って良いかもしれません。

この構文は文法問題でよく取り上げられるだけでなく、現代アメリカ英語で普通に使われています（だから試験でもよく出るのですが）。

この構文で動詞の原形を使うことに苦手意識を持っていた読者の方は、ぜひ、**命令文で動詞の原形を使うのと同じ気持ち**で使ってみてください。きっと、もっとしっくりと使えるようになるはずです。

Must

48

as if～の時制をどうするか

▶仮定法に時制の一致はない

時制の一致を受けるとき・受けないとき

「まるで～であるかのように」という、「実際にはそうではないけれど、例えて言えば～のような」ということを表す、「as if ＋仮定法の S + V ～」という表現があります。

He talked about the accident as if he was(were) a victim.
「彼はまるで自分が被害者であるかのようにその事故について話した。」

例文では、実際には被害者じゃないけれど、まるで被害者のように話をしているので、「現実じゃないよ」という意味で動詞が was（書き言葉では were）になっています。

ここで問題になるのが、「**仮定法は時制の一致を受けない**」というルールです。

例えば上記の文を見た学習者の方から質問を受けることがよくあります。「talked という動詞の形でわかる通り、この文のできごとは過去のできごとなんですよね？ じゃぁ、過去を振り返っての仮定法だから、as if の後ろは仮定法過去完了にならないといけないんじゃないですか？」

確かに普通ならそうです。

ここで言う「普通」というのは、「もしあのとき～だったら、～していたのになぁ。」ということを表そうとする場合です。

If I had known the truth, I would have been nicer to him.
「もし（そのとき）真実を知っていたら、彼にもっと良くしていたのになぁ。」

しかし、as if の場合はそうはいかないようです。
高校の英語の授業や、大学受験予備校で「仮定法には時制の一致がない」というお話を先生から聞いたことがある、という方もいらっしゃるでしょう。それが何を表しているのか、少し説明しておきます。

●──時制の一致：主節の時点からの視点

時制の一致というのは、「自動的に動詞の時制が変化するルール」ではありません。

I think　he liked it.　「彼はそれを気に入ってくれたのだと思う。」
主節　従属節

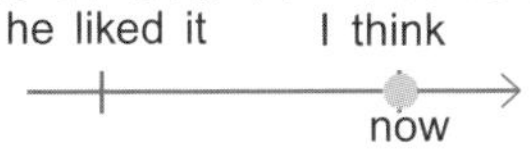

he liked it　I think
now

↓

I thought　he had liked it.　「彼はそれを気に入ってくれていたのだと思った。」
主節　従属節

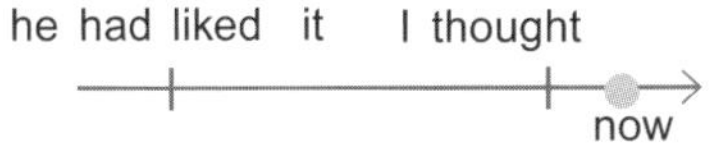

he had liked it　I thought
now

（「節」は大きな文の中に埋め込まれた小さな S + V ～のこと。主節とは、文の主役の S + V ～のこと。従属節は小さく埋め込まれた、ここでは think/thought の目的語の役割をする S + V ～のこと）

上記の文なら、一般的な教わり方としては、「主節の動詞の時制が１つ古くなれば、従属節の動詞もそれに従って１つ時制が古くなる」という感じだと思います。そこで、多くの学習者は「主節の動詞の時制の変化に従って、従属節の動詞も自動的に時制が変わるのだ」という印象を持ちます。

しかし、心の働きとして時制の一致を捉えてみると、もっと自然な感じで捉えることができます。

I think he liked it. なら、彼の過去あのときの様子を、「彼は満足していた（he liked it）」と、今の自分が判断（I think）していることを表しています。

I thought he had liked it. なら、今の自分が、「あのときの自分はそう判断した（I thought）」と振り返り、その判断した内容は、「自分が判断した、過去のその時点で、彼はすでに満足している状態を持っていたよなぁ（he had liked it）」ということになります。

以上のように考えると、**時制の一致は決して機械的なものではない**ということが感じられるのではないかと思います。

●——仮定法に時制の一致はない

さて、本題に戻ります。「仮定法には時制の一致がない」です。正確には、「**直説法の節と、仮定法の節の間には時制の一致がない**」と言うべきでしょう。冒頭の例文をもう一度見てみましょう。

He talked about the accident　as if he was(were) a victim.
直説法の節（現実の世界）　仮定法の節（想像上の世界・現実ではない世界）
「彼はまるで自分が被害者であるかのように、事故について話した。」

２つの節の間には「時間的つながり」がありません。なぜなら、片方は現実の世界で、もう片方は現実ではない世界です。**違う世界なので、時間的つながりはない**のです。ですからいわゆる「時制の一致」はありません。

しかしそうは言っても、as if の後ろの、仮定法の動詞の時制にルールがないわけではありません。そしてそのルールは単純です。

直説法の節の動詞が現在形であろうと、過去形であろうと関係なく……

1. 直説法の節のできごとと、仮定法の節のできごとが同時に起きているなら、仮定法の節、つまり as if 節の動詞は仮定法過去。

He looked at me as if he saw a ghost.

「彼はまるで幽霊を見るかのような顔で、私を見た。」

He always looks at me as if he saw a ghost.

「彼はいつも、まるで幽霊を見るかのような顔で、私を見る。」

→彼が幽霊を見るかのような目つきをするのと、私に目を向けるのは同時に起きていること。

2. 仮定法の節のできごとが、直説法のできごと以前に起きているなら、仮定法の節、つまり as if 節の動詞は仮定法過去完了。

He ran out of the room as if he had seen a ghost.

「彼はまるで幽霊でも見てきたかのような顔で部屋から飛び出してきた。」

He always comes out of the house as if he had seen a ghost.

「彼はまるで幽霊でも見たかのような顔つきで、いつもその家から出て来る。」

→「幽霊を見たかのようなできごと」が先にあり、そのあと、「（飛び）出て来る」というできごとが起きる。

このルールが発動するのは、「まるで〜のように」という意味を表す as if, as though, like といった接続詞の後ろの仮定法の節です。

ここでは「時制の一致」というよりは、**「同時に起きたのか、ずれて起きたのか」ということがポイント**になってくるわけです。

Must
49

「もし万が一」のif + should

▶この should は「～すべき」の should ではない！

If the flight should be canceled, we would have to find a hotel to stay at.
「もし万が一飛行機が欠航するようなことがあれば、私たちは泊まるホテルを探さないといけないことになるだろう。」

if + should で「**もし万が一～するようなことがあれば**」という意味のフレーズになります。

今回はなぜ if + should にこんな意味が出るのか、そして、どういうイメージのフレーズなのかを解説していきます。

●── should ＝「当然」

should は shall の過去形からでき上がった助動詞で、「当然」という根っこの意味を持つ言葉です。そこから①「**当然～するべきだ**」「**状況から考えて当然～したほうが良い**」という「助言」の意味と、②「**当然～するはずだ**」「**状況から考えて、この先こういうことが起きるはずだ**」という「予測」の意味が生まれます。

①Your coughing is terrible. You should go see a doctor.
「咳がひどいね。医者に診てもらったほうがいいよ。」
→咳の状況から考えて、医者に診てもらうのが当然だ。

②He should arrive by eight.　「彼は８時には着くはずだ。」
→状況から考えて、8時に着くと考えるのが当然だ。

では shall はどういうイメージの言葉なのでしょうか。

●―― shall ＝「運命」

shall は「**決まった運命の流れの上にいる**」という意味を根っことする助動詞です。ただ、未来を表す shall の用法は現在ではほとんど使われず、アメリカ英語では will が使われるのが一般的です。使われたとしても、非常に古風な印象を与えます。

We Shall Overcome「勝利を我らに」
（米国公民権運動のシンボルとして歌われた曲のタイトル）
→私たちは必ず乗り越える（そういう運命の流れの上にいる、という感じ）。

I shall return.「必ず戻る。」
（マッカーサー元帥がフィリピンから撤退するときに言ったとされる言葉）
→私は必ず戻ってくる（運命はそうなっている、という感じ）。

上記の言い回しは普通の会話では出てこず、芝居がかったセリフっぽい印象を与えます。

とにかく、ここで言いたいことは、shall には、この「運命の流れの上にいる」というイメージがある、ということです。

さて助動詞の過去形は「現実から遠ざかる」という意味で使われることが多いのです（51 項参照）。may よりも might のほうが、「ひょっとしたら感」が強くなるのがその典型です。

shall と should にもその関係があり、shall の「運命的に必ずそうなるだろう」という「現実になるだろう感」が、should では shall に比べて現実感が薄れ、「**状況からいえば普通はそうなるだろう**」という感じになるのです。

そしてそこから「**普通はそうするべきだ**」と「**普通はそうなるはずだ**」という意味が should に出て来ます。

●―― if + should に「万が一」という意味が出る理由

なぜここまで、should だけでなく、shall の意味まで詳しく述べてきたのでしょうか。

実は、if + should の「もし万が一〜」という意味は、should ではなく、shall から出ていると考えられるのです。どういうことか、説明していきます。

It is raining now.　「今雨が降っている。」 直説法の現在進行形

→100%の現実として、今雨が降っている最中にある。

If it were(was) raining now, you wouldn't go out, would you?

「仮に今雨が降っているとしたら、君は外出しないでしょう？」

→実際には100%雨は降っていないのだけど、仮に降っているとしたら…… 仮定法過去の進行形

このように、**直説法と仮定法では、現実であるのかどうかが正反対**になります。これを直説法の shall と、それを仮定法にした should に当てはめると以下のようになります。

念のためにもう一度申し上げておきますと、この should は「〜すべき」の should ではなく、直説法の shall を仮定法として使うために shall の過去形になった should です。

It shall rain tomorrow.

「明日はきっと雨が降ることになるはずだ。」 直説法

→ shall は「運命的にそうなる流れになっている」。98%は現実にそうなるであろうという考え。

If it should rain tomorrow, the game would be canceled. 仮定法

「もし万が一明日雨が降るというようなことになれば、試合は中止になるだろう。」

shall を直説法で使えば「98％は現実にそうなる」という意味になります。そして、直説法と仮定法では、現実であるのかどうかが正反対になるので、この直説法の shall を仮定法の should にして if + should 〜の形で使うと、「**実際には98%現実にならないのだけど、仮にもし残り２%の可能性で現実になったら……**」という発想が出て来ます。この「２%の現実になる可能性」が「もし万が一そうなったら」という意味を生むのです。

if + should の形は倒置の形でもよく使われます。

If he should call me, tell him I'm for the plan.

→ Should he call me, tell him I'm for the plan.

「（まあ、ないとは思うが）万が一彼が私に電話をかけてくるようなことがあれば、私はその計画に賛成だと伝えておいてくれ。」

「これは仮定の話だ」ということを強調するために、それを表す should が文頭に出てきています。ややこしいのは、この仮定節が文末にくる場合、気をつけないと構文の形が読み取れない学習者が結構いるということです。

→ Tell him I'm for the plan / should he call me.

if 節というのは文末に回されるときはカンマを使わないことが普通です。そういうこともあり、上の例文では the plan と should の間に切れ目があることがわかりにくいわけです。

if + should の構文は、帰結節の言い回しにも特徴があります。上記の例文のように、帰結節に命令文が使われて「**万が一こうなったら、こうしておいてくれ**」という言い回しになることが多いというのが1つです。

あとは、**控えめなお願い**としても使われます。以下の例文では if の代わりに in case S + V ～（S が V する場合において＝もし S が V したら）を使っています。

In case you should change your mind, here's my number.

「万が一気が変わったら、ここに私の電話番号がありますから。」

それから、帰結節に will を使う場合もあれば would を使う場合もあります。使い分けは、**話し手がどれくらい現実的な予想をしているか**によります。「まずあり得ない」という気持ちでしゃべれば帰結節に would、「ひょっとしたらあるかも」という気持ちがあれば、will を使います。

英文の鬼100

音声DL付き

法則

第8章
動詞⑦助動詞：それは事実なのか、思っているだけなのか？

Must

50

そもそも助動詞とは何か

▶日本人が英語を使うときに抜け落ちがちなもの

学校で皆さんは、will は「未来」、can は「できる」、may は「してよい」「かもしれない」、should は「すべき」、must は「しなければならない」など、個別の意味を教わっています。

それでは、「英語の助動詞とは何か」ということは教わったでしょうか？

これを実感できていないと不自然な英文を量産してしまうことになります。

助動詞＝「思っているだけ」

今回お話ししている助動詞は正確には法助動詞 * と呼ばれるのですが、便宜上、助動詞と呼ぶことにします。

助動詞は、「**話し手が思っているだけのことであって、現実の話ではないよ**」ということを表します。

例えば「四月には多くの日本人が花見をする。」というのは、いつも実際に行われることを話しているわけですから、助動詞を使ってはいけません。

Many people in Japan celebrate cherry blossoms blooming in April.

しかし、例えばあなたが海外にいるとして、「もう四月だから、日本では今頃、みんな花見をしているかもしれない。」という **「話し手が思っ**

ていること」を話すときには、助動詞を使わないといけません。

It's April. They may be celebrating cherry blossoms blooming by now.
「四月だ。今頃はみんな花見をしているかもしれない。」

ある条件や仮定の結果を話すときに、助動詞を使わないと、かなり不自然です。

? If we give up on finding the victims now, they don't survive tonight.

日本語にすると「今被災者の発見をあきらめたら、彼らが今夜生き延びることはない。」と訳せるので自然な感じがしますが、英語にすると、助動詞を使わない上記の文は「繰り返される季節や、科学法則のように、いつも必ず起きること」という感じがして、不自然です。ここは話し手の「思い」を話すべきところです。

If we give up on finding the victims now, they won't survive tonight.
「今被災者の発見をあきらめたら、彼らが今夜生き延びることはないだろう。」

上記の文で will not の短縮形である won't を使っているのはそれが「未来」の話だからというよりは、「話し手の予想」、つまり、「話し手の考え、意見、思っていること」を表すからです。

●――「力の用法」と「判断の用法」

助動詞には大きく分けて２つの用法があります。それは「力の用法」と「判断の用法」** です。

	力の用法	判断の用法
will	するつもりだ	～だろう
can	できる	～ありえる
may	してよい	かもしれない
must	しなければいけない	～に違いない
should	～すべきだ	～のはずだ

willの「**するつもりだ**」は**意志**を表し、意志の力が強い・弱いという言い方があるように、意志は何かをやり遂げようとする「**力**」です。一方で「**〜だろう**」というのは**予想**であり、これは心が行う**判断**の一種です。

canの「**できる**」は**能力**であり、能力は何かを実現させる一種の**力**です。「**ありえる**」というのは**可能性に関する判断**を表します。

mayの「**してよい**」というのは**許可**であり、これは「許可を出せる権力のある人間」が「権力のない人間」に対して行使する「**力**」です。「**かもしれない**」というのは**推量**という、**判断**の一種です。

mustの「**しなければならない**」は相手に対する**強制力**を表します。「**〜に違いない**」というのは断定という、**判断**の一種です。

shouldの「**〜すべきだ**」は助言のレベルで相手に**働きかけようとする**「**力**」であり、「**〜のはずだ**」というのは話し手が経験してきた常識に基づいて下す「**判断**」です。

このように、**助動詞は「力」と「判断」の用法に分けることができます**。

そして「力の用法」は多くの場合、**話し手の意見**（例えば、「やるべきだ」）という形で「話し手が考えていること」を表し、「判断の用法」は多くの場合、**話し手の判断**（例えば、「だろう」）という形で「話し手が考えていること」を表します。

これはつまり**事実の描写ではなく、心の中で思っていること**を表すのです。助動詞を勉強するにあたって、重要かつややこしいのは「判断の用法」の方です。これは別の項で説明していきます。

valuable information

英語で仮定法が廃れてきた理由

他のヨーロッパ語を勉強している方は気づくかもしれませんが、同じヨーロッパの言葉の中でも、英語はやたらと助動詞が発達しています。
話し手が心の中で思っていること（「〜だろうなぁ」「〜だったろうなぁ」というようなこと）は、例えばポルトガル語などでは接続法（仮定法の一種）という動詞の活用で表されることが普通です。英語では仮定法に代わって、助動詞を使って話し手の意見や考えを表すようになったため、仮定法が廃れたのではないか、と私は考えています。suggest や demand など「やれよ、やろうよ」を意味する系統の動詞の that 節が、元々は仮定法現在（動詞の原形）を使っていたのが、のちにイギリスでは should を使うようになったのはその典型例だと思います。

* 法助動詞
疑問文で主語の前に出たり、否定文で not がつく be 動詞や一般動詞の do, does、現在完了 の have, has なども文法上「助動詞」と呼ばれているが、法助動詞というのは「話し手の考え、意見」を表す will, may, can, must, should などを指す。「法」は現実世界を表す直説法や非現実世界を表す仮定法の「法」であり、「話し手の意見の話であって、現実の描写ではないよ」ということを表す助動詞なので、法助動詞と呼ばれる。

** 「力の用法」「判断の用法」
正式には「義務 (deontic) 用法」と「認識（epistemic）用法」という呼ばれ方があるのですが、ここではわかりやすくするために、あえて用法名を筆者が作りました。

Must
51

判断用法の過去形が表すもの

▶過去形が表す、現実からの心の距離

「判断の用法」の過去形は、過去を表さない

前項で、助動詞には「力の用法」と「判断の用法」があるということを述べました。文法的にややこしい働きをするのは、「判断の用法」の方です。

助動詞を勉強していると、**過去形のはずなのに、過去を意味しない**用法に数多く遭遇します。

●——形は過去形だけど、「現在の判断の気持ち」を表す助動詞の「判断用法」

It would cost more than 1 million dollars a year.
「年間100万ドル以上はかかるでしょう。」（控えめな予想）

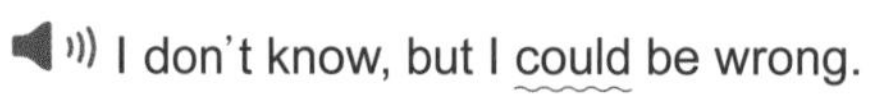
I don't know, but I could be wrong.
「わかりませんが、私が間違っている可能性もあります。」
（起こりうる可能性に関する、控えめな判断）

This might not be good enough.
「ひょっとすると、これでは十分とはいえないかもしれない。」
（起こるかどうかに関する、かなり自信のない推量）

上記で使っている「控えめな」というのは「はっきりと断言するのを避けている気持ち」と読み替えていただいても良いです。

●――「過去」を表すためには、後ろに have ＋過去分詞をつける

It would have cost more than 1 million dollars a year.

「年間 100 万ドル以上はかかっていたでしょうね。」

→過去のできごとに対する控えめな予想。仮定法過去完了だとも言える。

"You got a call from a woman. She didn't give me her name."

"It could (might) have been Jane."

「誰か女性から、君に電話があったよ。その人、名前は言わなかったよ。」

「ジェーンだったのかな。」（「ひょっとすると、ジェーンだったかもしれないな。」）

→ could have；過去のできごととの可能性に対する控えめな判断。
might have；過去のできごとに対する、かなり自信のない推量。

I don't know, but I could have been wrong.

「わかりませんが、私が間違っていた可能性もあります。」

→過去のできごとに対する、起こり得る可能性への控えめな判断。

"I know a person who saw James near the school. He must have been at the school at that time."

「ジェームズを学校の近くで見かけた人を知っているよ。彼はそのとき、絶対学校にいたんだよ。」

→過去のできごとに対する、「絶対そうに違いない」という断定。

助動詞の過去形は、判断用法の場合、基本的に過去を意味しません。

現在形の判断用法に比べて**断言の度合いをさらに弱めたい**ときに使います。「断言」とは、言い換えれば「現実であるということの宣言」で、自信がないと使えない表現です。皆さんも経験上おわかりの通り、人間は断言を避けたがります。したがって、断言を避ける表現、いわゆる「**ヘッジ表現**」というものを人間は使いたがるわけです。

will に対する would、can に対する could、may に対する might は、判断用法では「断言をさける」表現として使われます。そして、時間的な過去を表したい場合には would have 過去分詞、could have 過去分詞、might have 過去分詞という形になります。

すでに何度か述べた通り、判断用法の過去形が表すのは過去（＝現在から離れている）ではなく、**断言を避ける（＝現実から離れている）**という意味なのです。

現在形は「今自分がいる世界＝現実」、過去形は「現在から離れている＝現実から離れている」という感覚がもたらした、過去形の応用的な使われ方なのです。

●――判断用法の過去形と、仮定法はその境界線があいまい

「現実から離れている」という意味で、助動詞の判断用法の過去形と、仮定法は性質が同じで、したがって、似たような使われ方をします。ある表現が、仮定法なのか、それとも助動詞の判断用法の過去形なのかを区別することが難しいときがあり、また、区別することにそれほどの意味がない場合もよくあります。

Who would (could) believe that story?

「誰がその話を信じるでしょうか（信じる可能性があるでしょうか）？」

→「誰が信じるだろうかなぁ」という控えめな予想（could なら可能性）とも取れるし、「現実には信じる人はいないよ」という意味を持たせた仮定法過去とも取れる。

valuable information

もともと過去形のない助動詞

should と must はもともと、過去形がありません。これは should が shall の過去形から派生した助動詞であること、must も、今は使われなくなった古英語の motan という動詞（「義務」を意味していました）の過去形である moste が現代英語の must になったからです。どちらも元は過去形だった動詞が助動詞になった、というところが興味深いですね。

人の考えや意見を述べるためにあるのが助動詞です。時に「現実からの距離」を表すために存在する動詞の過去形が助動詞になるということは、人というものは、自分の意見や考えをオブラートに包むようにして、柔らかく言いたいという欲求があるのではないかと考えたくなります。

should は「～するはず」、must は「～に違いない」というふうに、ともに判断用法を持ちますが、**これらの判断の確信度合いを弱める表現はありません。**そして、時間的な過去の話をするときには should have 過去分詞、must have 過去分詞の形をとります。

●──依頼：「力の用法」なのに、助動詞の過去形が過去を表さない場合

canの「許可」を求める用法（～して良いですか）は、元々「～できる（能力）」の意味を表すcanの「力の用法」から来ています。これをcouldにすると、過去を表さず、丁寧な依頼を表します。

Could you do me a favor?
「お願いを聞いてもらってもよいでしょうか？」
→ Can you do me a favor? よりも丁寧な表現。

これは時間的過去を表す過去形が「現在（＝現実）から距離を取る表現」→「**距離を取る表現＝丁寧**」というふうに応用されて使われたものです。

ちなみに同じく依頼を表すことができる表現にWill you ～？がありますが、これもWould you ～？で丁寧な表現になります。これもwillの力の用法である「意志」の意味を使い、相手の意志を尋ねることで依頼を表現する形式です。

Would you close the door?　「ドアを閉めてもらえますか？」
→ Will you よりも丁寧な表現。

●──「判断の用法」なのに、助動詞の過去形が過去を表す場合

wouldやcouldなどの助動詞の判断用法の過去形が、過去の意味で使われるときもあります。それは、時制の一致の場合です。

I thought he would come.　「彼は来るだろうと私は思った。」
→ thought した時点での私の予想 (would)。

He said that it could happen to anyone.
「彼は、それは誰にでも起こりうると言った。」
→ said した時点での可能性に対する彼の判断 (could)。

Must
52

willは心の働きだ

▶ will は「未来を表すこと**も**ある助動詞」

●―― will ＝未来の呪縛から解かれよう

「will ＝未来」と教わるために、さまざまな問題が引き起こされます。

will を教わる際に、学習者のほとんどがある「刷り込み」を経験します。それは「動詞の過去形に ed などの語尾がつくのと同じように、未来を表したければ動詞原形の前に will をつける」という感覚です。つまり「will ＋動詞原形」を、現在形や過去形のような、一種の動詞の活用として学習するという「刷り込み」です。

このため、「未来の話なら何でも will をつけないといけない」という間違った感覚が生まれます。

そして、未来を表すただの「記号」として will という言葉を認識してしまうため、学習者は will が表す未来と、be going to や進行形が表す未来との違いが感覚的に理解できなくなります。

will という言葉を「未来形」という記号ではなく、心理的な意味を持った言葉として理解することが重要です。

will：「心がパタンと傾く」

will という言葉の意味は、「**心が揺れて、パタンと傾く**」と説明することができます。

ここから大きく分けて、①「**意志**」と②「**予想**」という２つの意味が will には出て来ます。

①意志（力の用法）：「～するつもりだ」

一般に「意志未来」と呼ばれるものです。

例えば今日授業が突然休講になって、「このあとどうする？」と友だちに聞かれたとします。するとそこで、あなたの心が「どうしようかな？」と揺れたあと、“Well, then, I'll go to the library.”（よし、じゃあ図書館に行くよ。）と『傾く』わけです。

よく will の解説に、「今決めた予定」という言い方がなされていますが、それは、「**今、心がパタンと傾いてでき上がった意志決定**」ということを表しているのです。

②予想（判断の用法）：「～だろうなぁ」

一般には「単純未来」と呼ばれるものです。しかし、その正体は「予想」です。

例えば、友だちに「明日は天気大丈夫かなぁ。」と言われて、そこであなたの心が「晴れるかなぁ、雨かなぁ。」と揺れて、でもこの状況ならきっと晴れるだろうと心が傾いて、“It'll be sunny tomorrow.”（明日は晴れるだろうよ。）となるわけです。

●──「時や条件を表す副詞節」：なぜ will を使えないか

will の持つ意味の大きな2本の柱が「意志」と「予想」だということがわかると、いわゆる「時や条件を表す副詞節」で「未来のことを表しているのになぜ will を使ってはいけないのか」が理解できるようになります。

仮定法の項では、「時や条件を表す副詞節」で使われる直説法現在形の動詞が、もともとは仮定法現在（動詞の原形）だった、そして仮定法が廃れて直説法現在形が使われるようになったと述べました（47項参照）。ここでは、未来の話なのになぜ will を使うとおかしく感じるのかを説明していきます。

willを「未来」と考えず、「意志」か「予想」を意味する言葉だと考えるとその仕組みはわかります。

仮に、条件を表す文をこう書いてみたとしたとします。

 If it will rain tomorrow, I will not go out.
①　②

まず①のwillに「意志」の意味を当てはめてみてください。すると、「もし明日雨が降るつもりなら、私は外には出ない。」という意味になってしまいます。お天気に意志はありませんから、これは変です。

では次に「予想」の意味を当てはめてみましょう。すると、「もし、明日雨が降るだろうな、となったら、私は外に出ない。」という意味になってしまいます。実際に言いたいことは、「もし明日、実際に雨が降るという事態が成立したら」ということを表しているわけですから、「降るだろうな」と予想しているだけのwillを使うのは、意味がおかしくなるわけです。

このように、「意志」、「予想」のどちらの意味を当てはめてみても下線部のwillは意味がおかしくなることがわかります。

 If it rains tomorrow, I will not go out.

一方、②のI will not go out.はどうでしょう。
「意志」で考えてみると「私は外に出るつもりはない」、「予想」で考えてみると、「私は外に出ないだろう」です。if節で述べられている条件のもとで、自分はどうするかの「意志」や「予想」を述べているわけです。ですから**帰結節にwillを使うのは自然**だということがわかります。

今度は、条件ではなく、時で考えてみましょう。

 After you will come back, come and see me.

→述べたい内容：「戻ってきたら、私のところへ来てくれ。」

willを「意志」だと考えると、「あなたは戻るつもりだ、のあと、私のところに会いに来てくれ」という意味になり、「戻ってくるという事態が成立した後で」という意味とはズレてきます。
「予想」だと考えると、「あなたは戻るだろう、の後、私のところに会いに来てくれ。」となり、やはり、「戻ってくるという事態が成立した後で」という意味は出ません。

After you come back, come and see me.　「戻ってきたら、私のところへ来てくれ。」

一方で **if 節に will を使える場合**もあります。それは「**もし～するつもりがあれば**」という「意志」を表す文の場合です。

If you will come back, I'll tell the manager to hire you.
「もし君に戻ってくる気があるなら、責任者に君を雇うよう言っておくよ。」

これだと、will の「意志」の意味が自然に発揮されることになります。

もし if 節に will を使わないで述べれば、「戻ってくるという事態が成立したら」という、「条件の実現」の話をしていることになります。

If you come back, I'll tell the manager to hire you.
「もし君が戻ってきたら、責任者に君を雇うように言っておくよ。」

「will ＝未来」としてしまうと、「未来だけど will はつけない」というような、余計な「例外ルール」ができてしまいます。
しかし、will は「意志」と「予想」だと理解すれば、そのような無駄な知識は不要となり、もっと直感的な理解が可能になるのです。

Must

53

他人の気持ちはわからない

▶どんなときに will は「意志」を表すのか

この項では「意志」を表す will についてお話をします。

will が「意志」と「予想」を表すとして、どういうときに「意志」を表すことが多いのでしょうか？

実は、**「他人の気持ちはわからない」という人間の心理が文法に影響を与えています**。

これは英語に限ったことではありません。日本語でもこの心理は文法に影響を与えています。

専門的には「心理述語の使用制限」と呼ばれるルールがそれで、他人を主語にするとき、気持ちを表す述語をそのままでは使えない、というものです。

日本語において、他人に関してその心理を描写するときに「見た感じ / 聞

いた感じがそうだ」という言い方にしないといけないのは、「他人の気持ちはわからない」からです。

ということは、逆に言えば、「自分の気持ちはわかる」わけで、**willが「意志（～するつもりだ）」を表すときには、一人称であるIやweが主語に来る**ことがほとんどです。**他人(you, he, she, they)が主語になるとき、willは「他人の行動や状態を『予想』」**するために使うのが普通になり、「～だろう」と訳すのが適切になります（もちろん少数の例外があります）。

●――weが主語のときのwillの「意志」は、「みんなでやろう」になる

主語がIのときの「意志」のwillは、自分がどうするつもりなのかを表しますが、主語がweになると、「私たちはみんなこういう意志だ」ということになります。すると、最終的には「**みんなで～しよう**」という意味に解釈できる表現が生まれます。

I will take a break after I finish this.

「これが終わったら、休憩に入りますね。」

→話し手本人の意志表明

We will take a break after we finish this.

「これが終わったら、休憩に入りましょう。」

→私たち全員の統一された意志＝「みんなで～しよう」

●――意志は「今」を表すこともできる

繰り返し述べますが、willは「未来を表す言葉」と言うよりも、「未来も表す言葉」と言った方が正確です。「意志」の用法においても、話し手の現在の意志を表す用法があります。

“Remember you must finish your assignment first.”

「宿題をまず片づけるのよ。」

“I know. I'll do it right now.”

「わかってるよ。今やるよ。」

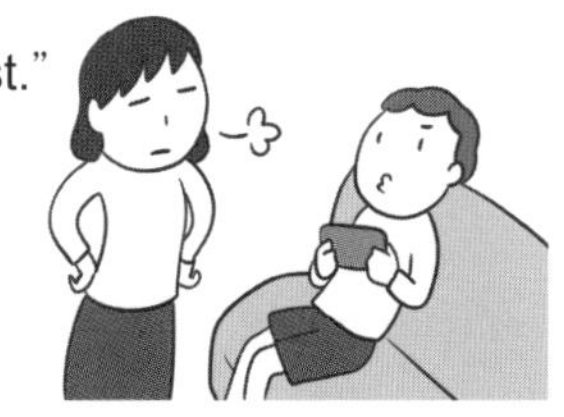

(電話が鳴って)"I'll get it."　　　「私がとります。」

ここで、読者の中には「『今やるよ』と思っている、ということは、『実際にやるのは未来』だから、結局 will は未来を表しているのでは？」と思われる方もいらっしゃると思います。

しかし、それを言ってしまえば、そもそも英語の助動詞は「心の中で思っていること」を表すためにあるので、「思っているのは今で、やるのはこれから先」というのは will に限ったことではなくなるのです。

It may rain tonight.　　　「今夜は雨かもしれない。」

→実際に雨が降るとしたら、それは未来。

You should go see the doctor.　　　「医者に行った方がいい。」

→実際に医者に行くとしたら、それは未来。

また、先ほど出てきた「今やるよ。」を意味する "I'll do it right now." や、「私が電話をとります。」という意味の "I'll get it." といった表現は、will を be going to で置き換えて表現することがありません。これも will が表すのが未来ではなく、現在の自分の意志であることの１つの証左だと言えます。

●――依頼：～してもらえますか？

中学で will を初めて学習するときに、「will は未来だ」と習うのに、すぐその後に Will you ～？、Would you ～？という言い方が「依頼」を意味すると言われ、面食らった経験がある読者も多いでしょう。

実はこの「依頼」の Will (Would) you ～？は、「意志」を表す will が応用されたものだと考えられます。

つまり、**相手の意志を尋ねる形をとることで、相手に「～してほしい」という気持ちを告げる**わけです。

Will (Would) you open the door for me?

「私に代わってドアを開けてもらえますか？」

『ロイヤル英文法』(旺文社) には、Will you ～？はごく親しい間柄で使われ、そうでなければ Could you ～？を使うのが普通だと記されています。また、Would you ～？も、Will you ～？よりは丁寧であるものの、それでもやはり、親しい間柄で使われる表現である、と記されています。ですから、初対面の人や、目上の人には使いにくい表現であることがわかります。
いったいなぜこのようなことが起きるのでしょう？

実は英語には、「相手の意志に立ち入る話し方は失礼」という了解があります。
例えば、相手の予定を尋ねるときに、What will you do on Friday? だと、下手をすると「何をするつもりですか？」という風に「意志」を尋ねたと解釈される危険性があります。
それを避けるために、What will you be doing on Friday? というように will ＋進行形という形をわざわざとることで、「何をしているのでしょうかねぇ？」というふうに、明確に「予想」を尋ねる表現にします。

このようなことから考えて、相手の意志を尋ねる形を応用して「～してくれませんか」というときの **Will(Would) you ～？は、「相手の意志を尋ねても大丈夫なくらいの、親しい関係」の相手に対して使いやすい表現**ということになるわけです。

valuable information

なぜ will ＋進行形だと、必ず「予想」として解釈されるのか

動名詞のところで説明したことを思い出してください。
～ ing は「動作の最中」を表します。頭の中に浮かぶ映像は、必ず動作の最中の映像が浮かぶのでした。したがって「想像・記憶」は～ ing で表されます。
例えば remember の後ろに～ ing がきたら、過去の記憶を表します（I remember seeing him.「彼に会ったのを覚えている。」）。imagine は「想像する」という意味の動詞ですから、後ろには～ ing がきます（I imagined flying in the sky.「空を飛ぶところを想像した。」）。
さて、will の「予想」という解釈ですが、「予想」というのは、頭の中で思い描く、一種の想像です。ですから、will ＋進行形、つまり、will の後ろに「している最中の映像」を作ることで、その will の解釈は「意志」ではなく、「予想」に確定するのです。

Must
54

「予想」のwillは さまざまな意味にひろがる

▶「現在の推量」と「丁寧」

●── will が「予想」するのは「未来」だけではない

will は「意志」と「予想」という意味を基本とする助動詞です。

最も多く目にする will の意味は「予想」でしょう。

従来の英語教育で「単純未来」と呼ばれる will の用法があります。

その正体は**「予想」**です。

「単純未来」などと言われると、感情も心理も何もない無機質な感じがしますが、実際のところ人間はこれから先のことは「予想」する以外ありません。

「こうなるだろうなぁ」と心の中で未来を思い描く。

あるいは、「こうなるだろうなぁ」と**心が「傾いて」判断する**。

これが will の持つ「予想」という意味です。

🔊 Oh…, but you won't be in time for the last train.

（心が傾いて、間に合わないと判断）

「ああ、でも、あなた終電には間に合わないですよ。」

🔊 I think he will win the tournament this time.

（心が傾いて、優勝と判断）

「今回は、彼は優勝すると思うよ。」

「よし、やろう」という意志は未来の行為を表すことが多いですし、「こうなるだろうな」という予想は未来への想像を表すことがよくあります。ですから、will は「未来」を表す助動詞として使うことができます。

しかし、実際には、willは未来を表すこと「も」できる助動詞にすぎない、ということは理解しておくべきです。別に未来でなくても、**今のことに関する予想でもwillは使える**のです。

例えば、夕方4時にジェーンが来ることを知っていて、実際に4時頃、ドアのチャイムが鳴ったとします。

🔊 Oh, that'll be Jane.　「ああ、ジェーンだろう。」

未来の話ではなく、今ドアの向こうにいるのがジェーンだろうと「予想」していることがわかります。

また、この「予想」のwillは、「断定を避ける言い方」つまり、**「丁寧な言い方」に応用**することができます。

例えばパーティーで初めて会う人に、「ああ、あなたはケイガンさんだ。」と「ズバリ」言うのは気が引けます。日本語でも「ひょっとして、ケイガンさんですか。」という風に、「あくまで推測・予想なんですけれど……」という言い方をします。ここでwillが使われます。

🔊 Ah…. You'll be Mr. Cagan, I presume?
「えっと……、ケイガンさんでいらっしゃいますね？」

●――電車でよく聞く、あのアナウンスにも・・・

電車に乗っていると、次の駅で左右どちらのドアが開くのかを告知するアナウンスが流れます。

🔊 The door on the right side will open.　「右側のドアが開きます。」

本書でここまでwillの説明を読んできたなら、逆にこの表現はおかしく感じるかもしれません。

次の駅で右側のドアが開くことは、今立てた予想でもなく、今決定した意志でもない、すでに決まっていること、いつもそうすることです。The door on the right side opens at Mitaka station.（三鷹駅では右側のドアが開く。）のように、**普通なら、「いつもそうだよ形」である現在形を使うべきだ**ということになります。

新幹線の車内アナウンスにも同じような will の使い方があります。

We will soon make a brief stop at Nagoya.
「みなさま、まもなく名古屋に停車をいたします。」

これも本来なら「いつも行う」、決まったことですから Shinkansen trains make brief stops at Nagoya.（新幹線は名古屋で停車する。）のように現在形を使うべきだと考えることもできます。

しかし、この英語アナウンスは間違っているわけではありません。
それではここでの will は何を表しているのでしょうか？
やはり未来なのでしょうか？

もちろん、未来だ、という意見もあって良いと思います。
しかし、これは断定をさけ、推量を含ませることで、距離を置くことに成功した表現と捉えることもできます。
つまり**「丁寧」を表す表現**です。

●──「丁寧」を加える

"How much do I owe you?"　「おいくらになりますか？」
"That'll be 20 dollars."　「２０ドルになります。」

慶應大学の田中茂範教授によれば、お店のレジでよく使われるこの will は、「言い切らないで推量を含む表現にすることで、その表現に丁寧さを加えることができる」表現だそうです。

上記の電車内のアナウンスの will に関しても、「お客に対する意識から丁寧な表現になっていると考えることができる」と田中教授は指摘しています＊。

日本語で論争になったこともある、「こちら、きつねうどんに『なります』。」に近い感覚があるかもしれません。ここでの「なります」も、「きつねうどんです」と断言してしまうことを避けるための代替表現という性質があります。さすがに「きつねうどんでしょう」とはなりませんが……。

＊ NHK テレビテキスト「新感覚☆わかる使える英文法」2007 年 5 月号、43 ページ

Must
55

まだあるwillの用法

▶「現在の習性・習慣」の正体は「連想」

●──「～しようとしやしない」: 擬人化された「意志」

This door won't open.　「このドアったら、開こうとしやしない。」

She wouldn't listen to me.　「彼女は私の話を聞こうとはしなかった。」

これらは通常、否定文で用いられます。「**決して～しようとしない**」という固い拒絶の意志を表します。

1つ目の例文のように、無生物が主語になることがよくありますが、これは、まるでドアに意志があるかのように擬人化した表現です。

●──「～といえば普通は～するものだ」:「連想」

Dogs will bark. It's their job.

「犬は吠えるものでしょ。それが犬の仕事だよ。」

Babies will cry. We can't help it.

「赤ん坊は泣くものだ。しょうがないよ。」

Justin broke the window? Well, boys will be boys.

「ジャスティンが窓を割った？ まぁ、男の子だし、しょうがない。」

この世の常識というか、「**普通そういうものでしょ**」ということを言いたいときに使います。人を納得させようとしたり、諭したりする文脈で出て来る表現ですね。

従来の英語教育では、「現在の習慣」とか「現在の習性」と紹介されます。

こんなものにwillが使われるせいで、「いったいwillって何なの？ つかみどころがない！」と学習者を悩ませるわけです。

私は、この用法は「**連想**」と呼ぶべきだと考えています。

willは、心がパタンと傾いて、意志決定をしたり、予想をしたりすることを表す言葉です。この用法だって、同じです。

人間は生きていく中で、たくさんの学習を行います。その過程で、「○○というのは、**普通こういうものだ**」という百科事典的知識を蓄えていきます。その知識にもとづいて、例えば「犬」と聞いた瞬間、「吠える」とか、「人懐こい」とか、そういった典型的なイメージに、「心がパタンと傾く」つまり連想が行われるわけです。

連想は「**心の中に、関連する映像を思い浮かべる**」という意味で、予想と同じ心理機能の上に成り立っています。willの予想用法から、この「連想」という用法は動機づけられて、生まれたものだと考えられます。

●—— would (often)：昔はよくしたものだ（回想）

これは、先ほどの「連想」を過去の舞台にもってきただけです。**「あの頃といえば……」となって、ぱっと心に浮かぶ映像**、つまり「心がパタンと傾く先にある記憶」。これがこのwouldが表す内容なのです。

🔊 I would often go swimming in the lake when I was a kid.

「子どもの頃は、よくその湖に泳ぎに行ったものだなぁ。」

この表現のいくつかの特徴を説明します。

①「あの頃と言えば」で、パッと心が傾く記憶を表す表現ですので、原則的には**「あの頃と言えば」を示す表現が必要**です。

ここではwhen I was a kidがそれです。もちろん文脈上「あの頃と言えば」ということを言わなくても、どこかでそれが明示されているなら、いちいち言う必要はありません。

② oftenがつくことがよくあります。

なぜなら、**しょっちゅう繰り返し**行われた行為であるからこそ、強く記憶に結びつき、「あの頃といえば」でパッと心が傾く記憶になるからです。

③**繰り返された行為にしか使えません**。

過去の「変わらない状態」には使えません。例えば「かつてここには病院があった。」という文は、病院が繰り返し建ったり潰れたりしているわけではなく、ずっと変わらず存在していたことを表すので、wouldは適しません。

先に述べたように、「繰り返し行われる→強く記憶に結びつく→あの頃と言えばでぱっと思い浮かぶ記憶」を表すwouldなので、過去の変わらない状態には使えないのです。

上記の説明でわかる通り、このwouldの用法は過去の習慣というよりは、**過去の「回想」**と呼んだ方がより適切です。

●——「used to」との違い

では、同じく過去の習慣を表す「used to ＋動詞の原形」とはどう違うのでしょうか。比較してみましょう。

I used to go swimming in the lake.　「昔はその湖に泳ぎに行っていた。」

特徴を列挙してみます。

① when I was a kidのような、**特定の過去の時点を表明することはありません**。なぜなら、used toが言いたいことは「**これは過去のことであり、今**

はちがうよ」ということだからです。つまり、「今はやってないよ」ということが言いたいのであり、過去のいつのことなのかはどうでも良いのです。上記の文も「昔は泳ぎに行っていたけど、今はもうやっていない。」ということが言いたいわけです。

②**過去の変わらない状態**も表せます。

さきほどwouldでは表せないと述べた、「かつてここには病院があった。」という文も、used toなら、There used to be a hospital here. と表すことができます。

というわけで、「昔は～よくしたよなぁ」と、よくやったことをしみじみ思い出すならwould (often)、「昔はそうだったけどね、今は、ないよ」ということを言いたいなと思ったらused toです。

最後に、下にwillの用法の系統図を載せておきます。

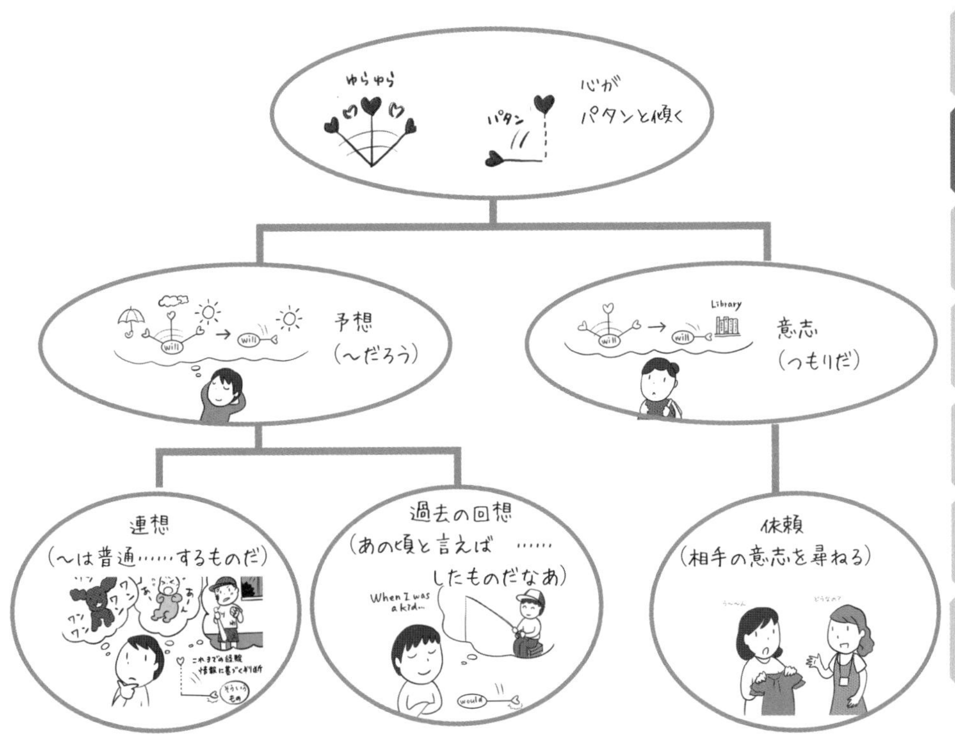

Must

56

willとbe going toの違い

▶思っているだけなのか、そこに向かって進んでいる最中なのか

まず大雑把に言うと、willは「心の働き」ですから、「〜しようと思う（意志）」、「〜だろうと思う（予想）」という**「思う」感じ**が強く出ます。

一方be going to (do)は直訳でわかる通り、「〜することに向かって、進んでいる途中にある」という、「未来に向かって事態が進んでいる」感を出す表現です。したがって「思う」感のwillよりも、**客観的に粛々と事態が未来に向かっている感じ**がします。

ここではwillとbe going toを「意志」と「予想」の用法に分け、それぞれの違いを説明していきます。

willの「意志」と、be going toの「意志」

ここでは**「(未来において) 〜するんだよ」と宣言すること**を「意志」だと定義しておきます。

●──willの「意志」の「今決めた」感

willが意志として使われるとき、相手の言うことに対して、心が揺れて、パタンと傾き、「よし、やろう。やるよ。」と決断し、I will 〜 . という発言が出て来ることがほとんどです。

つまり、**相手の言っていることに反応して「今やると決めた」感**が出て来ます。

“Make sure to bring the ticket with you.”　　“I will.”
「あなたがチケットを持ってくるのよ。忘れないでね。」　「わかったよ。」

上記では自然な日本語になるように「わかったよ。」と訳していますが、正確には I will (bring the ticket with me).（私がチケットを持ってくるよ。）と言っています。

この「よし、やるよ。」という**「今あなたに言われて決めた。」感**が意志の will の大事なところです。

●── be going to の「意志」の「もう決まっていること」感

be going to が意志として使われるとき、be going が本来持つ進行形の感覚にしたがって、「進んでいる途中・最中」という感覚が出ます。

ということは、「やる、ということはすでに決まっていて、それが実行される未来に向かって、今進んでいる途中にある」、つまり、**「もう決まっていること」感**が、be going to には出ます。

“What is your plan for the summer?”　「この夏の予定は？」
“I' m going to move to another apartment.”「違うアパートに引っ越すんです。」

もう引っ越しは決まっていることで、それに向かって進んでいる途中にある、という感じが出ます。

これが will だと、「夏はどうするの？」という質問に対して、「そうねぇ。違うアパートに引っ越しするかなぁ。」(Well, I think I will move to another apartment.）という風に、「今言われて、今引っ越そうかと考えた」感が出て来ます。

●── will の「予想」と、be going to の「予想」

will の「予想」は**「思っているだけ」感**。**「切羽詰まっていない」感**があります。

The storm will be turning more to the north.
「嵐はより北側へと進路を変えて行くでしょう。」

今の段階ではあくまで心の中でそう思っているだけ、という感じがします。いろんなデータを勘案して「進路を変える」という判断に心が傾いた格好です。

一方で、be going to の「予想」が出すのは、**「そのコースを進む」感**。「確実にそうなる」感です。

This storm is going to rapidly intensify.
「この嵐は急速に勢力を強めていきます。」

嵐が勢力を強めるという事態に向かって進んでいる最中で、will よりも、現実感を持って確実にそうなる、という感じが出ます。

●── Everything's gonna be all right. と Everything'll be all right.

誰かが大変な目に遭って困っているときに慰め、勇気づける際の決まり文句に、

Everything's gonna be all right.
Everything'll be all right.

という言い方があります。

's gonna というのは is going to の短縮形で、話し言葉で使われるパターンです。

どちらも直訳すれば「すべてのことが大丈夫になるよ。」という意味です。

そしてbe going toを使っても、willを使っても、どちらも間違いではありません。
　でも、伝わる感覚が違ってきます。

「絶対大丈夫だから！」と相手を強く安心させたいとき、あなたならどちらを使いますか？

　もうおわかりの通り、**willを使うと、少し軽い感じ**がします。
「あくまで思っているだけ」という感覚が潜むからですね。それが悪いというわけではありません。そんなに深刻ではない話とか、明るい方向に会話を持っていきたいとか、そういうときにはwillを使って、Everything'll be all right.「**きっと大丈夫だよ。**」という言い方が合っていると思います。

Everything'll be all right.

大丈夫
大丈夫！

　一方のEverything's gonna be all right.ですが、ドラマや映画などを見ていると、大怪我をしている人や、事故でどこかに閉じ込められた人なんかに対して、このセリフが投げかけられています。be going toを使うことによって、「もうすぐ助かるから。そういう流れの最中にいるから！」という感じが伝わるのでしょうね。「**しっかりしろ！絶対大丈夫だからね！**」という感じがします。

Must
57

canは「何も妨げるものがない」世界

▶「能力」だけではなく、「可能性」にも目を向ける

can は語源的には「知っている」を意味する言葉で、know という単語とも、語源は同じなのです。
「知っている」ということは「やり方を知っている」わけで、そこから「**できる**」という「**能力**」の意味が出てきた言葉です。
この「能力」という意味が現代英語の can の「力の用法」で、そこから「そう判断することが『できる』」→「**あり得る**」という「**可能性**」という意味が「判断の用法」として生まれました。

can は Can you ～？という形を使って、Will you ～？と同じように「**依頼**」の意味を表すこともできますし、will や may と同じように「**予想**」を意味したり、may と同じように「**許可**」を表すこともできます。
しかし、当然ながら全く同じ意味というわけではありません。ここではそれぞれのニュアンスの違いを説明していきます。

●──「能力：「やろうと思えばできる」

ご存知の通り、can は「できる」という能力の意味を持っています。
ただし、注意して欲しいのは、正確にいえば「**やろうと思えばできる**」というのが can の感覚で、**実際にやってみてできたかどうかはどうでもいい**ということです。
助動詞の基本は「心の中で思っている」ということです。例えばオバマ元大統領の有名なセリフ、Yes, we can! も「私たちならできる！」と言っているわけで、「実際にはまだやっていない。これからやろう。」という意味が込められています。

「実際にやったかどうかは別として、こういう能力を持っている」という意味と、「実際にやってみて、できた。成功した。」という意味の使い分けがはっきり出るのは can の過去形 could と、be able to の過去形である was/were able to です。

🔊 I could swim across the river when I was a kid.

「子どもの頃は、私はその川を泳いで渡ることができた。」

→そういう能力を持っていた、という話。実際にやったかどうかは話していない。

🔊 On that day, I was able to swim across the river for the first time.

「その日、私は生まれて初めてその川を泳いで渡ることができた。」

→やってみて成功した、実現した、ということ。

●──「依頼」と「許可」

「状況的にやろうと思えばできる」という can の意味が、「**～してもいいですか？**（依頼）」という意味で使われ、「**～してもいいですよ**（許可）」という意味でも使われます。

　また、「（状況的に）**できますよ。だから、早くやりなさい。**」という感じで「**軽い命令**」としても使われます。

🔊 "Can I come in?" "Sure you can."　「入ってもいい？」「もちろんいいよ。」

→「状況的に可能」という意味なので「上下関係を感じさせない」という特徴を持つ。may は上下関係を感じさせ、Will/Would you ～？の依頼は親しい間柄によく使う。can と could が一番中立的。

🔊 "We're done. You can go now."　「終わったよ。帰っていいよ。」

→ 軽い命令。「状況的に可能だ」と言っているだけなので、偉そうで威圧的な感じがしない。

●——「あり得る」判断用法の「過去形」は have ＋過去分詞をつける

can が判断用法で「あり得る」の意味で使われるとき、一般論的な可能性を表し、could は個別の具体的な可能性を表します。could は時間的な過去の意味はもちません。

時間的過去は can/could の後ろに have ＋過去分詞をつけることで表します。

This can happen to anyone. 「これは誰にも起こり得る。」

→一般論としての可能性

It could have been me. 「それは私だった可能性もあるんだ。」

→具体的で個別の事柄に関する可能性。may や might より弱い可能性。

He cannot be there. 「彼がそこにいるはずがない。」

→可能性を否定するので「ありえない」という意味になる。

●——日本人学習者が気をつけたい、「can」の濫用

これは英語の初心者に見られることなのですが、「できる」という日本語ならなんでも can を使うというミスが見られます。

「彼は数学ができる。」

× He can do the math. → ◯ He is good at math.

→確かに「能力」を表す文ではあるが、日本語の「できる」がここで言いたいことは、「数学が得意である」ということ。

ちなみに do the math は「数学をする」ではなく「計算をする」という意味。

上記の例ほどひどくないにしても、日本人のライティングを見ていると、「can の使いすぎ」とでも言えるケースがあります。

一番多いのは、「**効能**」を表す文です。

「冷たい飲み物でリフレッシュできる。」

△ A cold drink can refresh you.

→ A cold drink refreshes you.

「冷たい飲み物を一本飲めば、リフレッシュできる。」

You can refresh yourself with a cold drink.

「一本の冷たい飲み物があれば、リフレッシュできる。」

主語がa cold drinkの場合、「性質」を表す文になっています。冷たい飲み物が人をリフレッシュさせるのは、冷たい飲み物が常に持つ効能、性質です。この場合**「いつもそうだ」を表す現在形を使う方が自然**です。

一方で、youが主語になっている文を見てみると、この文は別にyouの機能や性質は表していません。つまり、「youがいつもやることだ」という感覚がありません。こうした場合はcanを使うのは自然です。

こうした「効能」の話の他にも、「やろうと思えばやれる」のcanと、「いつもやっている」という事実を表す現在形の混同が以下のような文で見られます。

「四月になると、花見ができる。」

△ In April, we can celebrate cherry blossoms blooming.

→ In April, we celebrate cherry blossoms blooming.

この文では、日本語において、「待ち望んでいたこと、やりたいという願望」の実行には願いが叶うという意味で「できる」を使うことが自然だという傾向が見えます。しかし、英語のcanは「やろうと思えばやることができる」ということなので、**花見のような「習慣的行為」には「いつもそうだよ形」の現在形**を使う方がより自然だといえます。

上記の話は、canを使うから間違いだというほどではありません。しかし、より自然にcanを使いこなすために、心に留めておく価値はあるでしょう。

Must

58

mayとmightは「無責任」

▶「心が揺れたまま」なのがmayとmight

●――mayの力の用法は「上から目線」

mayの語源は「する能力がある・力を持っている」で、そこから、「許可するだけの権力を持っている」という意味で「**〜して良い**」という許可の意味が出るようになりました。

つまり、mayの持つ「〜して良い」というのは、**「上から目線」であり、偉そうな響きがある**ということなのです。

🔊 You may play video games now.　「もうテレビゲームをやってもいいわよ。」

→母親が子どもに命令するときに。宿題や食事などを子どもが終えた後に出す許可のフレーズ。

上下関係がない状況、もしくは**上下関係を表したくない**という気持ちで「良いですよ」と**許可を表す際にはcan**が無難です。

🔊 You can go to your room if you like.　「もう部屋へ行ってもいいですよ。」

mayを使うと、「私の許可がないとあなたは部屋へ行けないのだよ。」という気持ちが感じ取れるのですが、canだと、「許される状況になったので」「〜して良い状況になったので」という感じになります。「誰が許可を出せるのか」を重視するmayと、「状況的に可能かどうか」を重視するcanの違いですね。

この「上下関係」を逆手にとって、May I 〜？とすれば、「相手を上に立てる」表現となり、とても**丁寧な、許可を求める表現**となります。

May I come in?　「入ってもよろしいでしょうか？」

May I have your name?　「お名前を伺ってもよろしいでしょうか。」

May I have your attention, please ?「お客様にお知らせいたします。」
↑機内放送で。直訳すると、「みなさまのご注意（お耳）を拝借してよろしいですか。」

May I ～？という問いかけに対して、「はい、いいですよ。」と答えたい場合、**Yes, you may. と言ってしまうと、かなり上から目線**になります。

例えばもしここが法廷であなたが裁判長だったり、もしここが軍隊であなたが上官なら、あなたには Yes, you may. と言えるだけの権威があります。しかし、一般的には **Yes, you can.** か、もしくはさらに優しさや親しみを見せるために、**Sure.** と答えるのが一般的でしょう。

●── may not が表す「不許可」と must not が表す「禁止」の違い

You may not go out after dark.　「日没後は外出を許可しません。」

You must not go out after dark.　「日没後は外出してはいけません。」

may not と must not はそれぞれ「不許可」と「禁止」でどちらも変わらない感じがしますが、**機械的、お役所的、ルール的な感じがするのは** may not です。may not を使う場合は許可をする側、つまり権威・権力を持っている側の都合で許可を出せないという感じがします。

The information may not be used for commercial purposes.
「その情報は商業目的に利用してはいけない。」←ルール的に不許可だ、という話

一方で must not **は「絶対ダメだぞ」という「強い意見」**という感じがします。もちろん「立ち入り禁止」の標識など、ルール的に禁止だという意味でも must not は使われますが、may not よりも強く拒絶している感じが出ます。may の「許可」は権威側の都合でだせたりだせなかったりしますが、**must not の「禁止」はどんな場合でも禁止**という感じです。

🔊 Unauthorized staff must not enter this facility.

「関係者以外のこの施設の立ち入りを禁じる。」

mustの根っこの意味は「絶対」、「他に選択肢はない」という感覚です。

may, mightが表す「推量（～かもしれない）」

mayとmightは「推量（～かもしれない）」を意味します。willの「予想（～だろう）」とはどう違うのか、を説明します。

willは、**心がパタンと傾いて「～だろうな」と判断する**ことを意味します。心が完全に傾いているので、その判断も確信の度合いが高いものになっていると言えます。

一方でmayとmightは「心が揺れっぱなし」、つまり「**迷いっぱなしで、決めることができない**」という心情を表します。

私の故郷の関西弁に、「～**かもな。知らんけど。**」というがあり、関西人はこれを口癖のように使うのですが、これがまさしくmayとmightの感覚だと言えます。つまり、mayとmightは「自分の言ったことに対して責任を持たない」ということの宣言なのです。

例えば、論文を読んでmayやmightに出会うことがあります。論文というのは実験結果や証拠に基づいて話をすることが多く、憶測や思いつきで話を進めないのが原則ですが、そんな中でmayやmightを使った表現が出てくれば、読者としては、「あ、ここから先は証拠はなくて、あくまで推測、ということで筆者は話しているんだな」と了解することになります。

つまり、mayやmightを使っている以上、筆者は自分の言っていることに責任を持たない、と宣言しているわけです。

🔊 The story may or may not be true.

「その話は本当かもしれないし、そうでないかもしれない。」

→心がグラグラ揺れて判断が決まらないというmay, mightの感覚をよく表す表現。

推量のmay, mightは「判断用法」なので、**時間的な過去を表したい場合**、**may have ＋過去分詞、might have ＋過去分詞**という形をとります。

🔊 They might have thought it was okay.

「彼らはそれで構わないと思ったのかもしれない。」

●――祈願のmay（～でありますように）は何なのか？

mayは「推量」という意味があることでわかる通り、「**思っているだけ。本当にそうなるかどうかは知らない。**」という気持ちが強い言葉です。ですから文語的な表現として、「思っているだけ」の節によく使われます。

🔊 Whatever may happen, I will not give it up.

「何が起きようとも、私はそれを諦めない。」

🔊 Say it louder so that everyone may hear you.

「皆に聞こえるよう、それをもっと大きな声で言いなさい。」

→直訳の感覚：もっと大きな声で言いなさい、そうすれば皆に聞こえるだろうよ。

（↑話し手が思っている内容）

ここから「強く思う・強く願う」という意味でmayを強調して文頭に置く祈願の用法が生まれたのではないかと考えることができます。

mayが強調されて文頭に出て来るので、結果として、mayを使った疑問文と同じ語順になります。

さらには、許可を求めるMay I ~?のような表現が「神に許可を求める＝祈願」というイメージに重なり、mayの祈願文の成立を後押ししたのだと考えられます。

🔊 May God bless you.　「あなたに神のご加護がありますように。」

🔊 May you be very happy.　「ご多幸をお祈りします。」

Must

59

mustは「絶対的圧力」

▶mustとhave toはどう違うのか

昔に比べると随分マシになりましたが、まだまだmustとhave toの違いに関する知識は、英語学習者の間に広く浸透してはいないように思われます。

must:「絶対」 have to:「〜しないとしょうがない」

mustの根っこの感覚は「絶対」です。ここから「力の用法」では**「絶対やれよ」という強制力**、「判断の用法」では「**絶対そうだよ」という断定**の意味が出て来ます。mustの力の用法と、have toを比べてみましょう。

●── mustの力の用法

You must do it right now.

「今すぐそれをやらないとダメだよ。」 **命令**

You must buy one.

「絶対1つ買ったほうがいいよ。」 **強い推薦**

主語がyou、つまり、目の前の相手に面と向かってmustを使うときは、**絶対やれよと相手に強く圧力をかける**ことを意味します。その圧力が文脈に応じて命令になったり、強い推薦になったりします。

I must finish it by five.「それを絶対に5時までに終わらせなきゃいけないんだ。」

We must abolish the old system.

「私たちはその古いシステムを廃止しなければいけない。」

主語が1人称、つまりIやweの場合、**絶対やろう、やらないといけない、**という「強い意志・決意」を表します。

また主語が3人称、つまり、he, she, theyなどの場合、その人たちが**抱える義務**を表します。

She must submit it tomorrow.「彼女はそれを明日提出しないといけない。」

いずれにせよ、mustに共通する感覚は、「話し手が表明する意見」です。「**絶対しなきゃいけないと、私は思うのだ**」という感じです。

have toに比べてmustは主観的な表現だ、と言われることがありますが、それは、mustが「意見表明」という側面を強く持っているからです。そもそも助動詞というものは、「思っているだけで、実際にやっているわけではない」ということを表す言葉ですから、「思っていること」＝「意見」をmustが表すのはごく自然なことです。

●――have toのしょうがない感

You have to do it right now.
「今すぐそれをやらないとダメだよ。」

You have to buy one.　「それを1つ買っておかないと。」

上の文がmustとどう違うのかというと、have to**には「やらないとしょうがないでしょ」という感覚がある**ということです。

haveは「持っている」「抱えている」ということですが、義務とか負担には「抱えているもの」というイメージがあります。have to (do ~)は「(～する）ことに向かって抱えているのだから、やらないとしょうがないじゃない」ということなのです。

have toをmustと比べてみましょう。「あなたはそうしなきゃいけない。絶対やらなきゃ。」という、自分の意見を相手に押しつけようとするmustと、「あなたがそういう状況を抱えてしまっているのだから、やらなきゃしょうがないでしょう。」というhave toでは随分感じが違うと思いませんか？

皆さんが人を説得するときに「気楽に」使えるのはどちらでしょう？

よっぽど強い感情がない限り、だれだって、**自分の意見を相手に押しつけるのはちょっと気が引けます**よね。「周りの状況から見てしょうがないじゃん」と言うほうが楽なはずです。そういうわけで、「～しなきゃいけない」という話をするとき、**一般には must よりも have to の方がかなり多く使われています**。

主語を１人称にするとき、must で感じられた積極的な決意、意志は have to では感じにくくなります。その代わり、「**やらないとしょうがないんだよね……**」という、すこし、消極的な感じがします。

I have to finish it by five.

「それを５時までに終わらせなきゃいけないんだよ……。」

We have to abolish the old system.

「私たちはその古いシステムを廃止せざるを得ない。」

→どちらも「やらないとしょうがない」感じ。「やりたくてやっているわけではない」という感じもでやすい。

●──否定文

こうした must と have to の意味の違いは否定文ではっきりと現れます。must not は「絶対 not だからね！」という意見表明・決意表明なので、「**してはいけない**」という禁止の意味になりますが、not have to は「義務を抱えていない」ということを表しているので「**～しなくて良い**」「**～する必要はない**」という意味が出て来るのです。

You must not be late.　「君は遅刻してはいけない。」

You don't have to come early.　「君は早く来る必要はない。」

●──過去のことを話す

力の用法の must は過去形を持ちません。これは must が元々は古英語の動詞 motan の過去形 moste からできたもの、ということも関係していると思われます。ともかく、「しなければいけなかった」という意味を表すときには have to の過去形である had to を使います。

●—— must の判断の用法

mustを判断の用法で使うと「**絶対そうだよ**」という、断定に近い推量を意味します。

He must be tired after a long day's work.

「長い1日の仕事の後だ。彼は疲れているに違いない。」

重要なのは、これを**否定文にして「〜はずがない」とするときには must は使わない**ということです。
「はずがない」は **can't, cannot** を使います。これは can の判断用法である「可能性（あり得る）」を否定文にすることで、「あり得ない＝〜はずがない」という意味を出すやり方です。can't でも cannot でも意味はそれほど変わりません。

He cannot be so nice to her.

「彼が彼女にそんなに良くしてあげるはずがない。」

「〜に違いない」の must にしても「〜のはずがない」の cannot にしても、後ろに来る動詞は状態動詞の王様である be 動詞が圧倒的に多いのです。動作動詞が来ることはまずめったにありません。

主語の状態について推測するので状態動詞とともに使われるのが must や cannot です。動作動詞を使って**「〜するに違いない」という表現をするときには sure や no doubt** といった副詞と will を一緒に使うと言うパターンが多いようです。

I'm sure I will miss these guys.

「絶対にこいつらのことを恋しく思うだろうなぁ。」

She will no doubt say the same thing again.

「彼女はまた同じことを言うに違いない。」

Must
60

shallは「運命」だ

▶いまいちわかりにくい shall をわかりやすく

現代英語において shall は、広く一般的に使われる助動詞とは言えなくなっています。法律用語か、すこし文語的な表現、もしくは決まった表現に使われるのみです。

それでも現代英語で無視できない程度には使われていますし、使われているのが文語表現であっても、それを理解できることは教養の有無という、あなたの評価に関わってきますので、知っておいて損はない程度、shall を解説していきます。

shall の基本的な意味：「運命」

shall の基本的な意味は「運命」と言って良いでしょう。
「**きっとこうなる。これは運命なのだ**」という話し手の信念を表すのが shall のベーシックな意味です。

米国公民権運動の象徴となったWe Shall Overcome（邦題『勝利を我らに』）という歌は、直訳すると「我々は必ず困難を乗り越える」となり、「乗り越えるのが我々の運命なのだ」という強い信念を感じさせます。

第二次世界大戦中、日本軍にフィリピンを追われることになったダグラス・マッカーサーが言った“I shall return.”という言葉にも、「必ず戻ってくる。それが私の運命なのだ。」という信念が表されています（歴史的には、この台詞の評価はいろいろあるようですが）。

このような感覚のせいで、日本の英語学習参考書などには、shallは「強い未来」という意味を持つ、というふうに記述されています。

しかし、現代英語ではshallではなく、willを使うことが一般的です。

valuable information

演説など、劇的な効果をもたらすために、shallを使う人はいます。古めかしい印象を与えることも多いでしょう。ルイス・キャロルの「不思議の国のアリス」が世に出たのは1865年のことですが、第1章でウサギが“Oh, dear! Oh, dear! I shall be late!”（大変だ、大変だ、遅れてしまう！）と言っています。

また大学受験で勉強したことがあるかもしれない、変わったshallの表現を紹介しておきましょう。まず普通の生活では使われることはありませんが、時代劇で王様や魔王が使うかもしれない表現です。ほとんどの受験生が以下のような例文を目にしたときに「？？？」となっていましたので、解説しておきます。

1.You shall have this magic wand.　「そなたにこの魔法の杖を授けよう。」
(≒ I will give you this magic wand.)
2.Thomas shall contact you.　「トーマスに連絡させよう。」
(≒ I will have Thomas contact you.)

1を直訳すると、「そなたはこの魔法の杖を手にする運命にある」という感じです。「そなたはこの魔法の杖を必ず手にすることになる。なぜなら私がそなたにこれを授けるからだ。」が意訳され「そなたにこの魔法の杖を授けよう。」となります。
2を直訳すると、「トーマスがあなたに連絡する運命にある。」という感じです。「トーマスが必ずあなたに連絡する。なぜなら私がそうさせるからだ。」となります。人の運命を決めてしまうような言い方なので、目上から目下へと使う表現です。

相手への申し出：「〜してさしあげましょうか」

Shall I 〜？という表現は現代英語でも普通によく使います。使えるようになるべき表現といえます。

相手に対して善意の申し出をするときに使う表現で、なおかつ、そこには相手に対して少しへりくだる感じもします。したがって、丁寧な印象を与える表現です。

① Shall I bring you a cup of tea?　「お茶を一杯お持ちしましょうか？」

② Shall I do it for you?　「私がやってあげようか？」

これらの表現を直訳すると、「私が〜する運命だろうか」とか、「私が必ず〜することになるだろうか」という感じです。

これがなぜ「私が〜してさしあげましょうか？」という意味になるのかといえば、言語学でいう「語用論」というものが作用しています。

人間というのは、相手の心を常に推し量る生き物です。

ですから、場面や状況に応じて、人の言葉を額面通りに受け取らない、つまり、**言葉の裏に隠された「真意」を探ろうとします**。

例えば子どもが母親に、「お母さん、僕お腹減った。」と言うとき、それを額面通りに「この子はお腹が空いたのね。」という情報として解釈して、それで終わり、という母親はいないでしょう。

子どもの「僕お腹減った。」という表現は、母親によって「僕は何かが食べたい。何かを食べさせてくれ。」という意味に解釈されるのが普通です。

このように、**状況を含めた上で、発せられた言葉の真意を解釈する**という能力を人間は持っています。

人間がどうやってこういう言葉の解釈にたどり着くのかを研究するのが、語用論と呼ばれる分野です。

話を Shall I ～に戻すと、①では「ここで私がお茶をあなたに持ってくるのが、必然的に起きることですかね？」という持って回った言い方が、「ここで私がお茶を持ってくるのが当然なのですが（一種のへりくだり）、お茶**いかがですか**。」と解釈されるようになり、このような解釈が社会的に固定されるようになった結果、Shall I ～？は「相手に対する善意の申し出」の表現として定着しました。

そして②のように「**よかったら、私がしてあげますけど・・**」という場面でも使うようになったのです。

これが Shall we ～？なら、「私たち、ここで～するのが必然的な流れですかね？」というのが直訳の感じです。それが、「一緒に～しませんか」という意味で使われるようになりました。

こうして何かを一緒にやるのを「流れ・状況」のせいにするという意味で、**自分の意志を前面に押し出すことを避ける**ことができます。「状況的に私たち、もう～したほうがいいよね。そうしません？」という感じですね。私が好んで使う表現の１つです。

Hey, it's time. Shall we go?
「ねえ、時間だ。もう行かない？」

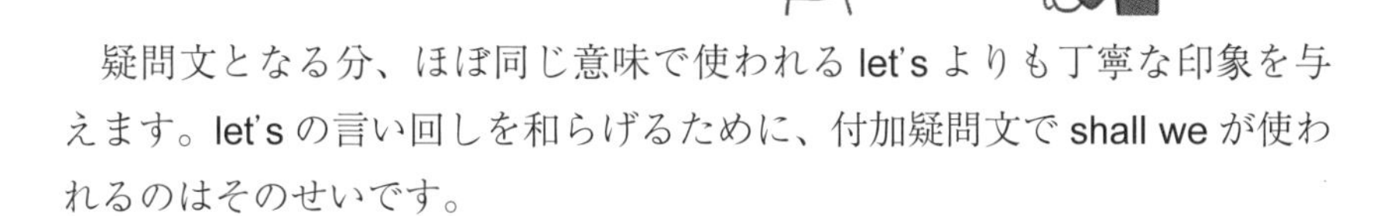

疑問文となる分、ほぼ同じ意味で使われる let's よりも丁寧な印象を与えます。let's の言い回しを和らげるために、付加疑問文で shall we が使われるのはそのせいです。

Let's give it a try, shall we?　「やってみましょうよ、ね？」

Must

61

shouldは「当然」だ

▶いろんな should を解き明かす

should は shall の過去形から派生してでき上がった助動詞です。

過去形は「現実からの距離」を表しますから、shall の「運命的に必ずそうなる」が、should では「当然・普通はそうなる」という風に、「実現のしやすさ」が弱くなります。この「当然・普通はそうなる」という根っこの意味は、力の用法では「**当然するべき・した方が良い**」という義務・助言になり、判断の用法では「**当然〜のはずだ**」という予測・推測になります。

You look very tired. You should take a few days off.

「とても疲れているようですね。2、3日休みを取った方がいいですよ。」

It should take only two hours if we take this route.

「このルートを通れば2時間で済むはずですよ。」

また、should は元々が shall の過去形から派生したものであるため、過去形がありません。そこで「するべきだった」「するはずだった」というふうに過去時制で表したい場合、should have ＋**過去分詞**という形をとります。後悔するときによく使うセリフです。

I should have done that.　「そうしておけばよかったんだよなぁ。」

助動詞というのは「心の中で思っているだけ。実際にやっているわけではない。」ということを表します。

その助動詞の中でも should は「実際にそれはまだ実行されていないけど、するべきだと思っている。」ということを表すので、should have ＋過去分詞は**「やるべきだったのに、実際にはやれていない」という後悔を表す**パターンが必然的に多くなるわけです。

このパターンは I should have known better than to (do 〜)：**「〜した自分が馬鹿だった」**という表現に応用されます。

I should have known better than to expect you to do it.
「あなたがそれをしてくれると期待した自分が馬鹿だったよ。」

I should have known better で「私は、もっとましなことをわかっておくのが当然だったのに」という意味が出るので、「私ってばかだなぁ」という感情を表すことになります。そして、than ＋ to 不定詞が「何よりましなことなのか」を表します。〜を期待していたが、今思えばそんなことが起きるはずもなく、自分はもう少しましな考え方を持っておくべきだったなぁ、と後悔を述べているわけです。

「推定の should」と「感情の should」

助動詞の章の最後として、少し難しいのですが、重要な文法事項を取り上げておきます。それは、「心の中で思っているだけ、ということを表す that 節と、そこで使われる助動詞」とでも呼ぶべき項目です。

これは may のところでも少し取り上げましたが、**「心の中で思っているだけ」ということを表す that 節においては、一見、特に意味もなく will, can, may, should などの助動詞が使われる**場合があります（ただし、現代英語では古風な英語、文語的表現と認識されています）。

🔈 Say it louder so that we may (will) hear you.

「私たちが聞こえるようもっと大きな声でそれを言いなさい。」

→「so that S＋助動詞＋動詞原形」で「Sが～するように」という、「目的」を表す節を作る。so that 以下の部分は「実際に起きていること」ではなく、「起きてほしいと思っている」こと。ここでの may は「して良い」や「かもしれない」という訳では対応できないし、will にしても、「するつもりだ」や「するだろう」では対応できない。

🔈 She came in quietly lest she should wake up her baby.

「彼女は自分の赤ん坊を起こさないように静かに入ってきた。」

→「lest S should 動詞原形」で「Sが～しないように」という否定を表す慣用表現。lest 節は「目的」を表す節なので、「起きてほしくない」と心の中で思っているだけの情報を表す。ここでの should は「べきだ」や「はずだ」という訳では対応できない。

こうした「心の中で思っているだけの情報」を表す節（大きな文の中に組み込まれている小さな S＋V～）は、ずっと昔の英語では仮定法の動詞で表されていました。現在でも多くの他のヨーロッパの言語では、こうした節の中では、仮定法の一種である接続法と呼ばれる活用の動詞が使われています。

英語では、**仮定法と助動詞は「心の中で思っているだけで、実際のできごとではないことを表す」という共通点**があります。そのため、仮定法が廃れていく中で助動詞が代用されるという流れが起きました。

上に挙げた例文の may や will や should に従来の訳を入れても意味が成立しにくいのは、「この that 節の動作は実際にやっているのではなく、心の中で思っているだけだよ」ということを表す機能が優先されているからだと思われます。

●――「推定の should」

should の用法の中で、「推定の should」というのがあります。「**It is 判断 / 評価 that S should 動詞原形 ～**」という構文で使われます。

🔈 I don't know if the story is true, but it's a good thing that he should quit his job.

「その話が本当かどうかは知らないが、彼が今の仕事を辞めるというのなら、それは良いことだ。」

→that 節の中身は「推測している内容」。本当に辞めるのかどうかは知らない。例えば「彼が仕事を辞める」という噂を聞いてその情報を元に判断している状態。「辞める」のが事実だと知っていて述べるなら、It's a good thing that he quit his job.「彼が仕事を辞めたのは良いことだ。」となる。

このshouldは「思っているだけ」の情報を表すthat節の中で、shouldの「当然の流れ」という根っこの意味が「仮に『辞めた』という流れで話せば」という推測の感覚程度に薄まって使われているのではないかと考えられます。

●――「感情の should」

さらにもう1つ、「感情のshould」と呼ばれる用法があります。「**It is 感情 that S should 動詞原形 ～**」という構文で使われます。「だなんて」という訳がよくつきます。

It's surprising that many people should love a novel like this.

「こんな小説が大人気だなんて、驚きだよ。」

→「意外だ」「ありえない」という感情が強いことを表す。もっと冷静に「こんな小説が大人気だという事実に驚いている。」という言い方をするならshouldを使わない。

このshouldはthat以下の内容を「**現実として受け入れられない**」という気持ちが強く働いていることを表しています。

ですから、現実として受け入れる前に、そのできごとを「自分にとって意外で信じがたい」別世界の話として捉えているのだ、ということをshouldが表していると言えます。

shouldの部分は、「助動詞＝思っているだけの世界」ですから、「現実ではない世界」を表し、話し手の「現実として受け入れられない気持ち」を表しているのです。

英文

の

鬼10

第9章

名詞：動詞が「木」なら名詞は「木の実」

Must
62

名詞は「可算名詞」と「不可算名詞」から始めよ

▶ 5歳以上の人類なら理解可能な文法

冠詞のａや、可算名詞、不可算名詞は、英語を勉強していて「一番わかる気がしない」パートだと思います。

この文法は日本語の話し手にとって縁遠いものです。その名詞が「数えられる」とか「数えられない」などという区別は日本語だけでなく、少なくとも東アジアの言語には存在しません。

日本語では「パン１個」とか「チョーク１本」とか普通に言えるのに、英語ではパンやチョークは「数えられない」のだと習って、「？？？」となった方もたくさんいらっしゃるでしょう。

どう考えても私たち日本語話者には理解できそうにないこの文法、実は英語を話すなら、そして書くなら、はじめの一歩として使えるようにならないといけない知識なのです。

使えなければ？　もちろん意味の通じない英文ができあがります。英語で人を説得するどころではありません。

果たしてこの可算名詞・不可算名詞、私たちに理解できるのでしょうか……？

できます。

実は、**これは「人類がおよそ５歳までに身につける認知能力」が元になってできている文法形式**なのです。したがって、人類であり、５歳以上なら、だれでも理解できるようになっています。

一体どのような「認知能力」なのか・・・？

人間はモノを２種類の見方で認識していることがわかっています。それは、

・「形」としてモノを認識する
・「性質・材質」としてモノを認識する

の、２通りです。

●――形としてモノを認識する

例えばあなたの目の前に机があったとします。
この机をチェーンソーでバラバラに切り刻んでください。
その破片を見て、あなたはそれを「机」と呼びますか？
呼びませんよね。
次に、目の前にあるスマートフォンをバラバラに分解したとします。
その部品の集合体を見て、あなたはそれを「スマートフォン」とは呼ばないはずです。
木でできた「板」をあなたが「板」だと認識するのは、それが薄く平らで、ある程度の面積を持っているからです。同じ木でできていても、それが細長いものならあなたはそれを「棒」として認識するでしょう。

このように人間は**モノを「形」で認識し、分類する**という能力を持っています。

一方で、人間はモノを「性質・材質」として認識する能力も持っています。
例えば「氷」がそうです。
氷を砕いてみてください。
割れてバラバラになったその破片を見て、あなたはそれを「氷」と呼びますか？
当然、氷と呼ぶはずです。

パンや、ピザ、ケーキを半分に切ってみてください。
半分に切ろうが４分の１に切ろうが、やはり、それらはパンであり、ピザであり、ケーキですね。
こうしたモノを私たちは「形」としては認識せず、「そういう素材でできたもの」つまり「**性質・材質」として認識し、分類している**ことがわかります。
このように、モノを「形」と「性質・材質」の２通りで認識する能力を、人間はおよそ５歳までに習得するそうです。

●――英語の世界での「１個」の正体

そろそろお気づきになってきたと思いますが、基本的に（あくまで基本的にですが）、**「形」で認識するものが数えられる名詞**、つまり**可算名詞**で、**「性質・材質」として認識するものが数えられない名詞**、つまり**不可算名詞**です。

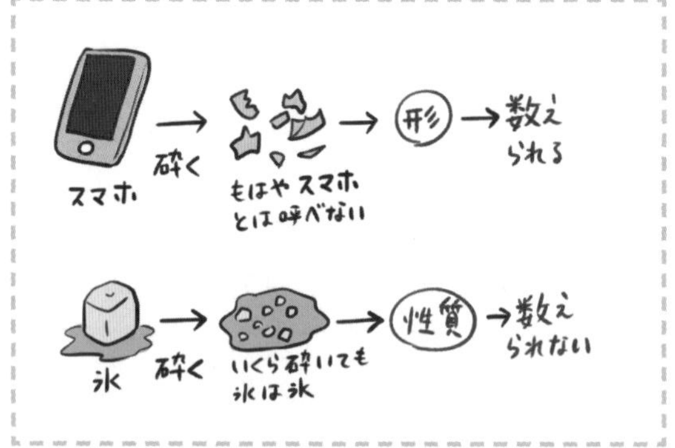

そうすると、英語の世界での "one"、**つまり「数えられる１個」の正体は、**

それ以上崩してしまったら、
それとは呼べなくなってしまう「形」のこと

と、定義することができます。

この基準に当てはめると、「机」や「スマートフォン」はそれ以上崩したら机やスマートフォンとは呼べなくなってしまう、「形」で認識されるモノです。こうしたものは「１つの机」「１つのスマートフォン」と数えることができるのです。

ところが、パンはいくら切ってもパンです。ペンは折ってしまえばそれはもはやペンとは呼べませんが、チョークはいくら折ってもチョークです。

こうした、**「それ以上崩したら、それとは呼べなくなる形」を持っていないモノは、英語の世界で「１つ」と呼ぶために必要な「形」を持っていない**ことになります。したがって、これらは数えられない名詞ということになるわけです。

私たちが日本語で「１つ」と言っているものの考え方と、英語の「１つ」は、考え方そのものが違うことがこれでわかります。

この「それ以上崩したら、それとは呼べなくなる形」が英語の世界の「１つ」だとわかると、あの厄介な冠詞、「a」の正体が見えてくるのです。

それでは、この概念に冠詞の a がどのように関わってくるのかを次項で見ていきましょう。

※慶應大学教授の今井むつみ氏の研究が有名です。言語を通した人間の世界の認識の仕方に興味がある方は同氏の著書「ことばと思考」（岩波新書）をお勧めします。

Must

63

可算不可算がわかると、冠詞の「a」がわかる

▶ "I like dog." という英文が、どれくらい奇妙なのか

前項で、「それ以上崩したら、それとは呼べなくなる形を持っているもの」を数えられる名詞、つまり可算名詞だと述べました。

つまり**英語の世界で言う「1個」の正体は「形」です**。この考えを起点に、冠詞の「a」とは何かを探っていきましょう。

a fish という言葉を考えてみましょう。

日本語に訳せばただ「1匹の魚」です。

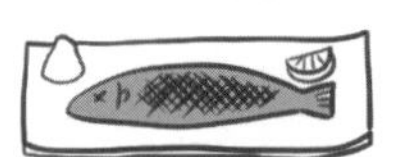

しかし、a は「英語の世界での『1』」を表しています。つまり、「それ以上崩せない形が1つある」ということを意味しています。**単なる「1」ではなく、「1つの形がそろっている」ということを意味している**のです。

だから、a fish は「頭から尻尾まで、丸ごとそろった、1匹の魚全体」を意味するわけです。

では、スーパーで売っている、「魚の切り身」はどう呼ぶのでしょう。

切り身が1つなら a fish なのでしょうか？ そうはいきません。「1つ」だから「a」なのではなく、「1つの形が丸ごとそろっている」から「a」なのです。切り身は魚丸ごと1匹ではありません。ですから、魚の切り身は a fish とはならず (some) fish です。

では、この (some) fish は何を意味しているのでしょうか？

1匹丸ごとの魚をさばいて切り身にすると、「魚」が持つ形は崩れます。

そして、「魚という性質」だけを持った肉片になります。魚の肉はいくら切っても魚の肉ですよね。つまり、魚の切り身は不可算名詞です。だから a fish の a が取れてしまっているのです。

a が取れてしまっている、というのは、「1つのまとまった形が崩れてなくなってしまっている」という意味でもあるのです。**「形ではなく、材質としてそれを見ている」という宣言**でもあるのです。some fish は「ある程度の『量（数ではないことに注意）』の魚の肉片」を意味しています。

●――可算名詞のリストはいらない

ここで気づいてほしいのですが、「A という名詞は可算名詞で、B という名詞は不可算名詞」というふうに**「可算名詞のリスト」「不可算名詞のリスト」を挙げて、暗記するというのは合理的ではありません**。

同じモノであっても、人間の捉え方によって、可算名詞とも捉えられるし、不可算名詞とも捉えられるのです。

可算不可算は人間の認知能力を反映させた文法です。モノに可算不可算の属性があるのではなく、その「モノ」をどう人間が認識しているのかが可算不可算を決めます。

別の言い方をすれば、「これは同じ形を持った仲間だ」と捉えているのか、「これは同じ材質を持った仲間だ」と捉えているのか、というふうに、「形の仲間」「材質の仲間」どちらに注目しているのか、ということです。

「形」と「材質」の話をもう少しつづけます。

「石」は英語で stone ですね。

例えば「彼が私に石を投げてきた。」という文の映像を思い浮かべるとき、あなたは飛んでくる「石」の丸ごと一個の輪郭が眼に浮かぶはずです。

これが「形」で石を捉えるということを意味し、

He threw a stone at me.

という英文ができ上がります。

一方で「この建物は石でできている。」という文の映像を思い浮かべるとき、たとえ建物の輪郭は思い浮かべても、建築材料となっている石の輪郭は思い浮かべないはずです。ちょうど、石に顔をぐっと近づけて見たときのように、石の表面のゴツゴツザラザラした感じを思い浮かべるでしょう。それは石という「材質・素材」を思い浮かべているだけであって、ごろりとした一個の石の輪郭を浮かべているわけではありません。

これは不可算名詞、つまり材質として「石」を認識していることになります。したがって、

🔊 This building is made of stone.

という英文ができ上がります。

●――名詞の扱いで話の意味が変わってしまうことも

「名詞の前にaがついていようがいまいが、意味は通じるでしょ？」という大雑把な気持ちで、英文を「読む」ことはできます。しかし、話すときはどうでしょうか？

もしあなたが愛犬家で、自己紹介時にこう言ったらどうなるでしょう？

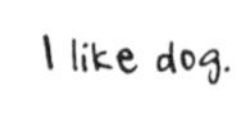

I like dog.

もうお気づきだと思いますが、a dogからaが消えてしまうと、「一匹の犬という形」が消えて、「犬という材質を持った肉の塊」が出て来るのです。おそらく、普通の解釈としては、「ああ、この人、犬を食べる人なんだ。で、犬が好物なんだ。」という風になります。

あなたが愛犬家で、犬という種類の動物が好きな場合、

🔊 I like dogs.

I like dogs.

というのが自然です。

なぜ a dog ではなく、dogs なのかは、65 項で詳しく説明します。ここでは dog と言ってしまうことがどういう意味を伝えてしまうのかを理解してくれるだけで十分です。

●——名詞だけなら元々「材質」。そこに a や複数形語尾がついて「形」が出て来る

このように a という冠詞は単純に「1つの」という意味を表すのではなく、机やスマートフォンのように私たちが「材質」ではなく「形」として認識しているものが、1つのまとまった形を揃えた状態で存在していることを表しています。

その形が複写（コピー）されたような形で複数存在しているとき、複数形が使われるのです。

もう一度述べますと、**a は「まとまった形が 1 つ存在している」、複数形は「まとまった、同じ形が複写されたように複数存在している」ことを表している**のです。

これが可算名詞の世界です。

逆に言えば、形ではなく材質として認識されているモノである不可算名詞は、1つのまとまった形があることを意味する冠詞の a はつきませんし、その形が**複写されたように複数存在することを意味する複数形もつきません。**

water, bread のように、裸の名詞なわけです。

ちょっと突っ込んだ言い方をすると、名詞は**何もつかずにそのままの状態では、**dog が「犬の肉」を表すように、**材質に注目**する表現になります。そこに a がつくから形に注目することになるのです。a dog なら 1 匹の犬の形が浮かぶわけです。そして、dogs になると、形が複数あることを意味するようになるわけです。

Must

64

存在の名詞・概念の名詞その1

▶aとsomeが持つ重要な働き

この項では名詞に「存在」を表す使い方と、「概念」を表す使い方の2種類があることを説明します。

この2つの考え方は英語の名詞を扱う上でものすごく重要なのですが、おそらくこれを体系的に教えている教育現場はほとんどないと言っていいでしょう。

でも、考え方自体は難しいものではありません。

例えば「肉（meat)」を例にとってみましょう。

お父さんは肉が大好きです。
お父さんがスーパーで肉を買ってきました。

上記の2つの「肉」、どちらが概念でどちらが存在なのか、おわかりですね？

「肉が大好きです」と言うときの「肉」は、頭の中で「（野菜や米ではなく）肉とは何か」という知識を呼び出している状態です。つまり、**肉とは何なのか、という「概念」**です。

一方で、「肉を買ってきました」と言うときの「肉」は**「買って、持って帰って、そこにある」**という感じがしますよね。こちらの「肉」は**「存在」**を表しています。

日本語なら「存在」「概念」を区別して表す必要はありません。しかし、英語や中国語など、この区別を文法的に表すことが義務になっている言語は結構存在します。

aのもう１つの役割

aは大まかに言って２つの役割があります。

前項で述べたように「１つのまとまった形が揃って存在している」という意味の他に、「**抽選箱から適当に１つ取り出す**」という意味があります。

例えば抽選箱にたくさんのおじいさんが入っているとして、そこから誰でもいいからランダムに１人、取り出したおじいさんが an old man です。

ここで注目するべき側面が２つあります。

①ランダムにどれをとっても
②取り出してそこに存在する

の２つです。

●――①ランダム

例えば抽選箱に「day」というボールがたくさん入っているとします。どれでもいいから１つそのボール取り出せばそれが「a day」です。a day は「話し手がランダムにとある１つの日を話題の中に取り出して、聞き手に見せる」という心理を表しています。

これを応用すると「１日に◯時間」とか、「１日に◯回」という言い方が成立します。「どの day を１つ、ランダムに取り出してもそこに an hour と記されている」というのが「an hour a day（１日に１時間）」です。

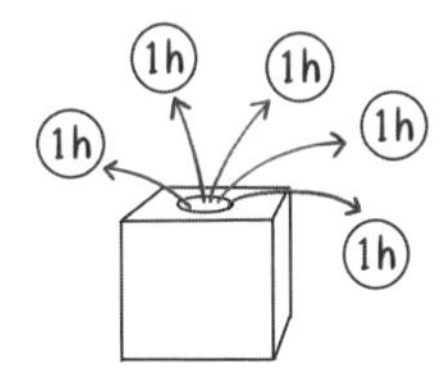

●――②取り出してそこに存在する

次に②を説明します。これがめちゃくちゃ重要です。

誰もいない舞台を想像してください。

抽選箱から、誰でもいいからおじいさんを１人取り出して舞台に上げます。これが an old man なわけですが、ここで重要なのは、「**何もいなかったところに、何かを１つ、取り出して存在させてやる**」という「存在」の意味が a にはあるのです。

物語で初めて登場した人物には a をつけて、２回目からは the をつけるという「**初出の a**」というルールを覚えている人もいるでしょう。

Once upon a time, there was an old man in a village. The old man was a farmer and….

「昔、ある村に１人のおじいさんがいました。おじいさんは農夫でした。そして……」

an old man と a village は、何もない舞台に、とあるおじいさんと、とある村が取り出されてポンと出現するイメージを出します。

このように、a は「**形で認識している名詞を、その形丸ごと、たくさん同じ種類のものが入っている抽選箱からランダムに１つ取り出して、存在させてやる**」というイメージなのです。

これを応用した表現が few（ほとんどない）と、a few（2、3、ある）、あるいは little（ほとんどない）と、a little（少しの量、存在する）です。a があることで、存在の意味を表しているのです。

We still have a few days before leaving Japan.
「日本を発つまでにまだ数日ある。」
We have few days before leaving Japan.
「日本を発つまでにほとんど日がない。」

There remains a little milk in the bottle.
「瓶にまだ少しミルクが残っている。」
There remains little milk in the bottle.
「瓶にはミルクはほとんど残っていない。」

someは「あってもなくてもいい言葉」ではない

someを使いこなせている人は、英語学習者の中でもかなり上級に属すると言えるでしょう。
「読むための英語」においてsomeは「あってもなくてもいい」言葉扱いを受けています。
私たちが中学で初めてsomeという言葉に出会うとき、「someは『いくつかの』という意味だけど、訳しても訳さなくてもいい」という習い方をします。単語を日本語訳に対応させて「学習した」ことにする現在の英語教育では、なぜsomeを使う時と使わないときがあるのか、気にもとめません。
でも、**どういう気持ちで英語ネイティブが「someを使いたい」と思うのか**、これがわからない限りはsomeをきちんと使いこなして英語を話したり書いたりすることは不可能です。

someは「**存在して、そこにある**」ということを表すための言葉です。つまり、「概念」ではなく**「存在」の意味で名詞を使うときには、someは使わないといけない**言葉なのです。
まずは、someが「存在を表す」言葉であることの具体例を見てみましょう。次項につづきます。

第1章 第2章 第3章 第4章 第5章 第6章 第7章 第8章 第9章 第10章 第11章 第12章 第13章

Must
65

存在の名詞・概念の名詞その2

▶ some と総称用法

柄杓で取り出す「some 」

some が「存在」を意味する具体例を見てみましょう。

中学で「some は肯定文に使い、否定文と疑問文には any を使う」と習います。この考え方は一部訂正する必要があります。正確には、

> **some は「存在を肯定する」文に使い、**
> **「存在を疑問視する」文や、「存在を否定する」文には any を使う**

となります。some は「a の複数形」とも言うことができます。

a と同じように**抽選箱から適当な数、もしくは適当な量、ランダムに取り出す**ということを意味します。ということは、「**取り出して、そこに存在させる**」つまり「ほら、あるよ！」という感覚を出す言葉です。

したがって some は「存在を肯定する」文に使い、「存在を疑問視する」文や、「存在を否定する」文には使うことができないのです。

以下の文は形式的には否定文ですが、some を使っても間違いではありません。

Some students don't respect their teachers.

この文が言いたいことは「学生全体のうち、何人かの生徒、つまり、一部の生徒を取り出してみると、その人たちは先生に敬意を払っていないよ。」ということです。きちんと訳せば「中には教師に敬意を払わない生徒たちもいる。」です。つまり、「そういう生徒たちが存在しているよ。」ということが言いたい文なので、some を使うことに何の問題もないわけです。

some は「柄杓（ひしゃく）」のイメージを持つ言葉です。**容器の中に柄杓を突っ込んで、ザクっと適当な量、もしくは数、何かを取り出して見せる**という意味を持ちます。

形で認識する、数えられるものを１個、ランダムに取り出すのは a の役割でした。一方、**２個以上の数えられるものを適当な数**、そして、**材質で認識される数えられないものを適当な量**、取り出すのが some です。

some は柄杓のイメージですから、ボールのような数えられるものもすくって取り出すことができますし、水のような数えられないものもすくって取り出せます。だから可算不可算どちらの名詞にも使えます。

ここで話を「存在の名詞と概念の名詞」に戻しましょう。前項にあった、

お父さんは肉が大好きです。　**概念**

お父さんがスーパーで肉を買ってきました。　**存在**

この**「存在」を表すとき、some は英文の中に義務的に使われる**のです。

My dad bought some meat at the supermarket.

逆に、「概念」の部分に some を使うと何か不自然な感じがします。

? My dad loves some meat.

「お父さんは肉が大好きです。」と言いたければ、○ My dad loves meat. の方が自然です。

この文では「野菜や米や魚でなくて、肉だよ。」という「肉という知識」が呼び起こされれば十分なのであって、「肉がいくらかの量、あるよ。」とい

うことを述べる必要がないからです。しかし、「スーパーで肉を買って」きて、お父さんのそばに肉がポンとある感じを述べたければ、「取り出して、出てきた」感を出す some を使って My dad bought some meat. とするのです。

もちろん、some を使わず My dad bought meat. としても間違いではありませんが、イメージが異なります。some がつかないただの meat の場合、「meat とは何ぞや」という、知識の話になります。つまり、上記の文が表すのは「父が買ってきたのは、（野菜や米や魚ではなくて）肉だよ。」ということになり、ここで聞き手は「肉という知識」を頭に呼び起こされるのです。

この使い分けができるよう、私は生徒さんに「**持ってるとか、あるという存在の話には** some **をつけるけど、『A や B ではなく、C だよ』という『種類の対立』の話になったら何もつけないよ。**」と話しています。

喉が渇いて、水が欲しい。水に「あって欲しい」と思っている。

→ I need (~~water~~ / some water). 水の存在を想起

紅茶か、コーヒーか、水か、と問われて。

→ I need (water / ~~some water~~). 種類の対立

「パン屋に行って、パンを少し買ってきた。」

I went to the bakery and bought (~~bread~~ / some bread). パンの存在を想起

「私は朝食には米ではなくパンを食べます。」

I eat (bread / ~~some bread~~) for breakfast, not (rice / ~~some rice~~). 種類の対立

●――総称用法：「〜と呼ばれるもの全般」

ここで「種類の対立」を通して「概念・知識を表す名詞」となっているのが、実は名詞で**総称用法**と呼ばれるものです。形としては、**可算名詞では何**

もつけずに複数形、不可算名詞では何もつけずに単数形です。

例えば愛犬家が「私は犬が好きです。」と言うとき、I love a dog. と言ってしまうと、どんな犬かはよくわからないけれど、とりあえず何か１匹犬を取り出して見せた感じがします。「私ね、ある犬が好きなんだ。」という感じです。それを聞いた人は、「へえ、どんな犬？」となるでしょう。

I love some dogs. と言うと、どんな犬かはわからないけれど、全体ではなく一部の犬たちが好きなのであって、犬と呼ばれるもの全部が好きというわけではない、という意味になってしまいます。

I love the dog(s). と言うと、今さっき話したその犬（たち）のことであって、他の犬じゃないよ、という意味になってしまいます。

つまり、**a も some も the も何らかの限定の働きをしている**んですね。

「犬」という生き物全体を表したいなら何もつけないで、なおかつ世の中の全部の犬なので複数形にした、I love dogs.（私は犬が大好きです。）が自然です。何もつけない複数形（不可算名詞なら単数形）が一番単純で典型的な総称用法で、「犬とは何ぞや？」という「種類・カテゴリーの知識の話」、つまり「概念の名詞」を表すときの形です。

例えば「私は読書が好きです。」と言いたいとき、

I like reading books.

と言えば、「本」全般を読むのが好きなんだな、ということになりますが、

I like reading some books when I'm on the train.

なら、列車の窓際に何冊か本を置いて、ゆったり読書を楽しんでいる感じがします。

本の存在感がリアルに出て来ます。

日本語の話し手がライティングをするときに、名詞の運用で一番苦手なのが総称用法をうまく使いこなすことです。some を使ってリアルに存在を感じさせる英文を作り出すことも苦手です。英語らしい英語を使うための鍵になる知識と言えるでしょう。

Must

66

anyとは何か

▶anから派生した言葉

語源辞典（Online Etymology Dictionary）によると、古英語（11世紀ごろまでの英語）では1を表す言葉はanでした。これは形容詞・名詞・代名詞の役割を雑多にすべて持っていた言葉だったようです。これが枝分かれし、名詞ではone、冠詞ではanとなっていきました。

さらに子音を語頭に持つ単語の前でanのnという語尾がとれるという現象が定着したのは14世紀中頃だと言われています。anからaが生まれたわけです。

anはまた別の言葉を生み出しました。それはanyです。つまり、anyはan・oneの感覚を内に秘めた言葉です。具体的に言うとそれは、**「抽選箱から、何かをランダムに1つ取り出す」という感覚**です。

He saw an old cat lying on the sofa.

「彼は、年老いた猫がソファに寝そべっているのを目にした。」

→具体的にはどんな猫かよくわからないが、とりあえず年老いた猫が1匹、ぽんとソファの上に現れる感じ。

My camera is broken. I'll have to buy a new one.

「カメラ、壊れちゃったから新しいの買わなきゃな。」

→これをitにすると、「壊れたカメラそのものを、金を出して買う」ということになってしまう（もちろんnew itという言い方はないけど）。oneにすることで、「同じ種類のものなら何でもいいから、1つ」買うという意味が出て来る。つまりカメラがたくさん入った抽選箱から、ランダムに1つ取り出す感じ。

anyはこの「抽選箱からランダムに１つ取り出す」という感覚を色濃く持っています。そのことを頭に入れていただいた上で、anyの具体的な働きの説明をご覧ください。

anyには大きく分けて２つの働きがあります。１つは「数・量のランダム性」と、「種類のランダム性」です。前者は中学でsomeと共に習い、後者は高校で習います。

●――① 「数・量のランダム性」

「数・量のランダム性」とは、数で言うなら「**１つでも２つでも、別に幾つでも良いんだけど**」、量で言うなら、例えば「１リットルでも２リットルでも、別にどれくらいの量でも良いんだけど」ということです。

これは中学でsomeと共に習い、いわゆる「疑問文と否定文で使われる『any＋複数形名詞（不可算名詞なら単数形）』のパターンです。このパターンはhaveやthere is/areなど、「存在を表す文」で使われます。

Do you have any pens?　「ペン持っている？」

→数のランダム性を表す。別に1本だろうが2本だろうが、何本でも良いんだけど、という感じ。本数を特定して、「ペン1本持ってる？」ならDo you have a pen? でも良い。しかし、人間は「曖昧さ」が大好きなので、anyを使いたくなる心理がよく働く。

上記の文では、「別に１本（単数）でも２本（複数）でも何本でも良い」ので、anyの後ろのpensが複数形になっています。

Is there any water in the bottle?

「ボトルの中に水は残ってる？」

→量のランダム性を表す。どれくらいの量でもかまわない。水はボトルの中にあるか、ということを尋ねている。

●――② 「種類のランダム性」

高校で習う、肯定文に使うanyです。このanyは、「同じ種類のものならどれでもいいよ」ということを表しています。ただし、「**同じものならどれ**

でもいいけど、全部じゃないよ、1つだよ。」という感覚が潜んでいます。

やはり語源がanであるところが関係しています。ですので、「any＋単数形名詞」という形をとります。

Any seat will do.　「どこの席でも構わないですよ。」

→Any 単数名詞 will do. で「どんな（名詞）でも構わない」。do は自動詞で使うと「機能する」という意味になるので、「それでいい、かまわない」という意味が出る。

She sings better than any student in this school.

「彼女はこの学校のなかで、どの生徒よりも歌がうまい。」

→「どの生徒よりも」と日本語で言われると、つい頭の中に「複数の生徒」が浮かぶが、ここではanyによって「どの1人の（生徒と比べても）」という意味が生まれているので、studentは単数形。

●――「数・量のランダム性」のanyの疑問文と否定文での使われ方

①で扱った「数・量のランダム性」のanyは、存在の肯定を意味するsomeを補完するように、存在を疑問視する疑問文と、存在を否定する否定文で使われます。

「存在を疑問視する疑問文」というのは、「あるのか？ないのか？」という風に、「答えが決まっていない」ということを意味する文だと言えます。決まっていないということは「別に何個でも良いんだけど」「どれくらいの量でも良いんだけど」という「ランダム性」と相性が良いわけです。

Do you have any money with you today?

「今日は（少しでも）お金を持ってきてる？」

→10円でも100円でも、いくらでもいいから持っているか？ということ。

また、**存在を否定する文に使われる any は「ゼロ」ということを意味**します。これは「１個だろうが、２個だろうが、何個であろうが、not」ということなので、「ゼロ」ということを意味することになるからです。

He doesn't have any books with him today.
「彼は今日、一冊も本を持ってきていない。」
→1冊だろうが2冊だろうが、何冊だろうが、「持っていない」。

●──「ランダム」を意味する any は、can と相性が良い

例えば、You can take any bus to get there.（どのバスに乗ってもそこに着きますよ。）というのはごく自然な言い回しです。

can は「やろうと思えばできる」という「可能性」の話をする言葉です。「可能性」とは「まだ決まっていないこと」ですから、ランダムを意味する any と can を一緒に使うのは自然なわけです。

一方で、実際に行った具体的な一回の行為を指して、I took any bus to get there yesterday morning.「昨日の朝、そこに行くためにどのバスにでも乗った。」というのは不自然です。ランダムというのは「決まっていない」ということです。具体的に一回、実際に行ったことというのは「決定した」ということを意味するので any は使えないわけです。

何でも良いからとりあえず来たバスに乗ったなら I took a bus to get there yesterday morning. となるでしょう。a の持つ、「何でもいいから１つ（実際に）取り出す」感覚がここで出て来るわけです。

Must
67

theの世界を理解する

▶「他のじゃなくて、それ」から始まるいろいろな世界

旧情報の the

theは、thatと共通の語源を持ち、元々は何かを「それ」と指す意味を持つ言葉でした。そこからtheは「**今言ったその**」という、旧情報を意味する冠詞になりました。

There is a bar near my house. The bartender is a nice-looking man and …

「自宅の近くにバーがある。そこのバーテンダーはいい男で……」

→一見、初登場であるはずのbartenderにtheがついているのは「今言ったbarに勤めている」という意味を持っているから。ちなみにa barやa nice looking manのaは「何もなかった聞き手の頭の中の舞台に、ポンと一軒のbarや、1人のnice looking manを出してやる」効果を持つ。

この「旧情報」(既に知っている情報)という感覚が、theのいろいろな使い方を可能にしています。

例えばthe moon(月)、the sun(太陽)などのtheは「ああ、**言わずと知れた、いわゆる**あの月、いわゆるあの太陽だよね」という感覚でしょう。もしtheがつかずにa moonとすると、火星の月や木星の月など、他の惑星のとある1つの衛星を意味しますし、a sunとすると、宇宙にあるいろいろな恒星のうちの1つという意味になります。

●——毎度おなじみの the

あとは、「**いつも利用するその**」という感覚でも the はよく出て来ます。a の「どれでもいいから１つ」「何でもいいから１つ」という感覚とは対照的ですね。

例えば日本語で何気なく「今ちょうど、駅に行ってきたんだよ。」と言う時でも、英語では

I've just been to the station.

というふうに station に the をつけます。

これは話し手と聞き手にとって、「駅といえば、あそこの駅だよね」という了解があるからです。もし I've just been to a station. と言えば、聞き手の頭の中に「何かよくわからないけど駅が１つ頭の中にポンと出て来る」ことになるので、聞き手は「へぇ、どこの駅？」と問いかけてくるかも知れません。

しかし一方で、こうした二人の了解がなくても慣用的に the をつけることもよくあるようです。

I caught a bad cold and went to the doctor.

「ひどい風邪をひいて、医者に行ったんだ。」

上の文などは、話し手の心の中で「いつも行く医者は決まっている」という感覚を反映していることもあります。しかし、単に**慣用的に doctor の前には the をつけることが多い**ようです。

他にも church, beach, mountains, supermarket など、特に話し手と聞き手の間の了解なく、機械的に the がつくことが普通である、という言葉があります。あるイギリス人のブログ＊によると、昔、人が暮らすコミュニティがもっと小さかった頃、村の中で教会といえばあそこしかない、海岸といえばあそこしかない、山といえばあそこしかない、という考えがあり、それが慣用的な使用の起源になったのではないか、と述べています。興味深い説です。

●——グループの the

英語学習者がマスターしておくべき the に「グループの the」というのがあります。

これは、ひとまとまりのグループや１つのまとまったシステム・体系に the をつける、というものです。

右図にあるように、**the というのは「他のではなく、それだよ」と指定する働き**が基本です。

それを別の角度から見てみると、指定されたものを１つのグループとしてまとめる、という働きがあることがわかります。ここから **the は「グループを一括りにする」**という働きが出てきました。典型的なのは「the ＋複数形名詞」です。

・the Beatles：４人のメンバーがそろって、ビートルズという１つのまとまったグループになる。昔のバンド名は「the ＋複数形」のパターンが多い。

・the Simpsons：「シンプソン一家」。複数のメンバーが集まって、１つの家族というグループを作る。

・the Alps, the Philippines：「アルプス山脈」、「フィリピン（諸島）」。複数の山や島が集まって、１つのグループを作る。

・the United States of America, the United Nations, the United Kingdom of Great Britain and Northern Ireland など：「アメリカ合衆国」「国際連合」「イギリス連合王国」など。複数の州や国家、王国があつまり、１つのグループを作る。

複数名詞でなくても、１つのグループを意味するとき、the がつきます。the music industry（音楽産業）などがそうです。

また、**１つのまとまったシステム**にも the はつきます。例えば「経済」というのは、一見、個人がバラバラにお金を使ったり稼いだりしていても、全体的に見ればそれらが有機的につながり、１つのシステムをつくっています。ですから、漠然と「経済」というとき、英語では普通、the economy というふうに the をつけます。「環境」や「太陽系」などもそうで、皆個別の要素がバラバラに集まるのではなく、有機的なつながりを持って集まり、１つのシステムを作っています。それぞれ the environment, the solar system というふうに the がつきます。

「同一の属性を持った人の集まり」を「**the ＋形容詞**」で表すこともよくあります。

例えば the rich（富裕層）、the poor（貧困層）、the young（若年層）などがそうです。police もそうで、「警察が現場に踏み込んだ」「犯人を確保したと警察は発表した」などという「組織としての警察」を表すときに the police と言いますが、これもグループの the と考えることができます。

●――なぜインターネットは "the Internet" なのか？

インターネットは英語では the Internet と呼びます。

これも最初からこういう風に表現として固定していたわけではなく、語頭の i が小文字であったり、the がついていなかったり、その表現が固定し、世間に広く受け入れられる以前にはいろいろな表記方法が混在していました。現在、the Internet という表現で定まっているのですが、the がついているのは、それ自体が全体的にまとまった１つのシステムだからです。個別のユーザー、さまざまなプロバイダが有機的につながり、**全体で１つのシステムを作っています**。そして、語頭が大文字の I になっているのは、インターネットというシステムがこの世に１つしかないからです。固有名詞感覚なわけです。

* Eigo with Luke：「The」の使い方ーイギリスの田舎のコツ
https://www.eigowithluke.com/the-1/

Must

68

others, another, the other

▶「別の」という日本語だけではわからない世界

どれも文脈によっては「他の」「別の」と訳せてしまう others, another, the other。ライティングの添削をしていても、多くの英語学習者が使い分けを苦手としていることがわかります。

others：「２回目の some」

others は「２回目の some」と理解するのが一番的確だと言えます。

Some students go to school by bus, while others go by train.
「バスで学校に行く生徒もいれば、電車で行く生徒もいる。」

たくさん学生が入った抽選箱を思い浮かべてください。

箱に手を突っ込んで、適当に何人か学生を取り出してみます。これが some students です。

さて、それではその学生たちは箱の外に捨ててください。次にもう一度同じ箱に手を突っ込んで、また何人か適当に学生を取り出してみましょう。これが「２回目の some」、つまり other students（もしくは students を省略して、others）です。

こういう感覚が上記の例文の中に隠れているのです。

「２回目の some」なわけですから、**可算名詞と一緒に使うときには必ず複数形**で使います。some students となるのと同様、other students です。

other student という言い方はありえません。

また、others は some と同様、「適当さ」を重要視する言葉です。「適当にいくつか取り出す」感じです。したがって、自分が話題にしている以外の人間を適当に何人か取り出して、**漠然と「他人」「他の人たち」**と言いたいときにも others（other people でも良い）を使います。

We don't care about what other people think.
「私たちは他人がどう思っていようと気にしていない。」

another：「おかわり」

another は an ＋ other です。

an は「抽選箱に入ったたくさんの同じ種類のモノの中から、ランダムに１つ取り出す」ということでしたね（64 項参照）。これに「別」を意味する other を加えて、「おかわり」という意味を出すのが another です。

例えば、抽選箱の中に、紅茶の入ったカップがたくさんあると想像してください。そこからランダムに、紅茶のカップを１つ取り出すと、それが a cup of tea です。

さて、あなたはその紅茶を飲み干しました。そこで、また抽選箱に手を入れて、さっきの a cup of tea とは「別（other)」に、また一杯（a/an）紅茶を取り出すわけです。これが another cup of tea です。このように another は「**おかわり**」のイメージがあります。

another でよく聞く説明は「another は an ＋ other だから、後ろにつく名詞は単数形だよ」というものです。しかし、これは必ずしもそういうわけではありません。

We waited for another two hours.　「私たちはさらに２時間待った。」
Another 4 lives were claimed.　「さらに４人の犠牲者が出た。」

このように another ＋複数形はよく見られます。

これは「ルールの例外」なのでしょうか？　そうではありません。

another が「おかわりをもう一回」という意味を持つことは揺るぎません。ただ、その**一回のおかわりの「お茶碗」の中に、何がどれくらい入っているか、という説明で複数形が使われている**だけです。

１つ目の例文では「もうひと待ちした」という「おかわりを一回」という感覚は同じです。ただ、そのひと待ちの「お茶碗」の中に入っている時間の量が２時間ということです。２つ目の例文では「もう一回犠牲者が出た」という「おかわりを一回」の感覚は同じなのですが、その惨事の「お茶碗」の中に入っている犠牲者の数が４人ということです。

valuable information

ここで another の慣用表現を見てみましょう。

To know is one thing, (and) to teach is another.
「知っていると教えるのとでは話が違う。」

A is one thing, (and) B is another. で、「A と B は似ているけど異なる」という意味で「A ができるからといって、B ができるとは思うな」というニュアンスの表現です。この「違う」という感覚が、another の「おかわり」の感覚のどこから出て来るのかというと、「おかわり」という言葉が持つ、**「同じ種類だが、同一物ではない」**というところからだと考えることができます。一杯目のお茶と、おかわりしたお茶は、同じ種類のお茶ではあるけれど、同一物ではありません。another 4 lives were claimed. の例文に至っては、最初の犠牲者たちと、次の４人の犠牲者は当然ながら別人なわけです。こういうところから、**「似ているように見えるが、別物だ」**という表現が生まれたのではないかと考えられます。

the other：「２つのうちの残りの一方」
the others：「ふたグループのうちの残り全部」

others と書くべきところを the others と書いてしまう人をよく見かけます。伝わる意味は随分と違います。the が何をしているのかを見ていきましょう。

🔊 There are two balls. One is white and the other is black.

「２つボールがあります。１つは白で、もう１つは黒です。」

日本語訳の「もう１つは」につられて「おかわりのイメージ」を浮かべてしまう人もいるかもしれませんが、ここでのイメージは少し違うものです。

まず、There are two balls. で頭の中にボールが２つ浮かびます。そのあと、One is white. と言うので、２つのうちの１つが白だとわかります。ここで白いボールの役目は終了、頭の中から退場することになります。２つあるボールのうちの１つが消えたわけですから、残りは１つしかありません。つまり「そのボールしかない。他にはない。」という感覚が生まれ、これが the をつけさせる原因になるのです。the other には大事な前提があって、それは「**２つあるうちの**」です。２つあるうちの１つが消えれば、残りは「それしかない」となり、「**今述べたやつとは別（other）の、それしかない (the) 残りの１つ**」が the other ということになるのです。

🔊 I have three brothers. One of them lives in Okinawa, and the others live in Yamaguchi.

「私には３人兄弟がいる。１人は沖縄に住み、残りの二人は山口に住んでいる。」

３つ以上を扱っている場合でも、それを２つのグループに分けているなら the others の出番です。**残った一方のグループの中に存在するものが複数個ある**なら、the others となるわけです。

エッセイライティングで不注意に the others を使う人には、私は「これは単に『他人』という意味で使っていますか？ それとも『残りの全員』という意味で使っていますか？」と尋ねます。

漠然と「他人」と言うなら others、「残り全員」なら the others になるわけです。

Must

69

部分否定と全部否定

▶「１００％＋針の一穴の not」

部分否定：「すべてが～というわけではない」

「すべてが～というわけではない」とか、「必ずしも～というわけではない」という否定の仕方を部分否定と呼びます。どういうイメージを持つ言い方なのかを見ていきましょう。

🔊 This is not necessarily evil.　「これは必ずしも邪悪だというわけではない。」

🔊 Life is not always easy.　「人生はいつも楽とは限らない。」

🔊 Not all the people were against the plan.

「そこにいた人全員がその計画に反対だったわけではない。」

下線部に注目していただくとわかる通り、「**not ＋ 100％を意味する言葉**」という形になることがわかります。そして、意味の上では「全部とは言えず、例外が存在する」ということになります。**部分否定とは「例外もあるよ」ということを意味する表現**なのです。

部分否定での not のイメージは「小さな穴を開ける針」のイメージです。not が袋に小さな穴を開け、漏れを起こすという感じです。

次に not の位置に注目しましょう。語順上の重要なルールに、

否定語は、否定語より後の言葉を否定する

というのがあります。

例えば I don't like dogs.「私は犬が嫌いだ。」という表現なら、not が否定しているのは like dogs「犬が好き」という部分であって、I を否定しない、つまり「これは私の話じゃないよ」と言っているわけではないということです。

not の位置が副詞の前なのか後なのかで、意味が随分と変わります。

really [not]：「本当に、違う」
　　→ **「not であることは真実だ」**
not [really]：「それほどでもない」
　　→ **「本当に真実そうかと言われれば、それは違う」**

というわけで、「明確にこれは部分否定だ」ということを表してあげるなら、not always, not necessarily など、not **は「100%を意味する言葉」の前に**置いて、「100%を意味する言葉」を否定してあげた方が良いです。

valuable information

実際には、この語順は厳格に守られないこともあります。

All that glitters is not gold.　　「輝くものすべてが金というわけではない。」
　→ことわざ。not が all より後ろに来ている。

しかし、私たちは「わかりやすい、伝わりやすい」明確な表現を心がけるべきですから、「not ＋ 100%」という語順を心がけた方が良いでしょう。

not both と not either

部分否定を学習するときに、多くの学習者が素直に飲み込めないのが、both の否定です。not both で、基本的には「両方とも～というわけではない」となるのですが、どうもこれがしっくりこない、というわけです。

"Did you buy both of them?" "No, not both."
「それ両方とも買ったの？」「いや、両方とも、というわけじゃないよ。」

学習者の中には「両方とも買っていない」と読んでしまう人もいます（実は英語ネイティブの中でもそういう解釈をしてしまう人もいて、ややこしいところです）。しかし、基本的には not both は部分否定だと認識しておくべきでしょう。

both は「all の『2つ』版」を意味する言葉なのです。つまり、**「（2つしかないうちの）2つとも『全部』」**という意味なのです。not all が「全部が～というわけではない」という部分否定になるように、not both は「2つとも全部が～というわけではない」、つまり「**片方は～している**」という意味になるのです。

では「**2つとも～ではない**」という全否定はどう言えばいいのかというと、not either を使います。either は「どちらか」と訳されますが、もう少し詳しくイメージを述べると、「**2つあるうちの、どちらか片方に目を向ける**」という意味の言葉です。以下の3つの例文はどれも微妙に意味が異なるように見えますが、イラストを参考にしながら読んでもらうと、どれも共通のイメージから出て来る意味だとわかると思います。

どちらか一方ずつを見るのであって
両方を一度に視界に入れることはない

Take either one.　「（2つのうちの）どちらかを取りなさい。」

Either one is OK.　「2つのうちのどちらでも大丈夫ですよ。」

Either side of the street was full of people.
「道のどちら側も人で溢れていた。」

片方ずつに目を向ける either のイメージがわかれば、「どちらの側も」という、結果的に both と同じになる意味も出せることがわかります。さて、この either に not をつけると「どちらの側に目を向けても not」という意味になり、「**両方とも not**」という全否定の意味を出すことができます。

I don't like either of them.　「どちらも好きではありません。」

「〜もまたそうだ」というとき、肯定文には文末に too をつけるのに、**否定文の場合は文末に either をつけます**。これも「どちらの一方を見ても not」という not either の感覚がなせる技です。

I don't like broccoli and my brother doesn't, either.

「私はブロッコリーが好きではなく、私の兄もそうだ。」

→「私」の方を見ても not like だし、「私の兄」の方に目を向けてもまた、not だ。

全否定：not at all

「全く〜ない」という全否定を表す言葉に not at all があります。not と all が組み合わされば、部分否定になるはずなのに、この表現は全否定を表します。一体どういう仕組みなのでしょうか？

実は、at という言葉に鍵があります。at は「動いている最中の一点を指す」というのが根っこの意味です。動いて行く中で、「今ここ」という感覚ですね（77 項参照）。そこから「**目盛上を動く一点を指す**」という意味でよく使われます。具体的には角度、温度、速度、距離の点などですね。

Water freezes at zero degrees.　「水は０度で凍る。」

not at all の at は、「この not が表す『否定』が、どれくらいのレベルの否定なのか」を表します。つまり、not の否定のレベルを表す「0 〜 100」のスケールがあって、not at all **は「not の否定度が all（100%）のレベル」にある**という意味だと考えると良いでしょう。ですから「まったく not ですよ」という意味が出ると考えられます。

I'm not disappointed at all.

「私はちっともがっかりなんかしていないよ。」

Must

70

存在文（Ⅰ）：there is構文の意味上の主語

▶「新情報」の存在を表す文

there is 構文を語順から考える

「～がある」という存在を意味する there is/are 構文は、変わった語順であることと、意味上の主語に a や some がついた不定を表す名詞（つまりどれでも良いから1つとか、どれでも良いからいくらかということ）を持ってくること（これについては後で述べます）を特徴とする構文です。

実はこの構文は、新情報の存在を表す文です。

とは言っても、これだけでは何を言っているのかわからないので、新情報と旧情報の「語順」について少し考えてみましょう。

例えば、

昔、森の近くに、古いお屋敷がありました。

という文の後に、以下のどちらの文が来るのが、より自然だと感じられますか？

①そのお屋敷には、年老いた紳士が召使と一緒に住んでいました。
②年老いた紳士が、召使と一緒にそのお屋敷に住んでいました。

個人差や好みがあり、正解があるわけでもありませんが、①を選ぶ人が多数派であると思われます。

ポイントは「お屋敷」の位置です。

前文で、「古いお屋敷」はすでに紹介されて、知っている情報、つまり「旧情報」になっています。一方で「年老いた紳士と召使」は①②それぞれで初めて出て来る情報、つまり「新情報」です。

脳の情報処理能力を考えてみると、旧情報はすでに知っている情報なので、処理が楽ですが、新情報は、初めて知る情報なので、処理に労力がかかります。おそらく「すべての人類の言語で」と言っても差し支えないと思うのですが、程度の差こそあれ、**文の中で旧情報は先に話され、新情報は後に話される**傾向があります。「楽に処理できる情報が先」なのです。

ですから、①の「そのお屋敷には、……」の方が自然に感じられます。

日本語はいわゆる「てにをは」があるおかげで、それほど語順にこだわらなくても意味が通じるようになっている言語ですが、英語や中国語など、語順自体が意味の違いを生む言語ではこの辺りが厳格です。英語の語順の基本ルールは、「**軽い情報が先、重い情報は後**」ですが、この中には、旧情報は先（情報処理が楽＝軽い）、新情報は後（情報処理が楽ではない＝重い）というルールも含まれます（3項参照）。

●── there is/are 構文で、「意味上の主語」が後に来る理由

以下の２つの会話文を比べてみましょう。特に返答の文に注目してください。

1.「玄関先に何がいたの？」
　「玄関先に猫がいたよ。」（There was a cat on the front porch.）

2.「白黒の大きな猫、見かけなかった？」
　「その猫なら、玄関先にいたよ。」（The cat was on the front porch.）

1は、「玄関先に何がいるのか、わからない」文脈です。「猫」は、返事の文で初めて明かされる、新情報です。英文では a cat となっていますが、これは「何もなかった頭の中の舞台に、新しく猫を1匹ポンと取り出してやる」というイメージを持ちます。a のおかげで、初めて出て来るという感じがしますね。

一方、2では、「今あなたが言ったその猫なら」という言い方で、英文に the cat と示されていることでもわかる通り、「猫」は旧情報です。

1の文では there is/are **構文**が使われています。

この構文は「新情報の人や物が存在する」ことを表します。意味上の主語である a cat は was という be 動詞の後に回されています。

there is/are 構文で、なぜこのような語順が発生するのかといえば、「a cat は新情報だから、後で話そう」という気持ちがあるからです。

文頭の there は「『何かが、とある場所にいる』という話を今からするよ」という、サインを示すくらいの意味でしかないため、**副詞の「そこに」という場所を意味する there と比べて、ものすごく軽く短く発音**されます。there につづく be 動詞は「〜という状態で存在する」が根っこの意味ですから、ここでは「存在する」という意味を出しています。

ちなみに、多くの学習者が勘違いしているのですが、there に「いる」という意味があるのではありません。be 動詞がその意味を出しています。

2の文では、the cat は「ああ、その猫ね」という感じの、すでに知っている旧情報です。ですから、情報処理が楽で、文頭に出して話しても問題ないわけです。

日本語でも、「玄関先に、その猫ならいたよ。」よりは、「その猫なら、玄関先にいたよ。」の方が自然で、楽な言い方だと言えます。「〜なら、……にいる。」というのは旧情報の存在を紹介する構文だからですね。

●── a や some がついていない名詞でも、there is/are 構文で使える

there is/are の構文は、新情報の物や人の存在を説明する構文だということがわかってきました。この構文の意味上の主語に a や some がつくことが多いのは、「何もなかった頭の中の舞台に、新しく『1つ/いくつか』ポンと取り出して置いてやる。存在させてやる」という、**「初登場の機能」とでも言うべき機能を a と some が持っている**からです。

また、there is/are 構文では、**is の代わりに「存在」を意味する動詞もいろいろ使えます。**

There lived an old gentleman in the mansion.
「そのお屋敷には年老いた紳士が住んでいた。」

There remains some beer in the glass.
「グラスにはまだいくらかビールが残っている。」

there is/are 構文の意味上の主語に関しては、一部で誤解をまねく教え方が見られます。それは、「a や some など不定、つまり『どれでもいいから1つ/いくらか』を表す冠詞がついた名詞しか意味上の主語に来ることができない」というものです。

there is/are 構文の意味上の主語に a や some が来るのは、a や some が「何もいなかった頭の中の舞台に新しく取り出し出現させてやる」という、新情報を導く性質をもっているからであって、実際には**新情報でありさえすれば、代名詞、固有名詞、the のついた名詞も来ることができます。**

"We are done for today, aren't we?" "No, there is still the issue of pricing."
「今日はこれで終わりだよね？」「いや、まだ価格設定の問題が残っている。」
→「ああ、あの問題なら」という旧情報とは違い、「そういえばあの問題がまだあったんだ・・・」と新しく情報が出現する。

"We can't make it." "No, there is still Tom/you. I'm sure he/you can."
「もう無理だよ。」「いや、まだトム / 君がいる。彼 / 君ならきっとできるよ。」
→これも「そういえば…」と新しく情報が出現する。

Must
71

存在文（２）：have言語の英語と、be言語の日本語

▶haveの「ある」とthere isの「ある」の使い分け

前項でお話ししたthere is/are構文ですが、日本語話者と英語で会話をしたり、彼らのライティングを添削すると、よく見られるのがthere is/are構文の「使いすぎ」です。「～がある」という日本語の文が頭に浮かべば、何でもthere is/are構文を使おうとしてしまうのです。

でも**実際には日本語の「ある」と英語の「ある」は、少し違うところがある**のです。

言語学者たちはよく「英語はhave言語であり、日本語はbe言語である」と指摘します。

be動詞の根っこの意味は「～という状態で存在している」であり、There is a cup of tea on the table.（テーブルに一杯のお茶がある。）とか、He is in Tokyo.（彼は東京にいる。）のようにbe動詞で「いる・ある」を表すことができます。**日本語は存在を「いる・ある」という動詞で表現します。**

ところが**英語は存在をhave、つまり「持っている」で表そうとすることが多い**のです。

I'm sorry. I have a party tomorrow.「ごめんね。明日あたし、パーティがあるの。」
She has a younger brother and a younger sister.
「彼女には弟が１人と、妹が１人いる。」

there is/are構文は新情報の存在物を表す構文でした。上記のhaveの例文もやはり新情報を表しています。

“Why don’t we go to karaoke tomorrow?”　「明日カラオケ行かない？」
“I’m sorry. I have a party tomorrow.”「ごめんね。明日あたし、パーティがあるの。」

“Does Kate have any siblings?”　「ケイトって、兄弟（姉妹）いるの？」
“She has a younger brother and a younger sister.”
「彼女には弟１人と、妹１人いるよ。」

上記の文で、パーティがあることも、弟と妹がいることも、返答で初めて知らされる事実ですから、新情報です。しかし、ケイトに弟や妹がいることを、There are a younger brother and a younger sister. というのは明らかに不自然です。一方で明日パーティがあることを、There is a party tomorrow. と言うのは自然です。

一体何がこういう感覚を引き起こしているのでしょうか？

S have ～が表すのは「S のテリトリーの中でのこと」

S have O という構文は「S が O を持っている、抱えている」という意味を表します。

元々は「S が物理的に O を手に持っている」という意味だったのが、拡張されて、物理的に手で持っていなくても、「S が O の所有権を持っている」となり、さらには「S が O というできごとや状況を抱えている」という意味にまで広がりました。

have が表す「いる・ある」は、主語である S の抱えるできごとや状況ということを表します。

Kate has a younger brother and a younger sister. は、「ケイトに弟と妹がいる」ということを表すのであり、他の誰の抱える状況でもありません。一方で、there is/are **構文**に目を向けてみると、これは特定の誰かが抱える状況ということを表す文ではないことがわかります。

There were some toys in the box. 「箱の中にはおもちゃが入っていた。」

There is a nice park near my school.
「うちの学校の近くに、すてきな公園がある。」

誰にとっても同じ状況が存在していることを表していることがわかります。

ここで先ほど出てきたI have a party tomorrow. という文と、There is a party tomorrow. という文を比べてみましょう。

I have a party. は「私」が抱える状況として、明日のパーティを表しています。

日本語に訳すと「私、明日パーティがあるんだ。」となり、「私」の予定であって、他の人の予定じゃないよということを表しています。

There is a party tomorrow. だと、どんな響きになるでしょうか。

パーティが明日開かれるのは**客観的な事実**であり、現実だ、という響きになります。たとえここにいる誰にも関係ない話でも、パーティがただ存在することは事実なわけです。

この話はhaveでもthere isでも、どちらでも表すことができるのですが、「誰かの抱える状況の話」と、「客観的にただ存在する」という違いがあることがわかります。

今度は、Kate has a younger brother and a younger sister. という文を見てみましょう。

これはKateの抱える状況の話であって、他の人の状況でありません。そして、これはthere is構文では表せません。兄弟とか姉妹、父親とか母親という言葉は、「誰かの兄弟・姉妹・父母」を表す言葉であり、「客観的に誰にとっても兄弟」という存在はないからです。

したがってthere areで上記の文を表すことはできません。

There is a boy in the room.　「その部屋には、男の子が1人いる。」

？There is a brother in the room.　「その部屋にはとある弟が１人いる。」
→え？誰の？

このように**「誰かの抱える状況やできごとの話」はhaveが担当**し、もし同じ内容を**there is/areで表せば、「客観的に存在する」話**として捉えることになります。

以下の２つの文ではその差はかなり見えにくくなりますが、それでもニュアンスの違いは生きています。

There are four windows in this room.　→客観的事実としての窓の存在

This room has four windows.　→この部屋が抱えている状況
「この部屋には窓が４つある。」

例えば、「この辺りには熊が結構いるんだ。」という文を、次の２つの言い方で表すと、そのニュアンスはどう違ってくるでしょうか。

There are a lot of bears around here.

We have a lot of bears around here.

there areを使う文では、ただ単純に熊が存在していることを表しますが、we haveを使うと、「ここは私たちの地元であり、そこに熊がたくさんいる」ということを表します。「実際、私たちは熊を見かけるんだ」とか、「危ないから私たちは気をつけているんだ」といった、「ここに住んでいる自分たちと熊の関係性」までwe haveは語っているわけです。

英文の鬼100

法則

第10章 形容詞と副詞：「修飾する」の真実

Must
72

「他のじゃなくて」という形容詞

▶限定用法：「修飾する」って何か、必ずわかります

この項で扱うのは、「形容詞の限定用法」です。

……もう、そう聞いただけで本を閉じたくなった読者の方もいらっしゃるかもしれません。文法用語が嫌で嫌で、なるべくそういうことがわからなくても、中身だけわかるようにしてほしい！そういう気持ちを抱いている方はいっぱいいらっしゃると思います。

でもご心配なく。

その「用語」の意味を必ずわかるように説明いたします。

そして、**文法用語は、いったんその意味がわかってしまうと、とても便利なのです。**

この機会に、文法用語を理解しておきましょう。すると、今まで難しくてわからない！と思っていた他の文法書や、素晴らしい他の先生方の説明がもっと簡単にわかるようになります。

今までモヤモヤしていた頭の中の霧が晴れるのは、気持ち良いですよ！

特に形容詞や副詞といった修飾語関係の用語や考え方はわかりにくいものです。きちんとわかるように、ここでは「修飾」「形容詞」「限定用法」と呼ばれるものを解説していきます。

●── 「修飾する」とはどういうことか

さて「修飾する」というのは「**様子を説明する**」と言い換えてもよい言葉です。

名詞の様子を説明するのが形容詞です。そして、**名詞以外の言葉（主に動詞）の様子を説明するのが**副詞です。

まず、形容詞が名詞を修飾するということを説明していきましょう。
形容詞は、名詞の様子を説明する言葉です。
例えば、「机」はモノの名前ですから名詞です。
「古い机」「大きな机」「木でできた机」「父が使っていた机」は全て「机」の様子を説明しています。これらが「形容詞」です。厳密に言えば、単語一語なら「形容詞」、複数の語が集まってできた1つのかたまりが名詞の様子を説明していれば「形容詞句」、主語＋動詞のかたまりが形容詞の働きをしていれば「形容詞節」です。

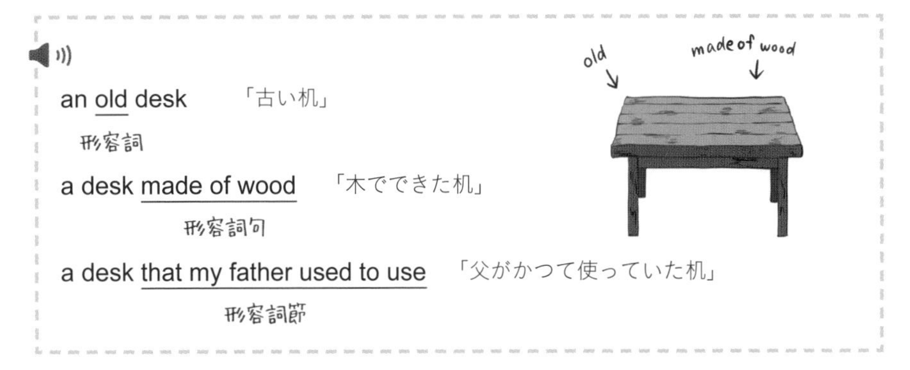

英語は「軽い情報が先、重い情報が後」というのが語順の原則なので、長いかたまり、つまり**２語以上で修飾する場合、名詞の後ろに形容詞のかたまりがつきます**。学校で習う関係代名詞節は、先行詞である名詞の様子を説明する一種の形容詞節です。

●── 形容詞の限定用法

「修飾する」を英語に直すと「to modify」です。これは「修正する」とか「限定する」という意味もある言葉で、語源的には「サイズに合わせて余分なところを削っていく」イメージを持つ言葉です。
形容詞の修飾には「限定用法」というのがあります。これは、**名詞に形容詞が直接くっつく形**をとり、機能としては、**漠然とした情報を「削って」いくことで、名詞の情報をより具体的に、明確に**します。

I need a red pen, not a black one.　「赤ペンが必要なんだ。黒じゃない。」

red：形容詞　pen：名詞　black：形容詞　one：名詞

→他の色ではなく「赤」、他の色ではなく「黒」、という風にペンの種類を色で限定して説明している。

a girl who speaks French　「フランス語を話す女の子」

girl：名詞　who speaks French：形容詞節

→ a girl だけだと、世の中に存在するあらゆる女の子から取り出した、「とある1人の女の子」というとても漠然とした意味になるが、そこに「フランス語を話す」という修飾語をつけることによって、「フランス語を話さない女の子」は候補から削り取られ、除外される。

限定用法の修飾を行うことによって、**情報がより具体的になっていく**ことがわかるでしょうか。

●── 不可算名詞を具体的に数えられるものとして捉えることが可能に

実はこれが意外な文法的効果を発揮する場合があります。皆さん、こういうルールを聞いたことはあるでしょうか。

> **ルール：lunch, breakfast, dinner は原則的に不可算名詞であるが、形容詞とともに用いられるときには可算名詞になる。**

I've already had lunch.　「もう昼食は食べましたよ。」

↑ lunch は不可算

I had a big lunch today.　「今日はガッツリ系のランチを食べました。」

↑ a big lunch は可算

breakfast, lunch, dinner はともに不可算名詞です。

一方で「食事」を意味する meal は可算名詞です。a meal は「一回の食事」という１つの「形」、別の言い方をすれば「区切り」を持っているので、可算名詞になるのです。

しかし、breakfast, lunch, dinner は、その meal を「朝用、昼用、夜用」のどの「機能」として食べるのかを意味する言葉です。つまり、形ではなく

「用途・機能」の話をしているのです。このように、形をイメージしない言葉なので breakfast, lunch, dinner は不可算名詞になります。

ところが、ここに形容詞がつくと、breakfast, lunch, dinner が実体を持ったモノ、つまり meal のイメージで具体化されるのです。機能としての、「昼用」という用途が、「昼に食べたガッツリとした一回の食事」という風に具体的な形で捉えられていくわけです。

ここでは big という形容詞によって lunch が具体的に meal 化され、a big lunch という可算名詞に化けます。これが限定用法の修飾が持つ具体化の力です。

この現象は、breakfast, lunch, dinner にとどまらず、より広範囲な抽象的な意味を持つ名詞にも起きます。

例えば「影響」を意味する influence, effect を辞書で引いてみてください。これらの名詞は原則的に不可算名詞ですが、辞書には「具体例では an 〜、〜 s；その際しばしば修飾語を伴う」（ウィズダム英和辞典）と書かれています。

The herbal medicine had a beneficial effect on my health.

「漢方薬が健康に有益な効果を及ぼした。」（ウィズダム英和辞典）

→ beneficial という形容詞がつくことで、「一個・一回の具体的な『有益な影響』」が実際に体の中に発揮されたことを表す。

他にも expectation, improvement, adjustment など、さまざまな抽象名詞で同じ現象が起きますが、原理はどれも同じで、形容詞が限定用法の修飾を行うことにより、**抽象的な数えられない概念が、一回・一個の具体的で数えられる現象として捉えられるようになる**というものです。

今回は形容詞の限定用法についてお話をしました。次項ではもう１つの用法である叙述用法について説明します。限定用法と叙述用法の違いがわかれば、関係代名詞の制限用法と非制限用法の違いが直感的にわかるようになります。

Must
73

「ただの様子説明」の形容詞

▶叙述用法がつかめれば、関係代名詞の非制限用法がわかる

形容詞が名詞の様子を説明するのに、限定用法に加えてもう１つ、**叙述用法**というのがあります。

叙述というのは、別の言い方をすれば「説明する」ということです。

え？ ちょっと待って、そもそも「修飾」って「様子を説明する」ってことでしょ？ と混乱する読者の皆さんもいらっしゃると思います。

具体例で説明しましょう。

叙述用法の典型的な形は、**補語にやってくる形容詞**です。

I bought an old painting.　「私は古い絵を買った。」

限定用法　世の中にいろいろ絵はあるけれど、ここでは「古い」絵を買ったんだよ、と情報を絞り、具体化する。

This painting is very old.　「この絵はとても古い。」

叙述用法　「この絵」がどんなものなのかの情報を説明している。

叙述用法との違いを理解するため、限定用法の特徴を再確認しましょう。限定用法の要点は２つあります。

限定用法の特徴

①世の中に○○と呼ばれるものはたくさんある

②その中で、今回のは、～という性質を持つものだよ、それ以外の性質のものじゃないよ、と情報を絞る

I bought an old painting. なら、①は、「この世には絵と呼ばれるものはたくさんあるけれど」です。old がつくことで②「今回の絵は『古い』という性質を持つものだよ。新しいものじゃないんだよ。」と、絵の情報を絞っていく働きを持ちます。

一方で、

叙述用法は、その名詞（ここでは this painting）の様子をただ語るだけ

です。「他のじゃなくて…」という「絞る」働きはありません。

上の例文ではわかりにくいでしょうか？実は学校英文法での難関の１つ、関係代名詞の非制限用法を例にとると、これは随分とわかりやすくなります。

●── 関係代名詞の制限用法から

まず日本語で、「昨日赤い服を着ていた女性」というフレーズを考えてみましょう。

「昨日赤い服を着ていた女性」というフレーズの、「昨日赤い服を着ていた」の部分は、どんな「女性」なのかを説明する形容詞のかたまりです。そして、限定の働きをしていますね。

まず、①世の中に「女性」と呼ばれる人間はたくさんいます。そして、②その中で「昨日赤い服を着ていた」という形容詞のかたまりが、「今話題にしている女性は、昨日赤い服を着ていた女性のことだよ。他の色の服を着た女性じゃないよ」という風に「女性の情報を絞って」います。

これを英語にすると、

a woman who wore a red dress yesterday

名詞　　形容詞節（＝関係代名詞節）

となります。このように**限定用法の機能を果たす関係代名詞節は**、制限用法と呼ばれます。ここでの「制限」は、まさに「限定」と同じ意味で、言い方が違うだけです。

●── 関係代名詞の非制限用法

次に、日本語で、「鹿児島生まれの私の母」というフレーズを考えてみましょう。

さて、まず、「私の母」ですが、限定用法（関係代名詞なら制限用法）のように、①「この世に『私の母』はたくさんいるけど」、という考えは成立しますか？

常識的に考えて、「私の母」というのは「女の人」や「猫」のような「種類名」ではありません。つまり、「この世にたくさんいる『私の母』と呼ばれる生き物のうちのとあるひとり」というわけにはいかないはずです。

もし、これが限定用法なら、②「この世に『私の母』はたくさんいるけれど、その中で今私が話題にしているのは『鹿児島生まれの』私の母であって、ほかの私の母じゃないよ」ということになります。

これは明らかにおかしいですね。

つまり、「鹿児島生まれの」というフレーズは「私の母」を限定したり、区別しているのではなく、「私の母」に「鹿児島生まれ」という情報を追加しているだけです。これが叙述用法の形容詞の働きです。

関係代名詞を使ってこのフレーズを英語にしてみましょう。叙述用法は関係代名詞では非制限用法と呼ばれます。制限、つまり情報を限定するのではなく、情報を単に追加しているだけなので、このような呼び名があります。

? my mother who is from Kagoshima

限定用法 関係代名詞としては制限用法と呼ばれる。「他の『私の母』ではなく、鹿児島生まれの私の母のこと」という意味になり、不自然。

My mother, who is from Kagoshima, visited her hometown last month.

「鹿児島生まれの私の母は、先月、生まれ故郷を訪ねた。」

叙述用法 関係代名詞としては非制限用法と呼ばれる。カンマで区切られるのが特徴。「私の母がいて、ちなみに鹿児島生まれなのだけど・・」という「情報の追加」。

もしも**説明を受ける名詞（先行詞）が「この世に１つ／１人しかないもの」なら、使う関係代名詞は、基本的に非制限用法になります。**
「私の母」は基本的には１人しかいないはずです。「猫」とか「男の子」のように、「この世にたくさんいる、種類全般」の話をしているのではありません。

すると、当然、「たくさんいるものの中から、情報を絞る」というようなことはする必要がなくなるので、制限用法の関係代名詞節は使いません。その代わりに、情報の追加を表す非制限用法の関係代名詞を使うわけです。

Bill Clinton, who is the former president of the United States, made a speech at the ceremony.

「元米国大統領であるビル・クリントン氏がセレモニーで挨拶をした。」

→「この世にたくさんいるビル・クリントンのうちの、元大統領のビル・クリントン」というのはおかしいので、関係代名詞はカンマをつけた非制限用法にして、「情報の追加」であることを表す。これを発音する際には、カンマのところをしっかりと区切ってポーズを置いて読み上げる。

このような感覚がわかっていれば、ライティングでよりフォーマルな文を作り出すことができるようになります。

関係代名詞の非制限用法も、従来のようにリーディングのためだけではなく、ライティング、さらにはスピーチに使うことを目標にしましょう。

Must
74

副詞を知ろう

▶名詞以外を修飾するとは具体的に…？

名詞はすごく大雑把に言えばモノや人や概念の名前を表し、動詞はこれまた大雑把に言って、動作を表します。

それに対して、形容詞と副詞は「様子」を表す言葉です。形容詞は名詞を修飾、つまり、名詞の様子を説明する言葉だということがわかりました。

それでは副詞は何でしょう？

端的に言ってしまえば**「名詞以外の言葉を修飾する」言葉**です。

事実なのですが、これでは、え？ 広すぎじゃん？ ということになってしまうので、もう少し絞って、具体像を掴みやすいように説明していきます。

●—— 副詞の最も一般的な働きは、動作の様子説明

副詞の一番よくやる働きは、動詞の修飾、つまり、**動作の様子や目的を説明すること**です。

例えば「走る」という動詞。どんな風に「走る」のか？「速く走る」、「ダラダラ走る」、「友だちと走る」、「明日走る」……これらはどれも「いつ、どこで、どんな風に『走る』のか」を説明する副詞です。また、「終電に間に合うよう走る」、「健康のために走る」、「痩せたいから走る」なども、走る理由を説明する副詞です。

英語にしてみると、下のようになります。

He ran fast.　「彼は速く走った。」 副詞

He ran with his friend.　「彼は友だちと走った。」 副詞句

He will run tomorrow.　「彼は明日走るだろう。」 副詞

He ran in order to catch the last train.

「彼は終電に間に合うよう走った。」 副詞句 不定詞の副詞的用法

副詞は、程度の幅を持つ形容詞と副詞の「程度」も表す

次に副詞が行う働きは、形容詞と副詞の修飾です。

ただし、形容詞と副詞なら何でも副詞が修飾するのではなく、**「程度の幅を持つ」形容詞と副詞の「程度」を副詞が説明する**というものです。

例えば、「速く走る」と言うとき、「速く」は「走る」という動詞の様子を説明する副詞ですが、「速く」には、「どのくらい速く」なのかに関する幅があります。この幅の程度を説明するのもまた副詞の役割です。

ここでは「とても速く（走る）」とか「そこそこ速く（走る）」、または「世界一速く（走る）」などです。

He runs very fast.　「彼はとても速く走る。」

He ran fast like never before.　「彼はこれまでにないくらい速く走った。」

→どちらも fast の程度を説明。

形容詞でも同じです。

例えば「美しい景色」なら、「景色」という名詞の様子を「美しい」という形容詞が説明していますが、この「美しい」には「どのくらい美しい」のかに関する幅があります。その幅を説明するのが「とても美しい（景色）」「見たことないくらい美しい（景色）」というような言葉で、これらも副詞です。

The city is known for its very beautiful scenery.

「その町はそのとても美しい景観で知られている。」

（どれくらい美しいのかの説明）

The hotel is surrounded by some of the most beautiful scenery in the area.

「そのホテルはその地域で最も美しい景色に囲まれている。」

（どう美しいのかの説明）

● いわゆる「副詞的用法」は何をしているのか

不定詞の副詞的用法や分詞構文など、文法における多くの副詞用法は**動詞の様子を説明している**と考えて良いです。

不定詞の副詞的用法

My daughter grew up to be a doctor.

「私の娘は大人になって医者になった。」

→ grew up してどうなったのか、という「動作の結果」の説明。

I am happy to hear the news.「その知らせを聞いて嬉しく思います。」

→何をした結果（嬉しいという）状態になったのか、という「状態（be 動詞）の原因」を説明。

分詞構文（＝分詞の副詞的用法）

Hearing her voice, I was relieved.「彼女の声を聞いてホッとした。」

→どういうことをして、was relieved したのか、という「動作の原因」の説明

ただし、形容詞や副詞の程度を表す不定詞の副詞的用法もあります。代表的なのが too ～ to 構文と、enough to 構文です。

He was too afraid to go there by himself.

「彼は怖くてそこへは１人で行けなかった。」

→直訳すると「そこへ１人で行くことに向かっては、恐れすぎた」。どれくらい怖かったのかの程度を表している。

You're smart enough to know that.

「あなただってそれくらいのことわかってるでしょ。」

→直訳すると、「それを知っていることに向かってあなたは十分頭が良い」。どれくらい頭が良いのかの程度を表している。

●── いわゆる「副詞節」は何をしているのか

副詞の働きをするS＋V～のかたまりを副詞節と呼びます。多くの場合、**主節の動詞の動作の原因や条件、結果**などを表します。

If you come earlier, we'll show you around.

「もし早く来るなら、この辺りを案内するよ。」

→ show around という動作が実現するための条件を、副詞節である if 節が説明している。

When the ambulance arrived, he was unconscious.

「救急車が着いたとき、彼には意識はなかった。」

→ unconscious という状態にあった (=was) のが、どういうときの話なのかを副詞節である when 節が説明している。

形容詞や副詞の程度を表す副詞節もあります。so ～ that 構文がその典型です。

I laughed so hard that I could hardly breathe.

「笑いすぎて息が苦しかった。」

→ that I could hardly breathe はどのくらい hard に笑ったのかの程度を表す。

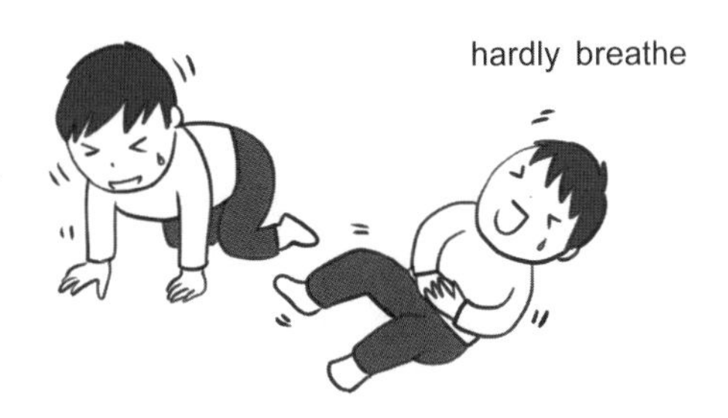

Must
75

関係副詞と関係代名詞の違い

▶「前置詞＋名詞」→副詞と同じ関係

「前置詞＋関係代名詞」→関係副詞

関係代名詞と関係副詞の違いをすっきりさせないまま、ビジネスの現場で英語を使っていらっしゃるビジネスマンをよく見かけます。話し言葉では避けて通ることもできる表現ですが（それでも結構使います）、フォーマルなプレゼンでは使うでしょうし、ライティングにおいては使う必要があります。

関係副詞をマスターするにあたって、１つ覚えておくと便利な知識があります。それは**「前置詞＋名詞」→副詞**というルールです。

副詞が最も多く行う働きは動詞の様子を説明する（＝修飾する）ことでした。例えば、

私は学校で、友だちと話した。

なら、動詞「話した」の様子を説明しているのは「友だちと」と、「学校で」の２つです。誰と、どこで話したのかを説明しています。つまり「友だちと」と、「学校で」はどちらも副詞の働きをしているわけです。

これらを分解してみると、「友だちと」は「友だち」という名詞と、「と」という助詞が組み合わさったもの、「学校で」は「学校」という名詞と、「で」という助詞が組み合わさったものです。英語でもこれと同じことが起きます。

I talked with friends at school.

with friends と at school は talked を修飾する副詞ですが、それぞれ「前置詞＋名詞」で構成されています。

学校で here と there を習うときに、原則的にこれらの前に前置詞をつけてはいけないと習います。それぞれ「ここに・ここで」、「そこに・そこで」と訳せる言葉なのでついつい to here とか at here とやりたくなりますが、一部の表現を除いて、それはできません。

なぜかと言えば、here と there は副詞で、それぞれが

here ≒ in this place, to this place, at this place
there ≒ in that place, to that place, at that place

という構成になっているからです。つまり **here と there は前置詞を内蔵している**言葉なのです。

これは関係代名詞と関係副詞の関係にも当てはまります。

where ≒ in which (place), to which (place), at which(place)
→実際には place は省略される。
when ≒ at which (time), on which (day), in which (month)
→実際には time, day, month は省略される。
why ≒ for which (reason)
→実際には reason は省略される。
how ≒ in which (way)
→実際には way は省略される。

このように、「前置詞＋関係代名詞」→関係副詞という構成になっていることがわかります。

●── どういうときに関係副詞を使うのか

関係代名詞ではなく関係副詞を使うのは、「**関係詞節の中に、先行詞を置いてみるときに、前置詞がなければその先行詞を置くことができない**とき」です。

先行詞とは、「それだけでは情報が足りない、説明を必要とする名詞」のことで、関係詞節の直前に存在します。

関係詞節とは、「関係代名詞や関係副詞を使った、先行詞を詳しく説明するための S + V ～」のことです。以下、具体例を見ていきましょう。

例えば、

I visited the city [where my mother spent some years in her youth].

先行詞　　　関係詞節

「私は母が若い頃に数年間を過ごした街を訪れた。」

なら、the city が「どんな街なのか」の説明を必要とする名詞（先行詞）で、where my mother spent some years in her youth が説明の内容である関係副詞を使った関係詞節です。

この my mother ～ in her youth という節の中に先行詞である the city を入れてみましょう。うまく入れるためには the city の前に前置詞 in をつけて、in the city としなければなりません。つまり、もしこの節を関係副詞 where の代わりに関係代名詞 which で書くなら、

I visited the city. + My mother spent some years in the city in her youth.

→ I visited the city in which my mother spent some years in her youth.

となります。「**前置詞＋関係代名詞 → 関係副詞**」の原則にしたがい、この in which が where になるわけです。

I visited the city where my mother spent some years in her youth.

しかし、関係詞節のなかに先行詞を置いてみるときに、前置詞が不要な場合は、関係代名詞を使います。例えば以下に使っている visit という動詞は他動詞で、前置詞を使わず直接、目的語を後ろにつけます。

This is the city. + My mother visited the city several times in her youth.

→ This is the city which my mother visited several times in her youth.

「これが、母が若いときに何度か訪れた街だ。」

このように、「前置詞＋関係代名詞」にする必要がないときには、関係副詞（ここでは where）にせず、そのまま関係代名詞（ここでは which）を使えば良いわけです。

●── how を使うときの注意

関係副詞の how を使うときは、**先行詞をつけてはいけません**。つまり the way how としてはいけない、ということです。

✕ This is the way how he successfully started his business.

how だけを使うか、the way だけを使うか、どちらか１つです。

◯ This is the way he successfully started his business.

◯ This is how he successfully started his business.

「こうやって彼はうまく自分の事業を立ち上げた。」

●── 関係副詞の先行詞は省略して使うことが多い

関係副詞の先行詞は、それがあからさまに場所や時、理由を表しているなら**省略されることが普通**です。これは先行詞と関係副詞が「同じことを言っている」ために起きます。

This is ~~the place~~ where he was hit by a car.

「ここが、彼が車にはねられた場所です。」

→ the place も where もどちらも「場所」を表すので、繰り返す必要がない。

This is ~~the time~~ when challenges began.「ここから難局が始まった。」

I don't understand ~~the reason~~ why he complains about me.

「彼がなぜ私に文句があるのかわからない。」

中には先行詞ではなく、関係副詞の方を省略する人もいます。間違いではありませんが、私たちノンネイティブにとっては**先行詞を省略する方がシンプルで使いやすく、また、伝わりやすい**表現です。

Must
76

名詞の後ろに置く修飾語

▶ここでも出て来る「最中」と「これから」

英語の語順は、消化しやすい情報から先に消化していこう、という考え方なので、「**軽い情報が先、重い情報が後**」です。

名詞とそれを説明する形容詞の組み合わせでは、名詞の説明を担当する形容詞が長くなることが往々にしてあります。そうやって**情報量が大きくなった形容詞のかたまりは、名詞の後ろに**回ります。

a running man → a man running along the river

走っている男　　　　川沿いを走っている男

→ man という名詞の様子を説明する形容詞が running 一語のときは「軽い情報」なので man の前に来るが、running along the river と 2 語以上で「重くなる」と、man の後ろに回される。

分詞の形容詞用法や、不定詞の形容詞用法、関係代名詞節は長くて重い情報になることが普通なので、説明をする名詞の後ろにくっつきます。これを「**後置修飾**」と呼ぶわけです。英語を話すとき、書くときには「軽いものから先に言う」ことを意識しておくことが英文の直感的な組み立てに必要です。

a cat lying on the sofa　「ソファに横たわっている猫」 **分詞の形容詞用法**

a room to study in　「勉強するための部屋」 **不定詞の形容詞用法**

the man who I thought was just an ordinary businessman **関係代名詞節**

「ただのビジネスマンだと私が思っていた男」

上記の例文では a cat、a room、the man といった**軽い情報をとりあえず先に言い、その説明は後で考える**くらいの気持ちがあった方が実践的です。

使い分けについて考える

さて、今回のトピックはここで出て来る分詞の形容詞用法、不定詞の形容詞用法、および関係代名詞節の使い分けについてです。

例えば「明日泊まるホテル」は the hotel staying in tomorrow なのか、the hotel to stay in tomorrow なのか、はたまた the hotel I'm staying in tomorrow なのか。文脈にも左右され、一筋縄ではいきません。一緒に考えていきましょう。

●—— 分詞の形容詞用法 vs 不定詞の形容詞用法

分詞の形容詞用法と、不定詞の形容詞用法の使い分けのカギになるのは「**やっている最中（～ ing）**」なのか、「**これからすることに向かう（to）**」のか、です。

例えば「ハンバーガーを食べている男」という表現なら、「食べている最中の男」ということになります。ですから、ここは～ ing がふさわしいので、the guy eating a hamburger という表現になります（ちなみにここで a guy ではなく the guy になっているのは、「他の人ではなく、ハンバーガーを食べているその男だよ」という気持ちからです）。

Hey, look at the guy eating a hamburger.

「なぁ、あのハンバーガーを食ってる奴を見てみろよ。」

この表現が名詞の「**様子を描写**」するための表現だということがわかります。**実況中継**みたいな感じです。

ちなみに分詞の形容詞用法には過去分詞もあります。これは名詞が「される立場」のときに使うものです。例えば「フランス語で書かれた手紙」なら a letter written in French です。どんな感じの手紙なのかを written in French が描写しています。～ ing と同様、描写するという役割は変わりません。

I received a letter written in French.

「私はフランス語で書かれた、一通の手紙を受け取った。」

一方で、不定詞の形容詞用法はtoの持つ「→」のイメージが、「これから向かう」という意味を出し、「**用途・機能**」の意味を出していきます。「～するための」とか「～するべき」というのは「これからやる、向かう」というイメージがあるわけです。例えばa room to study in（勉強するための部屋）という感じです。これをa room studying inとしてしまうと、「勉強している最中の部屋」となり、「勉強をするための」という機能の意味は出なくなってしまいます。

🔈 In this dormitory, there are some rooms to study in.

「この寮には勉強部屋もある。」

というわけで、～ingや過去分詞といった分詞なら名詞の様子を描写し、不定詞なら名詞の機能や用途を表すことがわかりました。

●── 関係代名詞節はどんなときが出番なのか？

では関係代名詞節はどういうときに出番がやってくるのでしょうか？

ここでは分詞の形容詞用法と比べてみましょう。

分詞の形容詞用法には語順に重要な特徴があります。それは、**分詞の前についている名詞が、分詞の意味上の主語の役割を必ず果たす**というものです。

🔈 The man standing still on the front porch is Jim.

「玄関先でじっと立っている男がジムだ。」

→ The man is standing still on the front porch. と言えることでわかる通り、the man と standing には、意味の上で主語と動詞の関係がある。

🔈 What is the language spoken in Chile?

「チリで話されている言語は何ですか？」

→ The language is spoken in Chile. と言えることでわかる通り、the language と spoken は意味の上で主語と動詞の関係にある。

では、形容詞の前に来ている名詞が、意味の上で「主語」の役割を持っていなかったら？ そのときは関係代名詞の出番です。

✕ The hotel staying in yesterday is a good one.

→ stay は「人 stay in a hotel」という構文を取る動詞。hotel は意味上の主語になれない。

The hotel (that/which) I' m staying in is a good one.

「私が今泊まっているホテルはいいホテルだ。」

→「名詞＋関係代名詞＋ S ＋ V ～」のとき、関係代名詞は省略するのが普通。
（ちなみに the hotel to stay in なら機能の話になる。例；We must fiind a better hotel to stay in.「宿泊のためのもう少しましなホテルを見つけないといけない。」）

逆に関係代名詞の前に来る名詞が意味の上で主語の役割をする場合、分詞の形容詞用法との意味の差はほとんどなくなります。

The factory producing a lot of pollution is going to be closed soon.

The factory that/which is producing a lot of pollution is going to be closed soon.

「汚染物質をたくさん出しているその工場は、間もなく閉鎖されることになっている。」

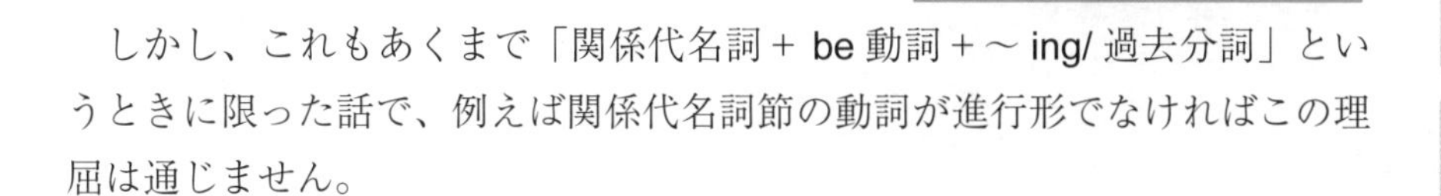

しかし、これもあくまで「関係代名詞＋ be 動詞＋～ ing/ 過去分詞」というときに限った話で、例えば関係代名詞節の動詞が進行形でなければこの理屈は通じません。

A woman who just got off the train dropped her wallet in front of me.

「電車をちょうど降りたばかりの女性が、私の目の前で財布を落としました。」

→ a woman getting off the train だと、「今電車を降りつつある最中の女性」という意味になり、意味することが変わってしまう。こういうときは～ ing を使わず、関係代名詞節を使う。

英文の鬼100

音声DL付き

第11章 前置詞：これが捉えられれば熟語を攻略できる

Must
77

atという言葉

▶さまざまな用法に通底するイメージ

移動する最中の点

前置詞というのは英語学習者にとって、鬼門のような言葉です。1つの単語にものすごくたくさんの意味や用法があり、つかみどころがないように見えます。ですから、中にはリーディングで前置詞の意味は無視して読んだり、また、使えるように覚えるにしても、個々の前置詞の意味は無視して、熟語として丸暗記したりする人もいます。

熟語として暗記するという姿勢は間違っていませんが、個々の前置詞の意味を無視したままというのがよくありません。意味がわからないまま覚えようとしても覚えにくく、非効率的だからです。

前置詞にはさまざまな意味や用法がありますが、それらを抽象化した「通底する感覚」とでも言えるものがあります。例えば「ニラ、人参、ごぼう、ピーマン、キャベツ…」に「野菜」という通底した感覚を見るようにです。それを捉えるようにしましょう。

今回扱うのは at です。

時刻、場所、方向、従事、など、辞書で at を引くとさまざまな意味があります。そこに通底する感覚はいったい何なのかと言えば、**「移動する最中の点を指す」**という感覚です。

●――「場所」の at

「場所」で考えてみましょう。あなたと友人が携帯で会話をしているとします。待ち合わせの場所にあなたの友人がなかなか現れません。

「今どこ？」「ごめん、まだ家。（Sorry. I'm still at home.）」・・・
（５分後）「今どこ？」「今、バス停。（I'm at the bus stop now.）」・・・
（さらに５分後）「今どこ？」「今、駅ついた。もうすぐ。
（I've just arrived at the station. I'm coming to you right now.）」

こういう風に、移動しつづける中で今どこの点にいるのか、というのが at の「場所」の感覚です。

「私は駅にいる。」を I'm at the station. でも、I'm in the station. でも表すことができますが、in は「枠の中にいる」＝「枠からはみ出ない」＝「動かない。留まっている」というイメージがあります。

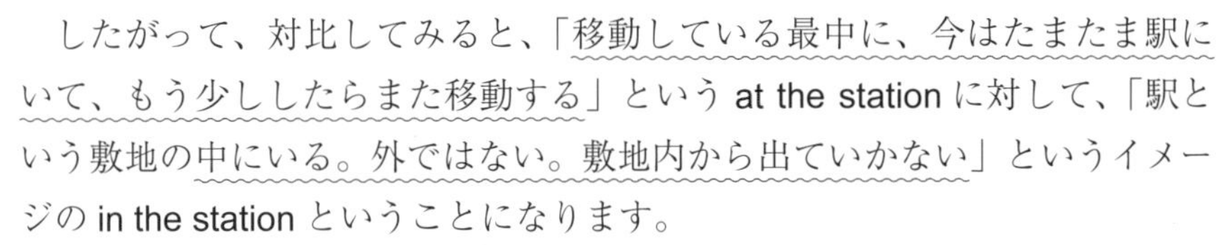

したがって、対比してみると、「移動している最中に、今はたまたま駅にいて、もう少ししたらまた移動する」という at the station に対して、「駅という敷地の中にいる。外ではない。敷地内から出ていかない」というイメージの in the station ということになります。

よく「at ＝狭い」「in ＝広い」というような説明がありますが、あまり良い説明とは思えません。敢えて言うなら、at は「移動中の『点』」として捉えているので、どうしても狭く感じるということなのかもしれません。それに対して in は「枠を持った空間」なので、「点」に比べれば広く感じるということかもしれませんね。

●――「時刻」の at

「時刻」の at はどのようなイメージなのでしょうか？

すでに本書では何度か、時間というのは「場所」として理解されている、という話をしました。

先ほど「場所のat」を「地点間を移動する」イメージで説明しましたが、時刻のatのイメージもこれによく似ています。
「まず駅で、○○して、次に駅の近くの喫茶店で○○し、そのあと足を伸ばして、図書館で○○した。」というのと同じように、「7時の時点で○○し、そのあと8時10分に○○し、そのあと9時に○○した。I did ○○ at seven, and then did ○○ at eight ten, and after that, did ○○ at nine.」という風に、**時刻から時刻へと移動していくイメージ**でatが使われます。

●──「目盛り」のat

「刻々と変わっていく時刻の、どの時点で何をするのか」という時刻のatのイメージは、**時間という目盛りの上を移動していく点**のイメージでもあります。したがって、atは「目盛り上を移動していく点」のイメージでもよく使われます。速度、角度、温度などがそうです。

🔊 The car was running at the speed of 50 kilometers per hour.
「その車は時速50キロで走っていた。」

🔊 The temperature was kept at around 30 degrees.
「温度は約30度に保たれていた。」

🔊 I don't want to keep on working at the expense of my health.
「健康を犠牲にしてまで働きつづけたくない。」

→ at the expense[cost] of one's health で「〜の健康を犠牲にして」。
目盛り上に「expense、cost の（犠牲）レベル」が描かれており、そのレベルがhealthのメモリにまで達するイメージ。

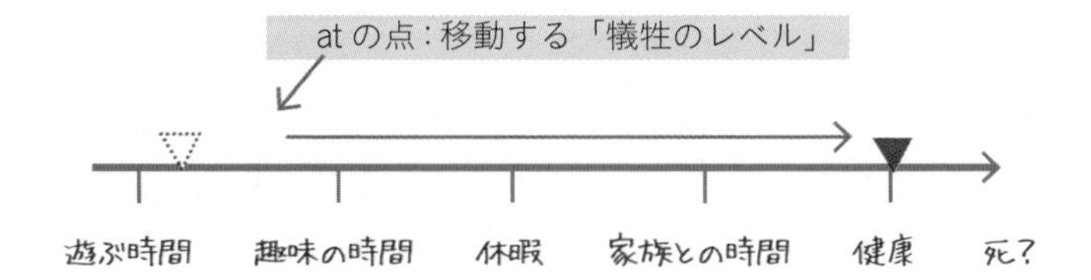

●──方向のat

移動する最中の点を指す、というイメージは「移動する標的に照準を合わせる」イメージにもつながります。

He shot at the bird.　「彼は鳥めがけて撃った。」

They threw stones at him.　「彼らは彼めがけて石を投げた。」

He looked at me.　「彼は私の方を見た。」（目を向けた）

She smiled at me.　「彼女は私に微笑んだ。」

この「点を指す」→「**パッとあるところに照準を合わせる**」という at の感覚は be surprised at にも生きています。例えば部屋でぼーっとしているときに、急に大きな音がしたらビックリしますね。で、驚いて音のした方にパッと意識の照準を合わせるはずです。これが be surprised at における at の感覚です。

My mom was surprised at the news.「母はその知らせに驚いた。」

●── 従事の at

人は１日の中で次から次へ、さまざまな活動をします。会社に行って、取引先に行って、会議に出て……それはまるで、場所から場所へ移動するような感覚であり、１日の時間の目盛り上に、いろんなスケジュールが記されているようでもあります。ここで出て来るのが従事の at と呼ばれるものです。

He is at the meeting now.　「彼は今会議中です。」

I was at school at that time.　「そのとき、私は学校だったんだよ。」

↑ここで the や a が school につかないのは、ここでの school が学校という建物ではなく、授業という学校の「機能」を表しているから。機能なので不可算名詞。

I can't go out. I'm at work.　「外には出られないよ。私は仕事中だ。」

↑ work も不可算名詞。work と対立する言葉は play で、「これは遊びじゃない。仕事だ。」という「やっていることの性質」を表すのが work。
そこから具体的に「ひと仕事」切り取ってとりだしたのが a job で、これは可算名詞。

これらはすべて、「１日のスケジュールの中で、今私はこういう行事にいる。」という感じです。

Must
78

inは「枠内」と捉えよう

▶彼らが世界に「枠」を見るとき

inは「～の中」というのが代表的な日本語訳ですが、いろいろなinの意味を統一的に理解するには、inを「**枠の中**」と考えた方が良いです。

前項のatのお話でat the stationとin the stationを比較しましたが、atだと駅をいろいろ他にもある地点のうちの1つと捉え、inだと、駅を1つの境界線を持った空間と捉えていることがわかります。

駅自体は、物理的には同じ建物、同じ広さを持った空間なのですが、地図上の1点として駅を捉えると、「移動する中で立ち寄る一地点」として見ることになります。これがatの感覚です。

しかし、「枠の中」という考えで駅を捉えると、その中でいろいろ活動をし、**外から切り離されている、外に出ない、移動しない**という感覚が出て来ます。これがinの感覚です。

liveは「住む・暮らす」という意味を持ちますが、これには「定住」、つまり、移動しないイメージがあります。そのためliveとinは相性が良く、live in ～「～に住んでいる」というフレーズがあると考えることができます。

ちなみに「live at 番地」という表現もありますが、番地は点のイメージが強く、番地を思い浮かべるとき、心の中の地図上で目線を「動かした」(認知言語学では「心的走査」と呼ばれます) 先に見つかる点という感覚がatを使わせていると考えられます。

in に話を戻します。
「枠の中」で読み解いていきましょう。
例えば、

She speaks English.
She speaks in English.

ではどういう意味の違いがあるでしょう？
彼女が英語のネイティブスピーカーである場合、She speaks English. というのが普通です。「彼女は英語を話す。」という日本語訳になります。
しかし、She speaks in English. と言う場合、彼女は他にも話せる言語があるが、今は英語を選択して話しているという意味になります。日本語で言えば、「彼女は英語で話す。」という感じに近くなります *。

右にあるのは This letter is written in English. を示すイラストですが、このイラストにあるように、**さまざまな言語の枠から、英語という枠を選択している**感覚です。この枠は「英語の世界」であり、この世界の枠内では、何をするにも英語、という感じです。

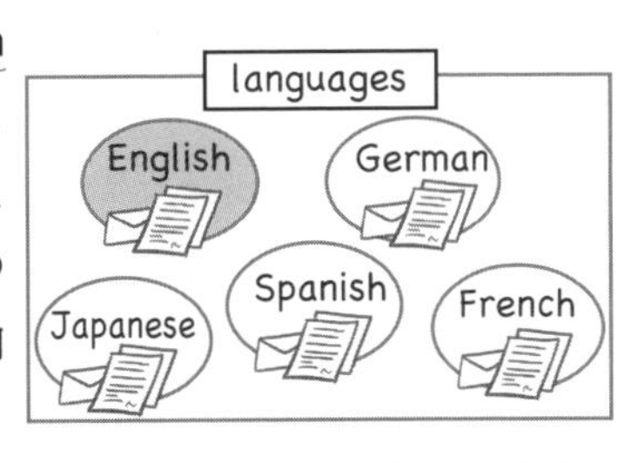

文字通り「手紙が、英語の世界の枠内で書かれている」という感じですね。

●── 分野の in：「カロリーが高い」は英語で？

「S はカロリーが高い」というのは、健康に関するライティングで必ずと言って良いほど出て来るフレーズですが、これってどう言えばいいでしょう？以下の 4 択から考えてみてください。

1. S is high calorie.
2. S is high calories.
3. S is high in calorie.
4. S is high in calories.

一番自然でよく使われるのは４.です。

日本語では「ハイカロリー」と言いますが、英語で high calorie と言うときは、high calorie diet（高カロリーの食事）とか、high fat and high calorie food（高脂肪、高カロリーの食べ物）のように、後ろに名詞がつくのが一般的です。つまり、「高カロリーの○○」というふうに限定用法の形容詞として使われるのが high calorie です。

ちなみに、形容詞には複数形はないので「high calories food」とはなりません。これは「５歳の男の子」というときに a five-year-old boy とは言っても、a five-years-old boy とは言わないのと同じ仕組みです。

さて、４の high in calories ですが、この in は何を意味しているかといえば、それは「**分野の枠**」です。

「軽い情報が先、重い情報が後」という英語の語順の中で、簡潔で結論的な「高いよ（high)」という言葉を先に持ってきて、長くて説明的な「カロリーという分野の枠内においてね（in calories)」というのは後に来ているわけです。calories と複数形になっているのは、メートルが meters、キログラムが kilograms というふうに複数形になるのと同じことです。

この「**評価の形容詞 in 分野**」というのは１つのセットフレーズと考えて良いでしょう。

「**A という分野において、こういう評価だ**」というパターンを通して、「質が良い・悪い」なら high/low in quality、「ビタミン C がたっぷり・乏しい」なら rich/poor in vitamin C、「歳が近い」なら close in age、「脂肪分が多い・少ない」なら high/low in fat、「数が多い・少ない」なら high/low in number、「歴史が豊か」なら rich in history といった具合です。

●――「方向」の in

「太陽は東から昇り、西に沈む。」は英語では次のように言います。

🔊 The sun rises in the east and sets in the west.

ここで in を使うというのは日本語話者にはしっくりきませんよね。これはどういう感覚なのでしょうか。

in は枠内ですから、普通はまるい空間を思い浮かべてしまうのですが、細長い空間でもあるようです。

左の絵は「人々が列に並んでいる。」ということを表しています。

🔊 People are waiting in line.

行列に in を使うのは、**列を「線」ではなく「枠」と見なし、その枠からはみ出ないようにする**という感覚を表しているからです。

これと同じ感覚が in the course of ～（～の過程で）です。枠からはみ出ずにコースを通っていく感じです。

似た感覚に in that way（そのやり方で・そんなふうに）があります。way は、元々は「道」ですが、street や road が「道路という施設」を表すのに対し、way は「**目的地にたどり着くためのルート**」という意味を持ちます。つまり外れてしまえば目的地にたどり着けないわけで、だから「外れてはいけない枠」という意味で in がつきます。

in the direction（その方向へ）というのも同じ感覚です。この感覚の延長に冒頭の in the east や in the west という表現があると思われます。

* 日本語の「で」は「具格」とも呼ばれ、道具を使うイメージを持ち、「～で」は「～を道具として使って」「～を利用して」という感覚です。例：「ペンで書く」（道具）、「庭で遊ぶ」（庭という場所を利用して）。一方で in English の in は「英語の世界（「世界」は枠のイメージを持つ）を選択する」というイメージで、あくまで「その枠の中に存在して」というイメージです。

Must

79

onの「接触」から広がる意味

▶重力の中で暮らしているから…

くっつく on

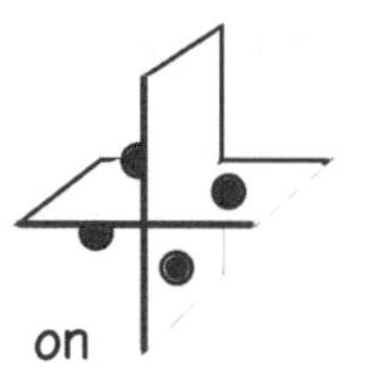

on の根っこの意味は「**接触**」です。

テーブルの上に乗っていようが、天井にくっついていようが、壁に下がっていようが、on です。

There is a cup on the table. 「テーブルの上にカップがある。」

There were two fans revolving on the ceiling.
「天井には二機の扇風機が回っていた。」

There was a crucifix hanging on the wall.
「壁にはキリストの十字架像がかかっていた。」

これらは on の「接触している」という意味によって出て来る用法です。

それにもかかわらず on には「**〜の上に**」という意味が多く出て来ます。

これは、私たちが重力の中で暮らしていることと大きな関係があります。

物が平面にどうやったらくっつくのでしょうか？

考えてみると、何もしないでもくっつくのは「上に乗せている」ときです。粘着剤でつけるとか、釘で止めるとかしなければ、普通は天井や壁に物はくっついたりしません。これが「『**接触の on**』の一番多い用例：『〜の上に』」の理由です。

●── 「接している」から……

「接触」していることは「離れていない」ということです。副詞のonの用法に、「**継続**」という用法があり、keep on、go on、carry on、など、「**持続する動き**」を表す動詞と共によく使われます。「**〜しつづける**」という意味になるのは、「〜という持続する動作から離れずにいる」ということだからです。

We kept on running.　「私たちは走りつづけた。」
She went on talking.　「彼女は話しつづけた。」

この「離れていない」という感覚は、on time「**時間通りに**」「時間ぴったりに」という意味にも応用されます。これは「決められた時刻から離れていない」という意味を表しています。

Our flight departed on time.　「私たちの便は定刻に出発した。」

「隣接」という意味も出ます。on the riverと言っても川の上に建物があるわけではありません。

The building is on the river.　「その建物は川沿いに建っている。」

「川を覆うように、川の上に」ならover the riverとなります。

「**〜するとすぐに**」という表現があります。これも接触のonで、「Aという行為とくっついてBという行為が起きる」ということを表しています。

Many TV shows are available on demand.
「多くのテレビ番組が見たいときにすぐ見れます。」
→ on demandの直訳は「需要とくっついて」。

On getting on the train, she became sick.
「電車に乗ってすぐ、彼女は気分が悪くなった。」

●── **「～の上に」から……**

「上に乗っている」というところから、「上からのしかかり、圧力をかける」というイメージが出て来ます。

Just focus on driving.　「ちゃんと運転に集中してよね。」

→ focus は焦点を合わせること。一点に集中するとそこには強い圧力がかかる。

少し変わったところでは、「人に怒りを向ける」という意味での「圧力」の on があります。

She slammed the door on me.

「彼女は（私に怒って）、ドアをバタンと閉めて出て行った。」

→ドアの「バン！」という音は、私に向けられた圧力。

「上から」乗ることは、下から何かに支えてもらっているということでもあります。ここから「**依存する**」という意味が出て来ます。depend on、rely on、live on など、「依存」を意味する熟語はほとんどの場合、on がつきます。

It depends on how you define the word.

「それはあなたがその言葉をどう定義するかによります。」

→ depend の de は「下に」、pend は「ぶら下がる」（例；pendant「ペンダント」）。「ぶら下がる」イメージの「頼る」。

In the near future, more people will have to rely on care-givers.

「近い将来、より多くの人が介護職員を頼るようにならざるを得ないだろう。」

→ rely の re は「再び→強く」、ly は「束ねる」。「強く束ねる」＝いつも一緒で、それなしではいられない、というイメージの「頼る」。

The eight kids lived on their mother's income.

「その８人の子どもたちは、母親の収入を頼りにして生活していた。」

Asian people live on rice.　「アジアの人々は米を主食にしている。」

→何かに乗っかって暮らしを立てているのが live on で、ここではある特定の種類の食糧に依存して暮らしていることを意味する。

We don't want to spend much time on this subject.

「この話題にはあまり多くの時間を割きたくない。」

→「spend 時間・お金 on 対象」。お金や時間を対象の上にどかっと集中投下する感じ。

A tax on gasoline is a big part of the government's revenue.
「ガソリン税は政府の収入の大きな部分を占めている。」
→ 税は何かの上にのしかかる負担のイメージ。

●—— 時間表現の on、in、at を比較する

ここで時間を表す on、in、at を比べてみましょう。at は「動きつづける点を指す」というところから、「７時に○○して、10 時には○○して…」と「各時点で何をするのか」を表す感覚でした。

in ですが、「枠内」をイメージするので、やはり時間を枠として捉えるときに使われます。例えば「2012 年に」は in 2012、「5 月に」は in May ですが、これも１年を 365 日間、ひと月を 31 日間という「広さを持った枠」のイメージで捉えると出て来る表現です。

また、「ある期間内で」という「枠内」のイメージも in で表されます。

He improved a lot in a short period of time.「彼は短期間で随分と上達した。」

「**今から数えて〜後**」というときにも in を使います。「今から」という開始点があるのがポイントです。

I'll see you in two weeks.　「（今から）２週間後に会いましょう。」

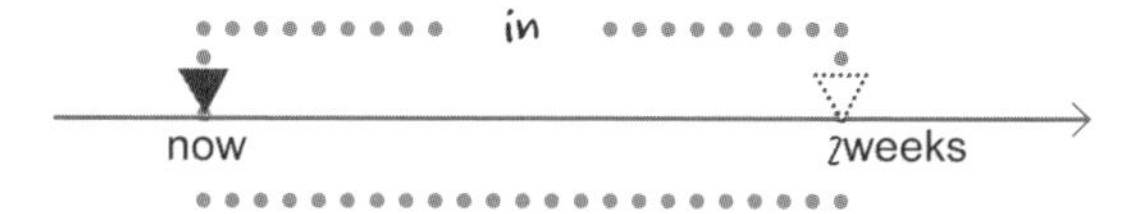

言葉通りなら「２週間の枠内」なのですが、枠の外縁を指す意味を持ちます。ちなみに「ある任意の時点から〜後」なら later を使います。

I saw him two weeks later.　「私は彼を２週間後に見かけた。」

on は、on the stage（舞台上）というイメージで時を表します。on ＋日付や on ＋曜日、例えば on Tuesday なら「火曜日という舞台の上で」という感覚です。in the morning や、in the afternoon など「午前中・午後」は時間の枠のイメージを持ちますが、「火曜日の朝」など、日と共に用いる場合、on Tuesday morning のように、on が優先されます。歴史的にもともと時を表す前置詞は on だったようです。時を舞台として捉えていたのでしょう。

Must
80

「〜について」を表す前置詞

▶少しずつだけど意味も違うし使い分けもある

onの用法の１つに「〜について」「〜に関して」というのがあります。

a lecture on economics 「経済学の講義」
a TV show on biology 「生物学についてのテレビ番組」

これはaboutとはどう違うのでしょうか。

●── aboutの根っこの意味は「周辺」

aboutの根っこの意味は「**周辺**」です。aboutには「およそ・約」という意味がありますが、例えば「およそ100」というのは「100の周辺の数」ということです。また、aroundと同じ意味で使われることがありますが、これもaboutが「周辺」という意味を根っこに持つからです。

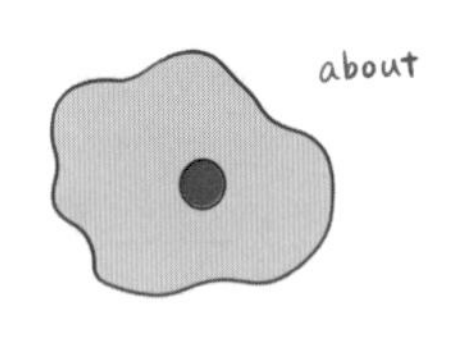

She walked about the campus. ≒ She walked around the campus.
「彼女はキャンパスを歩き回った。」

●── 俯瞰して点のように捉えるon

aboutの「〜について」という意味とonの「〜について」という意味を比べてみましょう。

onはよく、「専門的で、限定的な情報を扱う」と言われます。例えば、

「経済について」というとき、on economics と言うと、「他の点ではなく、経済という点に関しては」という感じがします。

これは、地点を表す at と似ています。at は、ある場所を「中から」見る in と違い、場所を空高くから見下ろし「点」として捉えます。「on + 話題」でも、話題を少し離れた場所から全体像で捉え、点のように捉えています。

実際の使用例を見てみましょう。COCA というコーパスから採取した例です。

… it's part of a growing effort to reach out to these voters not only on economics but on health care, and on education.

「これらの選挙民に対して、経済に関してだけでなく、医療問題や教育問題に関しても訴えかけていこうとする努力の一部です。」

→選挙の争点として、経済、医療、教育の問題を挙げている。on economics で「経済全体」、on health care で「医療問題全体」、on education で「教育問題全体」を表す。

He translates Russian literature into English and writes fiction, as well as articles on economics, business, and finance, in both languages.

「彼はロシア語と英語の両方で、経済やビジネス、金融に関する記事を書くが、それだけでなくロシア文学を英語に翻訳し、フィクションも書く。」

→本棚の上に本を整列させるように、「経済分野全体」、「ビジネス分野全体」、「金融分野全体」、を表すボールをそれぞれ並べる感じ。

on は「接している」＝「離れていない」ということなので、「直にくっついた」話、つまり「**遊びのない、厳密にそれに関してのみの**」話、ということになり、専門的で、固い話題の印象を与えると考えられます。

一方、about ではこのボールを解きほぐし、トピックの周りにあるいろいろな話題に触れていく感じがします。about economics だったら「経済をとりまくいろいろな話」という感じです。about は「周辺」なので、この「とりまく」という感じが出て来ます。先述の COCA から実際の使用例を紹介します。

They don't know two things about economics.

「あの人たちは経済について、2つのことがわかっていない。」

→ 経済を取り巻くさまざまな話のうち、2つのことがわかっていない、という感じ。

Wherever people talk about economics and economic policy, Karl Brunner is known and respected.

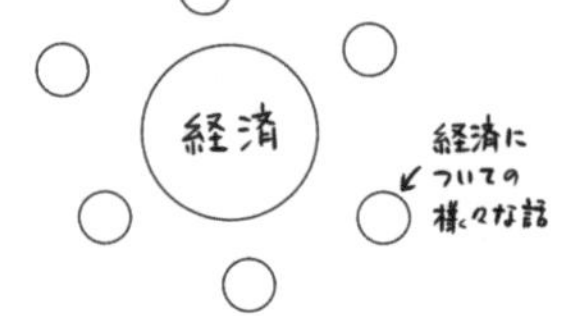

「人々が経済や経済政策の話をするときにはどこであっても、カール・ブラナーは名が知られているし、尊敬も集めている。」

→「経済や経済政策に関するいろいろな話」という感じ。

このように「**そのトピックを取り巻くいろいろな話**」という感じがaboutですから、aboutが使われるときは、そのトピック全体というよりは、**部分的な話をバラバラと取り扱う**感じがします。

●──「心がウロウロするとき」は about

be worried about, be concerned about, be anxious about, feel uneasy about。どれも「～について心配する」という意味です。

すべてにaboutがつくのは偶然ではありません。aboutは「周辺」であり、aroundに近い使われ方もすることをすでに紹介しました。「**心が心配事の周りをウロウロする**」感覚がaboutを使わせる原因になっています。

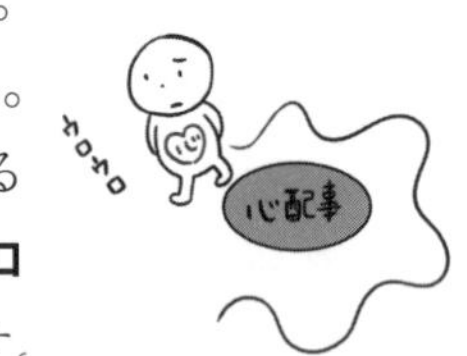

think aboutとthink ofの違いを考えるときも、この考え方が役に立ってきます。think aboutは**「ああでもない、こうでもない」といろいろと思いあぐねたり、悩んだりする**感じが出て来ます。以下の文も実際に使用されたものです。

Law schools would probably be wise to think about being two years instead of three years ….

「法学科大学院を3年制ではなく、2年制にすることを考えた方がおそらく賢明だろう…」

→「3年制ではなく、2年制にするとどうなるかな」と、あれこれいろいろシミュレーションしつつ検討する感じ。

この「こうすると、こうなるかな？それともああなるかな？」と**シミュレーションしながら考える** think about の感覚は consider と似ています。

con は「共に」sider は「星・星座」を意味する言葉で、占星術師が「星を集めて眺めながら、将来のことをああでもないこうでもないと考える」のが語源です。シミュレーションは一種の想像で、頭の中の想像は「動作の最中の映像」が出て来るので、consider の後ろには～ ing がつきます。

I considered going with him. 「彼と一緒に行こうかどうしようかと考えた。」

→「彼と一緒に行くとどうなるかな」ということをシミュレーションしながら検討している。

一方の think of ですが、of は「全体から構成要素を一部取り出す」というのが根っこの意味です。例えば a piece of cake ならケーキ全体から、構成要素である一切れを取り出す感じです。think of は「心の中で、思っている内容が泡のように浮かんでくる」感じです。「**ふと思い浮かべる**」とか「**思いつく**」ときに使います。

I can't think of anything truer than that.

「それ以上に真実味のある話なんて、何も思いつかないよ。」

また、全体ではなく、一部分が取り出されるという of の性質から、「全体をよく考えるのではなく、部分的な印象として考える」という意味でも使われます。

What do you think of him? 「彼のことどう思う？」

→ぱっと見の印象など、部分的なデータに基づいた判断や感想。

'Cause when I think of you, baby, nothin' else seems to matter.

「だって、あなたのことを思い浮かべたら、他のことはどうでもよくなるの。」

→ Janet Jackson の When I Think of You の歌詞より。心の中にフラッシュのようにぱっと「あなた」のイメージが浮かぶ感じ。

Must
81

いつも仲良いだけじゃない with

▶with には「対立」の意味もある

with を語源から探ると見えてくる

with は with you で「あなたと一緒に」となるように、「**一緒に**」という意味が代表的です。

しかし、古英語（およそ 8 ～ 12 世紀）では against に近い意味で使われ、中英語（およそ 12 ～ 16 世紀）になり、「共に、一緒に」という意味にシフトしたとされています（ONLINE ETYMOLOGY DICTIONARY より）。with が持っていた against の意味は現代英語でも、こんな言葉に保存されています。

withstand 「（熱や衝撃などに）耐える・持ちこたえる」
with 逆らって＋ stand 立つ

withhold「保留する・差し控える・知らせずに隠す」
with 反対側に＋ hold 保持する

withdraw「撤回する・撤退する・（預金を）引き出す」
with 反対に＋ draw 引く

「一緒に」という意味と、「**逆らう・反対**」という、逆方向の意味のシフトが起きた過程は、スポーツやゲームの例を考えると想像しやすくなります。

I played tennis with Jeff.　「私はジェフと一緒にテニスをした。」

He played cards with me.　「彼は私とトランプをした。」

「～と一緒に」と訳せるこの with ですが、よく考えると例文の Jeff や me は対戦相手です。つまり、「対立」の関係にあります。「相手」というものは、対立していようが友好関係にあろうが、一緒にいるから「相手」なのです。

with には現在でも against の意味と together の意味が混在しているところがあって、fight with という表現は、時に二通りの解釈が可能です。

Japan fought with the US in World War Ⅱ.

「第二次世界大戦で日本は米国と戦った。」

Britain fought with France against Germany.

「英国はフランスに味方してドイツと戦った。」

→上記例文はジーニアス英和大辞典より。1つ目の例文で対立の意味を明確にしたい場合は with より against を使った方がよい。

●―― 「共にいる」with

現代英語の with ではこの「**一緒に・共に**」が基本の意味となっています。この with は「**感情の対象**」や「**状況の良し悪し**」を表すのにも使います。例えば、I'm angry with him.（私は彼に腹を立てている。）というのは、I'm with him.（私は彼と一緒にいる）という情報に、「どういう心情で彼と一緒にいるのか」という情報を加える形で発展した構文だと考えることができます。

似たパターンとしては、以下があります。

Are you with the way you're doing your job?

「あなたは自分の仕事のやり方と共にいますか？」

→ Are you happy with the way you're doing your job?

幸せな状態で自分の仕事のやり方と共にいるか？
＝「あなたは自分の仕事に満足していますか？」

I am with that.　「私はそれと共にいる。」

→ I have no problem with that.

問題がない状態でそれと共にいる。＝「そのことに関しては、私は全く問題がありません。」

There is a situation with my ears. 「ある状況が私の耳と共に存在する。」
→ There is nothing wrong with my ears.
全く問題がない、という状況が私の耳と共にある。＝「私の耳はなんともない。」

●――「have」の with

そしてこの「共にいる」という意味から、with は have に近い意味、つまり、「持っている・抱えている」という意味を持つようになります。

a girl with long hair
a man with a big black bag

例えば a girl with long hair（長い髪の少女）というのがそうです。少女が長い髪と共にいるということは、長い髪を持っているということですね。A man with a big black bag talked to me. なら「大きな黒い鞄を持った男が私に話しかけてきた。」と訳せます。

この with は、時に have や bring、carry といった動詞と共に使い、**「今この場で身につけている」ことを強調する**意味を出したりします。例えば、I have a camera. なら、「カメラは所有しているが、家に置いている」という解釈も可能です。しかし、I have a camera with me. と言えば、「今この場に私はカメラを持ってきている。」という意味になります。

「傘を持って来なさい。」なら、ただ Bring an umbrella. と言うよりも、Bring an umbrella with you. と言ってあげるのが普通です。

●――「道具」の with

have の意味から with には「道具の with」とでも呼べる用法が派生します。道具は原則的に手に「持って」操作します。ここから、「道具を使って」「道具で」という時に with を使うようになるのです。

I cut the meat with a new knife. 「私はその肉を新しいナイフで切った。」

「～によって」の by は動作主を表しますが、with は道具です。

× I was hit by a bat. → 「私はバットによって殴られた」。バットが意志を持って殴ったことになる。
○ I was hit with a bat. 「私はバットで殴られた。」
○ I was hit by Mike with a bat. 「私はマイクにバットで殴られた。」
（マイクが動作主で、バットは使われた道具）

He pulled at my jacket with all his strength.「彼は力一杯私の上着を引っ張った。」
↑「his strength」は、彼が私の上着を「何を使って」引っ張ったかを表す言葉。

with [O=C]：付帯状況の with

最後にとてもよく使われる付帯状況の with を説明します。with の後ろに第５文型と同じ「目的語＋補語」の形が来るのが特徴です。

He listened to me with his eyes closed.「彼は目を閉じて私の話を聞いた。」
目的語　補語

この**「目的語と補語」の関係はイコール関係**で、His eyes are closed. という文から are を抜いたのと同じ形です。

作るときに判断力を要するのが、補語の部分を～ ing にするか、過去分詞にするかです。目的語が「する立場」なら補語は～ ing、「される立場」なら過去分詞です。「彼の目」は彼の意志によって「閉じられる」立場なので、ここでは過去分詞になっています。

では、次の例ではどちらになるでしょう？

He was angry with his shoulders [shaking / shaken].
「彼は怒りに肩を震わせていた。」

ポイントは**彼が自分の意志で肩を震わせているか**どうかです。

わざと肩を震わせるのはおかしいですね。無意識に、肩が勝手に震えているわけです。ですから

× He shakes his shoulders.　「彼は自分の肩を（自分の意志で）震わせる。」
→ His shoulders are shaken by him. ではなく、
○ His shoulders shake.　「彼の肩が（自分で勝手に）震える。」

という関係になるはずです。というわけで答えは、He was angry with his shoulders shaking. となります。

このように eyes や shoulder のような体のパーツが目的語に来るとき、ある行為が**意識的に行われているなら補語は過去分詞**（意志によって～される）となり、**無意識に行われている行為なら補語は～ ing**（体が勝手に～している）となります。

Must
82

forの全体図

▶「目標」の for

for の語源は「前」

for は古英語（およそ８～１２世紀）の時点ですでに多くの意味を持っていた言葉で、その先祖であるゲルマン祖語までさかのぼると「**前**」という意味を持っていたと推測されています。人間は前方にある目標に向かって進みますので、for は「**目標**」という意味を持つに至ります。

A super-computer was used for the research.
「その研究に、スーパーコンピュータが使われた。」
→研究を目的として、ということ。

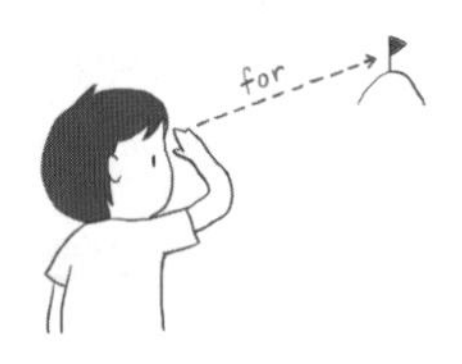

●—— for ～ ing と目的の to 不定詞

ちなみに目的を表す表現にはもう１つ、不定詞の副詞的用法があります。

I need a box to store DVDs.　「DVD を収納する箱が１つ必要だ。」
→ DVD を収納することを目的として、ということ。

for ～ ing でも同じような文が作れます。

I need a box for storing DVDs.　「DVD を収納する箱が１つ必要だ。」

両者はどちらでも使える場合も多くありますが、そうではないときもあります。

両者の違いがよくわからないという人はかなり多く、ライティングでも時折両者の不自然な選択が見られます。

for ～ ing も to 不定詞も「～のために・ための」という意味を表すことはできますが、厳密には **for ～ ing は「機能」、to 不定詞は「目的」を表す**という違いがあります。

a box for storing DVDs（DVD を収納するための箱）と言う場合、その箱は DVD を収納するという機能を持っていることになります。機能というのは、ある物が常に発揮できる働きだと考えてください。その箱は常に収納という働きを発揮できる物なのです。

では一方で、「目的」はどうでしょう？ 目的というのは、達成したい、つまり、「やりたい。やろう」と思っている内容と言えます。

I'm going to Hong Kong to visit my friends.
「私は友人たちに会いに、香港へ行くところだ。」

上の例文で to visit my friends は香港へ行く目的ではありますが、機能ではありません。言い換えると、香港という都市は、「友人に会う」という働きを常に発揮する装置や道具ではないわけです。ですから、

× I'm going to Hong Kong for visiting my friends.

とは言えないわけです。

ライティングでのミスに多いのはこのパターンです。

for ～ ing と to 不定詞がどちらも使えるのは、機能と目的の両方で述べることができる場合です。

先ほどの I need a box for storing DVDs. は、DVD 収納の機能を持つ箱を必要としている（I need a box that can store DVDs.）ということを表しています。これを I need a box to store DVDs. と言えば、「DVD を収納したい。だから箱が必要だ。」（I need a box because I want to store my DVDs.）ということを表しています。どちらも意味が通るので、ここでは for ～ ing と to 不定詞の両方が使えるということになります。

●── 目標・目的の for：「渋谷行き」はなぜ for Shibuya なのか？

目標とか行き先という意味を表すときに for と to の混同がよく見られます。ポイントは、「**for はたどり着いていない**」「**to はたどり着いている**」です。

不定詞のところ（36 項）で説明している通り、to には「これから向かう」と「たどり着いている」の２つの意味を持ちます。**前置詞で to が使われるときはほとんどの場合、「たどり着いている」の意味です。**

🔊 I went to Shibuya.　「私は渋谷に行った。」

→たどり着いている

🔊 I'll go to Shibuya tomorrow.

「私は明日渋谷に行くつもりだ。」

→渋谷にたどり着く、ということを明日行うつもりだ

このように「to ＋場所」は**場所に到達すること**を表します。

一方で for は「**目標**」です。

例えば「金メダルが目標です。」と言う人は、まだ金メダルを手に入れていない人です。つまり「目標」には「**たどり着いていない**」という意味が込められています。

🔊 I left my house for Shibuya. 「私は渋谷へ向け、家を出た。」

上の例文では家を出ただけで、渋谷にはまだ着いていないという意味が含まれています。

電車に表示される「～行き」が「to ～」ではなく、「for ～」となるのはここに秘密があります。

例えば「渋谷行き」の電車は、渋谷に向かって走っているわけで、渋谷に

はたどり着いていません。たどり着いてしまえば、「渋谷行き」の使命は終わり、表示は消えるわけです。ですから「渋谷行き」は for Shibuya です。

「go to ～（～へ行く）」と「head for ～（～へ向かう）」は同じような意味に聞こえるかもしれません。

しかし、オックスフォード英英辞典を引けば、go は "to move or travel from one place to another"（ある場所からある場所へと動くもしくは移動する）と書かれています。つまり「到着」が意味の中に含まれています。ですから go の後ろには to が来ます。

一方で動詞の head を引くと、"to move in a particular direction"（ある特定の方向へ動く）ということです。方向だけが示されていて、到着の意味まではカバーされていないことがわかります。

したがって、She headed for the door.（彼女はドアに向かった。）のように head の後ろには for が来ます。

head for の例でわかる通り、目標は「方角、方向」というイメージと密接に結びつきます。日本語でも「あっちに目標があるので、そこへ向かって」と言う時に「あっちの方へ」と言えます。ここから for は「**～向け**」という意味にも広がっていきます。

This book is for children under 10.「この本は10歳未満の子ども向けです。」

→本の内容が「どの方向を向いて」書かれたものなのかを説明。

For your eyes only.　「読んだ後は廃棄してください。」

→あなたの目にしか「向けられて」いない手紙や機密文書。

Must
83

forの全体図その２

▶期間の for と during の違いはどこから？

for は「前」という語源から、「前にある目標・目的地」という意味が出ることを前項で説明しました。今回は「交換・代理」、そして「釣り合い」の for を説明していきます。

●── 「交換・代理」の for

「第４文型から第３文型への書き換え」の８項で説明している通り、for は「交換・代理」のイメージを出します。

She brought a cup of coffee for me.

「彼女は私にコーヒーを一杯持って来てくれた。」

→「私のために」、ということは「私が飲むコーヒーなら本来私が持って来るべきだが、それを彼女が代わりに持って来てくれた」ということ。

例えばこれが to なら、「代わりにやってあげた」感はなくなり、物理的にコーヒーを移動しただけの意味になります。to の目的語を「人」ではなく、「物」にすると、その感覚がわかりやすくなります。

× She brought a cup of coffee for the table.

→「テーブルに代わって持って来てあげた」？

She brought a cup of coffee to the table. → 物理的なコーヒーの移動

「彼女はそのテーブルに、コーヒーを一杯持って行った。」

こうした「交換」のイメージが強く出る for の例をいくつか紹介します。

I'd like to change this jacket for a smaller one, please.

「このジャケットを、小さいサイズのものと交換していただけますか。」

→ change A for B で「AをBと交換する」

Can you attend the meeting for me?

「私に代わって会議に出てくれないか？」

→「私のために」と訳せる場合もあるが、文脈的に「代理」の意味で使われる場合が多い。

●──「交換」から「釣り合い」へ

代理や交換というのは必然的に「等価交換」のイメージを持ちます。

例えば１万円というのは１万円の価値があるものとしか交換できません。ここから、「**釣り合いが取れている**」という意味で for が使われるようになっています。「交換・代理」が「釣り合い」に発展する典型が以下のフレーズです。

A make up for B / A compensate for B

「AがBを償う・Bの埋め合わせをする」

Let me make up for being late.

「遅刻した埋め合わせをさせてよ。」

He worked very hard to compensate for his lack of experience.

「彼は自分の経験不足を補うために大変な努力をした。」

→ make up は「くぼみを底上げ (up) する形を作る」こと。つまり、「埋め合わせをする」。compensate は com（共に）＋ pensate（ぶら下げる；pendant と同源）。つまり、天秤が釣り合うようにするということ。埋め合わせをするというのは「釣り合いが取れるようにする」ということ。

take A for granted

「Aを当然だととる」

She took my love for granted.　「彼女は僕の愛を当然だと思ったのさ。」

→ take は「取る」というところから「解釈する」という意味に。
granted は「承認されたもの」つまり「許しが出ている」イメージ。
「Aの価値」を「許可済み」と釣り合っているものと解釈するというところから、「努力しなくても当たり前のように受け取れるものと解釈する」という意味が出る。

give up A for dead/lost

「A を死んだもの / 失くしてしまったものとしてあきらめる」

His family gave him up for dead.

「彼の家族は彼のことを死んだものとしてあきらめてしまった。」

→「彼の状態」と「死んでいる状態」が釣り合った状態。A が代名詞の場合、代名詞は旧情報で「軽い情報」(すでに知っている情報だから脳が処理しやすい) なので、up の前に出て来る。

他に、以下のような表現があります。

It's cold for this time of the year. 「(一年の) この時期にしては寒い。」

→いつものこの時期と、今日の寒さを釣り合わせて比較している。

●── 「期間」の for と during の違い

for は「期間」の意味があります。during という前置詞も「期間」を表します。

両者の違いを見ていくと、for がどういうイメージの「期間」の意味を持っているのかがわかってきます。

形式上の特徴として、**for の後に来る期間には the などの限定を表す言葉はつかない**のに、during の場合は限定を表す言葉がつくのが一般的であるというのがあります。

I stayed at the hotel for two months. 「私はそのホテルに2ヶ月間滞在した。」

I stayed at the hotel during the two months.

「私はその2ヶ月間、そのホテルに滞在した。」

during は例えば、during summer vacation (夏期休暇中に) のように、「それは『どの』期間に行われたのか」ということを説明する言葉です。

ですから、「他の2ヶ月の話じゃなくて、そのときの2ヶ月だよ」というような、限定を表す言葉を必要とします。

では、for が表す「期間」にはなぜ限定を表す言葉がつかないのでしょうか？

for が表す「期間」は、「交換」から派生したものだと言えます。つまり、**「ある行為を行うのと引き換えに、これだけの期間を消費した」**という感覚が元になっていると考えられるのです。

He has been practicing karate for 8 years.

「彼は空手を８年間修行している。」

→空手の修行と引き換えに8年を消費。

このため、行為と引き換えに「どれだけの期間を消費したのか」を言えば良いのであって、「それがいつの期間なのか」を説明する必要はなくなるわけです。

このように、for の後ろに来る期間を表す言葉に、last や next、the といった限定を表す言葉をつける必要はありません。

例外もあって「for the past ＋期間」という言い方もあります。「**今から数えて過去〜の期間**」という意味です。

We have hardly seen him for the past two weeks.

「この２週間、私たちはほとんど彼の姿を目にしていない。」

ただこれも、「いつの期間にやったのか」というよりは、「現在に至るまで、その行為と引き換えにどれくらいの期間を消費したのか」という色合いは失われていません。

Must
84

ofは「～の」ではない

▶「アメリカのコメ」は American rice ? rice of America?

取り出す of

本書ではこれまで何度となく of について触れてきました。

of の根っこの意味は「**全体から、それを構成する一部を取り出す**」ということです。

a piece of cake なら、ケーキ全体から、ケーキを構成する一部である「一切れ」を取り出すイメージですし、students of the school なら、学校から、学校を構成する要員である生徒を一部取り出して見せることが、「その学校の生徒たち」という意味を生み出すのです。

of が「～の」という日本語に置き換えて事足りる場合というのは、それほど多くはありません。英語学習の割と早い段階から学習者はこのことに気づき、あまりにも多様な of の姿に悩まされるわけです。

実際、of は英語の前置詞の中で最も多様な意味を派生させている言葉で、たった１つのイメージで of の意味をすべて理解できるわけではないと私も思います。それでも、ある程度統一したイメージで理解することは、その直感的な使用を容易にしてくれます。

そこでこの項では、「**全体から、構成する一部を取り出す**」、つまり、「**取り出す**」という観点から of の姿を眺めていきたいと思います。

●—— 実体化：形にして取り出すパターン

先ほど述べたa piece of cakeは、数ある「**具体的な形 of 不可算名詞**」のパターンの1つです。

形のないもの（不可算名詞）から、一部に形（a piece）を与えて取り出している表現です。

a pieceにはaがついているというところに注目しましょう。aは「**形が1つある**」ということを意味するのでした。他にも例えばa bag of potatoes（ひと袋のジャガイモ）や、a bottle of tea（ひと瓶のお茶）もそうです。

イメージ的には無限のジャガイモやお茶からひと袋分、ひと瓶分**すくい取って実体化してこの世に出現させてあげる**感じです。

●—— 材料・要素・構成

この「すくい取って実体化してこの世に出現させる」感じは、材料や構成を表す言い方につながります。

This table is made of wood.（このテーブルは木でできている。）なら、木材からテーブルの形を取り出してあげる感じです。

「[A]は[B]で構成されている」を意味する[A] consist of [B]や、[A] is composed of [B]にofが使われるのも「材料・構成員から合成物や組織が出て来る」というイメージからです。

🔊The board of directors consists of 6 members.

「理事会は、6人のメンバーから成っている。」

→ con（共に）+ sist（立つ）＝「柱が共に立って、1つの建物を構成するイメージ」。ofは、6人のメンバーから理事会という組織が「出て来る」感覚を表す。

🔊The comparison group was composed of student volunteers.

「（実験のための）比較グループは、学生ボランティアで構成されていた。」

→ com（共に）+ pose（置く）＝「材料を共に置く→組み立てる→構成する」。consistと違い、[A] compose [B]では[A]が「構成要素」、[B]が「集合体」。受け身で[B] is composed of [A]. というように、ofが使われる。

●—— 原因

死因を表す表現に A die of B（AがBで死ぬ）という表現があります。これも、BからAの死が出て来るという意味でofが使われています。

🔊 My father died of cancer.　「私の父はガンで亡くなった。」

→ガンから死が出て来るイメージ。

原因を表すofはof単独より、out ofの形で使われることがよくあります。

🔊 She hid herself out of fear.「彼女は恐怖のあまり身を隠した。」

→「恐怖」という原因から、「身を隠すという行為」が出て来る。

●—— 最上級のときに使われる in と of の違い

最上級表現に出て来るinとofの使い分けを説明します。結論から言うと**「枠のイメージ」がin**、**「粒のイメージ」がof**です。

中国の俳優
the most famous in China

🔊 He is the most famous movie star in China.

「彼は中国で最も有名な映画スターだ。」
→the world、国、街、学校、クラスなど「枠のイメージ」があればin.

🔊 He is the most popular of the three.

「３人の中で彼が一番人気がある。」
→「3人」というのは「3つの粒」のイメージ。

「粒」のイメージでofが使われるのは、「粒」が構成要素のイメージを持ち、そこから「最も～なもの」を「取り出す」行為を最上級の文が行うからです。

●—— be 動詞 ＋ of ＋ 抽象名詞 ＝ be 動詞＋形容詞

少し硬い表現ですが、This is not important. を This is of no importance. という風に言うときがあります。

形容詞をof＋**抽象名詞**（実体のない、抽象概念を表す名詞）に変えることで少し**「格好をつけた」感じ**が出せるのです。ofはここでも「出て来る」という意味で使われています。上記の例文なら「thisはno importanceから出てきたものである」＝「これは、全く重要ではない。」となります。

●──「アメリカのコメ」は American rice か、rice of America か？

of の「構成要素」のイメージが、大学受験で問われた例があります。

Can you tell the difference between rice grown in Japan and (　　　)?

1. American one　　2. American rice
3. one of America　　4. rice of America

（平成６年センター試験）

正解は２の American rice です。

まず、１と３は one が使われているのでダメです。**one が代名詞として使われる場合、可算名詞しか指すことができません**。なぜなら、one は数字の「１」であり、数字は数えるためにあるものだからです。rice は不可算名詞です。

では、なぜ４の rice of America はだめなのでしょうか？

of は「全体から、それを構成する一部を取り出す」という根っこの意味があります。A of B なら、A は B の構成要素、つまり、**B を構成する「なくてはならないピース」**なのです。

例えばその年を代表する車を car of the year と言いますが、その車なしにその年を語ることができない、その年の話題を構成する重要な一部である車という意味で of が使われています。rice はそれなしでアメリカを語れないほど重要なピースでしょうか？

違いますね。例えば the people of America は「アメリカ国民（グループの the がついているので国民全体）」ですが、これは、米国を構成するなくてはならない要素ですので、of がふさわしいわけです。American people と言うこともできますが、「アメリカを**構成する・なくてはならない**」という感じがある of の方が、荘厳な感じがします。

しかし、「アメリカのコメ」は単に「アメリカ産」であることを表せればそれで良いわけで、American rice が自然な言い方になるのです。

Must

85

overのイメージ

▶ 1つのイメージで「こえる」と「覆う」の両方の意味が出る

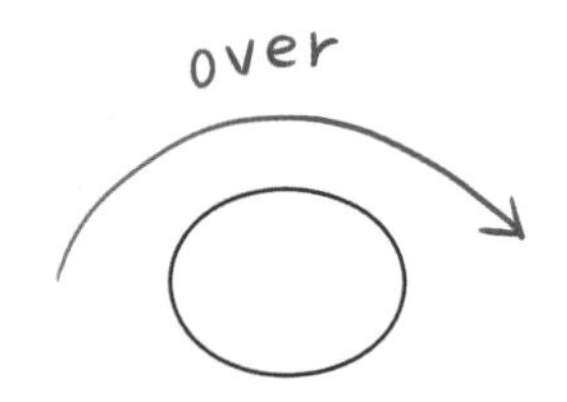

イラストはoverの基本のイメージです。

この図で何が言いたいかというと、overは「**こえる**」(「超える」と「越える」の両方)という意味でもあり、また、「**覆う**」という意味でもあるということです。

1つの単語や構文に複数の意味が出るとき、その原因となるものの1つに、「1つの事象を別の側面から見る」というのがあります。この図にある「→」は、まさにその「1つの事象に対する複数の解釈」を表しています。

イラストを参考にしながら、以下の例文の情景を想像してみてください。

●―― **覆う**

She spread a map over the table.　「彼女はテーブルの上に地図を広げた。」

The actor is famous all over the world.　「その俳優は世界的に有名だ。」

We need to have the tree cut that hangs over the road.

「道路に張り出しているその木を切ってもらう必要がある。」

→木(の枝)が道路を完全に覆っているのか、半分ほどなのか、三分の一ほどなのかは、このoverだけでは表現できない。わかるのは、ただ通行の邪魔になる程度、木が道路に張り出しているということ。

The ball flew over my head.　「そのボールは私の頭を飛び越えていった。」

→ただの「頭上を越える」ではなく、「覆うようにして」。もう少しで当たったかも、という、影響力があるイメージ。覆うことによる影響力がない、ただの「上」だとaboveが使われる。

He raised the flag high above his head.　「彼は旗を頭上高くあげた。」

→どれくらいの高さなのかというよりは、覆う感じがあるかどうか。above には覆う感じがない。

I want you to take over this job.

「私はあなたにこの仕事を引き継いで欲しい。」

→「覆う」ということはすべてをカバーすること。Aをすべてカバーする形で「取る」のが、「引き継ぐ」「乗っ取る」を意味する take over A。

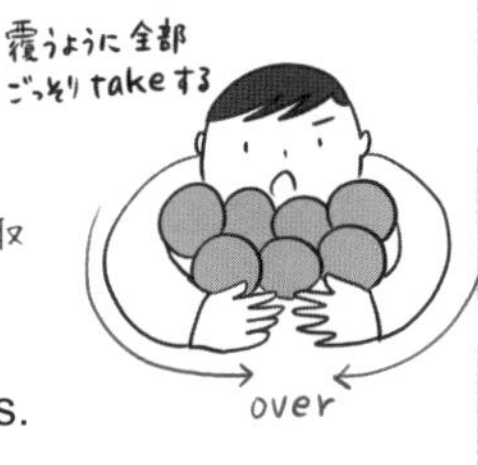

I'll stay in Egypt for the project over the next six months.

「これから半年間に渡って、私はプロジェクトのためにエジプトに滞在します。」

→「期間」を表す over。
for の期間は「ある行為と引き換えに、それだけの期間を消費する」というイメージで、over の期間は「それだけの期間を覆う」というイメージ。日本語の「～の期間に渡って」に近い。

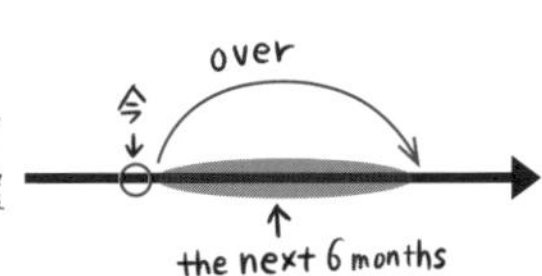

こえる

There is a bridge over the river.

「その川を横切る橋が１つある。」

→この over は「川を覆う」とも解釈できるし、「川を越える」とも解釈できる。

He lives over the river.

「彼はその川を越えたところに住んでいる。」

→ これは認知言語学で「心的走査」と呼ばれるもので、心の中で、視線が物体の端から端まで辿っていったり、視線が手がかりとなるものを辿ってその先に目標物を発見する過程を言語化したもの。

It's all over!　「終わったぁ！」

→ 格闘技の試合で、ノックアウトや一本で試合が決まった瞬間にアナウンサーが叫ぶ言葉。試合という山場を越えた先に、終了という点があるという考え方。他の「終了」の over には、game over（ゲーム終了）、Our love is over.（私たちの恋は終わった。）I must get over her.（彼女のことは忘れなきゃ。→ get over；乗り越えるという状態を手に入れる）

come over, go over

Come over here.　「こっちにおいで。」

→ Come here. に、「二人の間にある距離を乗り越えて」という over の意味が加わる。「動くのが面倒臭いだろうけど、そこを頑張っておいでよ」というニュアンスが出て来る。「向こうに・向こうで」の over there も同じ感じで、「ここからの空間的距離を越えて、向こう側に」という心理的イメージがある。

He went over to the headquarters.

「彼は本社に出向いた。」

→ ただの go to よりも、「頑張って行く」感が over の「越える」イメージによってもたらされる。「距離を乗り越えて」とか「憂鬱な気持ちを乗り越えて」などの意味が出る。

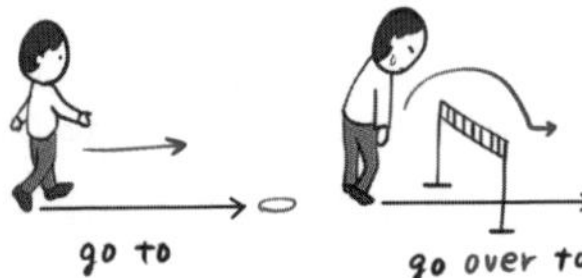

回転

over の「越える」動きを「半回転の移動」と捉えると、これを継続させると「**回転**」となります。

She tried to persuade Ben over and over again.

「彼女はベンの説得を何度も試みた。」 →繰り返しぐるぐる回るイメージ。

I saw a plastic bag rolling over the sidewalk.

「レジ袋が歩道を転がって行くのが見えました。」

→「roll over ＋場所」で「～を転がる」。

You can roll over the remaining amount to the next month.

「残額は翌月に繰り越すことができます。」

→ roll over A to B ; A をBにまで、転がして移動させる＝「繰り越す」

OK. Now turn over a card.　「よし、じゃあ、カードを一枚めくって。」

→「ひっくり返す（turn）＋回転させる（over）」

He turned the issue over and over again in his mind.

「彼は頭の中でその問題を何度も思案した。」

→肉や魚を焼くときに何度もひっくり返すイメージ。

問題：～をめぐって

over は争いのイメージを持つ、「**～をめぐって**」という意味を持ちます。

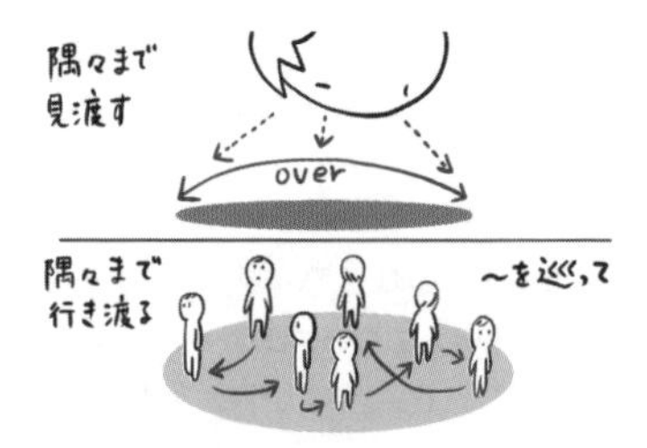

イラストにある通り、「めぐる」という日本語はある空間内を隅々までくまなく移動する、という意味がありますが、英語の over も「覆う」という意味から、空間をすべてカバーするイメージがあります。
ここではある「問題・トラブル」を空間と見立て、その空間内のいろいろな地点（＝個別の問題点）に関して「ああでもない・こうでもない」と係争する感覚があると考えられます。

The two countries started a war over territorial disputes.
「その２つの国は、領土問題をめぐって戦争を始めた。」

また、この over の「問題の隅々まで、視線でカバーする」という感覚が、「go over ＋問題」に「**問題を精査する**」という意味を与えています。go over は問題の隅々まで視線を動かすという意味で使われているのです。また、look over A なら「A の隅々まで視線を動かす」で、「見渡す」という意味が出ます。

We want to go over his story.　「私たちは彼の話をよく調べてみたい。」
She looked over the report.　「彼女は報告にざっと目を通した。」

一方で、この over が「越える」の意味で使われることで、overlook という単語は「見逃す」という意味になってしまいます。視線が目標の上を越えて、それてしまうということですね。

Did I overlook anything?　「私、何か見落とした？」

overlook は文脈によっては「見渡す」という意味でも使います。

The hotel room overlooks the beach and ocean.
「そのホテルの部屋からは、ビーチと海を見渡すことができる。」
→「見逃す」と訳すよりは、「見渡す」と訳した方が自然。

Must
86

up と down

▶英語話者にとって「上」と「下」はどんな世界なのか

方向性から心の中が見える

言うまでもなく **up は「上」で down は「下」**という意味です。そういう意味で、日本語とイメージが重なる部分も多くあります。

同時に、英語話者は日本語話者にはない感覚でこの up と down を捉えていたりもします。本来、単なる方向でしかないはずのこれらの言葉は、人間が抽象的概念をどう理解しているのかを映す鏡となったりもしています。

up と down を通して、英語話者の心の中を少し覗いてみましょう。

●―― 動作や感情の方向を示す

up と down は**動詞にくっついて、動作の方向を示す**使われ方が基本です。動作の様子を説明するのですから、副詞の役割ですね。

He picked up a coin.　「彼はコインを一枚拾い上げた。」

Jeff walked down to the basement.「ジェフは地下室へと歩いて降りて行った。」

→ pick，walk という動作の方向を示している。

こうした物理的な動作の方向を表す以外に、**人間の感情の状態**も表します。元気だったり、いい気分だと「上」、病気だったり、落ち込んだりすると「下」なのは日本語も英語も同じです。

本来は人間の情緒に物理的な方向性はないはずなのに、**人間が感情を「方向」で理解している**というのはとても興味深いことです。

He's feeling down. We need to cheer him up.
「彼は落ち込んでる。私たちが元気づけてあげないと。」

●――「近づく」「遠ざかる」

日本語にない感覚として「**近づく up**」「**遠ざかる down**」があります。

up は上昇を表すのですが、これは姿が大きくなることも意味しています。遠近法の関係で、近づくにつれ、物や人は大きく見えます。ここから up に「近づく」という意味が出てきました。また、down は下降ですが、これは姿が小さくなることも意味しています。そこで、遠く離れて姿が小さくなることから、down は「離れる」という意味を持つようになります。

He walked up to me and tried to give me something.
「彼は私のところに歩み寄ってきて、何かを渡そうとした。」
→「walk to ～」だけだと単に「歩いて～に辿り着く」という意味。up が入ることで「近づいて、姿がクローズアップして見えてくる」感じが出る。

up

Mike was further down on the beach.
「マイクならビーチをさらに行ったところにいたよ。」
→頭の中で、自分の位置から出発した目線がずーっと離れたところへ走り、見えるものがどんどん小さくなって行く感じが出る。

down

●―― 終了・完了の up と down

up には「**終了・完了**」の意味もあります。これは、水かさが上昇した結果、満水になる様子から来ています。「いっぱいになってこれで終了」という感じですね。

I must finish this up by tomorrow.　「明日までにこれを終わらせないと。」

Don't give up on me.　「私のことを見捨てないで。」
→ give up on A で、「A に見切りをつける・愛想をつかす」。
give up は「完全に明け渡す」＝「あきらめる」。on は「me の上にのし掛かる圧力」。

Time is up.　「時間切れです。」

一方 down の場合は、「**とどめを刺す**」という意味での「終了」「完了」感が出ます。人や動物の息の根を止めるということは、地面に倒すということですから、そこから出たイメージだと思われます。また、「一番下まで行ってこれ以上落ちない」という意味での「完了」感も出します。

The police tracked down the terrorist.「警察はそのテロリストを見つけ出した。」

→ track は「跡」であり、動詞だと「跡を追う」。追跡してとどめを刺す感じ。

No one can tie me down.「誰も私を縛りつけることなんてできない。」

→ tie は結ぶ。down は「立てない」、つまり「結んで立てなくする、動けなくする」。

The panic has settled down.「騒ぎは収まった。」

→ settle は seat や sit と同語源。settle down は宙を舞っていた埃が沈んで落ち着くイメージ。

down to the last detail「一つひとつの細部に至るまで」

→ 抽象は up、具体は down という思考も関係していると思われる表現。これ以上、下（具体）はない、という意味で、「完全」を表す。

破壊の up と down

up はおそらく「粉々に砕けて上方に飛び散る」というところから破壊の意味が出たと考えられます。一方 down は「潰れて崩れる」というところから破壊の意味が出ました。

Jim and Kate broke up last month.「ジムとケイトは先月別れた。」

My car has broken down.「私の車は壊れてしまった。」

She is cutting up some vegetables.「彼女は野菜を刻んでいるところだ。」

緊張・努力の up。リラックスの down。

背伸びしつづけるのが大変なように、up には「**努力**」のイメージが表れるときがあります。

Keep it up!「その調子で頑張って。」

I don't think I can catch up with others in my class.

「クラスの他の人たちに追いつけるとは思えない。」

It's hard to live up to one's parents' expectations.

「両親の期待に応えるのは大変だ。」

→ live up to ～で「～の期待に沿うよう頑張って生きる」。
live up は「上の方に居つづけることができるよう頑張って生きていく」。
to は「たどり着く・届く」イメージ。

一方で down は「流されて下に行く」感じが出るためか、「**地元**」とか「**繁華街**」といった、リラックスの意味で使われることがあります。

We went downtown to do some shopping.

「買い物をしに町の中心部へ行った。」

She is an uptown girl.　「彼女は山手のお嬢様さ。」

We had dinner down at the restaurant.

「近所の馴染みのレストランで夕食をとった。」

→ down at the restaurant で、「地元・近所のレストラン」という意味になる。

●—— 出現の up

up は「浮かび上がってくる」という意味で、出現の意味を持ちます。

I came up with a great idea.　「素晴らしい考えが浮かんだ。」

→ come up with ～で「～を考えつく」。海底でアイディアを拾って、それを持って (with)、海面に浮かび上がってくる (come up) ようなイメージ。

He showed up at the party.　「彼はそのパーティに顔を出した。」

→ show up で「顔を出す」。

What's up?　「どうした？」

→直訳すると、「何が出現している？」。転じて「最近どう？」という砕けた挨拶としても使われる。典型的な返事は "Not much."「特に何も。」

最後に。ネットの upload、download という言葉を見ると、**up は抽象の世界、down は具体の世界**ということがわかります。これは「空＝天国」という up の世界と、「下界＝現実」という down の世界がもとになっていると思われます。人間は上下という方向を使って、さまざまな抽象的概念を理解していることがわかります。

Must
87

byは「経由」が命

▶「そば」から始まる多彩な意味

byの語源はゲルマン祖語のレベルまで遡ると「そのあたり・周辺」という意味の言葉だったといわれ、そこから古英語では「そば・周辺・中・～の期間」という意味で使われていたbiという言葉になりました。1300年頃までには副詞として「そばに」という意味を持ったようです。

byは多彩な意味を持ち、その全部を隅々まで理解するのは大変ですが、byの主要な意味として「**経由**」の概念を理解しておけば、かなりの部分を理解しやすくなります。

というわけで、この項では「経由」の視点から、さまざまなbyの用法を解説します。

まずbyは「**そば**」という意味から始まります。

pass by Ⓐ
Ⓐのそばを通る

stop by Ⓐ
Ⓐに立ち寄る
寄り道

by way of Ⓐ
Ⓐを経由する

🔊 I found a convenience store by the station.
「駅のそばに、コンビニを一軒見つけた。」

「そば」にあるので「**通過する**」、「**ついでに寄る**」という意味が派生します。

🔊 We pass by a big construction site every morning.
「私たちは毎朝、大きな建設現場のそばを通る。」
→ pass by Aで「Aのそばを通過する」。

🔊 I stopped by the convenience store.「ついでに、そのコンビニに立ち寄った。」
→ stop by Aで「Aに立ち寄る」。

さらに、「立ち寄ってから行く」、つまり「**〜を経由して行く**」という意味が派生します。

I came to the station by way of the convenience store.
「コンビニ経由で駅に来たよ。」→ by way of [A]で「[A]を経由して」。

「経由」は by の中でもかなり太い意味

この「経由」という意味は、by のいろいろな意味の中でもかなり大きな部分を占める重要なパートだと、私は考えています。

●── 「交通手段」の by

by train とか by bus など、手段を表す by は、「目的地に到着するのに、どういう交通機関を経由して来たのか」ということを表していると考えられます。目的地に到着するために**「手段を経由して」やって来た**と考えているわけです。by air、by sea というのはそれぞれ「空路で・飛行機で」、「海路で・船で」という「手段」とも「経由」とも取れる表現です。

注意して欲しいのは、つい by a train や by the train と言ってしまうことです。これだと「電車のそばで」という「車体」を意味しますし、by the sea なら「海のそばで」となります。つまり「実体化」するわけです。

手段の by の後ろにつく名詞は「実体」ではなく、「機能」を意味しています。

この考え方は、72 項で解説しています。例えば、a meal は実体としての1回分の食事を意味しますが、breakfast、lunch、dinner は a meal を「朝用、昼用、夜用」のいずれの用途で食べるかの「機能」を表し、実体ではないので、**不可算名詞**です。

これと同じように手段の by の後に来る train、air、sea などは「**移動・交通の機能**」を意味しており、そのため、冠詞もつかなければ、複数形になることもない不可算名詞になるということを理解しておく必要があります。

実体の乗り物なら、乗り物の空間関係を示す別の前置詞が使われます。

Shall we go in my car?　「私の車で行こうか？」

←自分の車なので、機能ではなく実体。乗用車はカプセル状の空間内をイメージするのでin。

I came here on my bicycle.　「私は自分の自転車で来た。」

←自分の自転車なので、機能ではなく、実体。運転者は自転車の上に乗るのでon。

●――「動作主」のby

主に受け身で使われる**「〜によって」のby**も、「誰（何）を経由して、その力が出力されたのか」ということを表すと考えることができます。

Those fish are polluted by mercury.

「それらの魚は水銀によって汚染されている。」

→水銀経由の汚染。水銀というルートで出力された汚染。

by を使わない受動態では「出力」以外のイメージが優先されています。

The mountain was covered with snow.　「その山は雪で覆われていた。」

→雪を「出力のルート」ではなく、「山がhaveしているもの」として捉えている。

I was caught in a shower.　「私はにわか雨にあった。」

→にわか雨を「出力のルート」ではなく、「にわか雨の範囲の中に包まれた」と捉えている。

The ball was hit with a bat by Tom.

「トムがバットでボールを打った。」（直訳：ボールはトムによってバットで打たれた。）

→「打つ」という行為の出力はトムによってなされている。バットは使われた「道具」。

●――「動作の媒介」のby

体の部位を通して、対象に影響を与えるということを意味する構文です。

I pulled him by the arm.

「私は彼の腕を引っ張った。」

この文は「腕」を経由して、彼を引っ張るという行為を私がしたということを意味します。

それなら I pulled his arm. でいいじゃないか、と思うかもしれませんが、微妙に意味は変わって来ます。

I pulled his arm. だと、引っ張る力は「彼の腕」にしか作用していません。I pulled him by the arm. にすることで、「腕を引っ張ることで、彼の体全体を引っ張る結果になる」ことを意味するのです。

ちなみに体の部位の前には the がつくのが普通です。この文では、「この arm は他の人の arm ではなくて、今言った him の arm だよ。」ということを表しています。よく、by the arm ではなく、by his arm としてしまう人がいます。気をつけたいところです。

●──「程度」の by と「単位」の by

上記の「動作の媒介」の by では、文の内容が進むにつれ、**「広い情報から狭い情報」へ**と流れていっています。

pull him という「人間全体を引っ張る」から by the arm という「具体的にどの部分を引っ張るのか」という流れです。これと同じような情報の流れは他の用法にも見られます。

Sales have increased by 5%.「売り上げは５％増加した。」 **程度の by**

→「増加した」から「具体的にどれくらい増加したのか」へ。

I'm paid by the year.「私は年棒で給与をもらっている。」 **単位の by**

→「支払われている」から「具体的にはどういうシステムで支払われているのか」へ。the year の the は「week や month という他の単位ではなくて、year という単位だよ」という区別を表す。

これらも、「増えたのは増えたけど、具体的には何％経由で？」とか、「支払われているのは支払われているけど、具体的にはどの単位経由で？」ということを説明するという意味で、経由のイメージを持つ by です。

英文の鬼100

音声DL付き

第12章 語順：語順自体が持つ「心理」を理解せよ

Must
88

Is~、Do~から始まっても疑問文とは限らない

▶「疑問文の語順」で倒置の謎を解決せよ

どこにスポットライトを当てるかを考える

1章2項でお話しした、疑問文以外にもいろいろと使われている「疑問文の語順」がなぜそうなるのかを以下に説明します。

●──①否定の倒置

I have never thought of such a thing. 「私はそんなことを一度も考えたことがない。」

この文で「一度もない！」ということを強調したければ、**まずどの単語に気持ちのスポットライトが当たるでしょう？**

それは never ですね。そこでまず、never が文頭に出ます。

Never….

次に、never が否定している言葉は何でしょう。「私」ですか？「そんなこと」ですか？「考えたこと」ですか？ 何が「一度もない」のかと言えば、「考えたことが一度もない」わけですよね。「考えたことが一度もない」で1つの意味のセットです。

ということは、never が強調されるときは、それと一緒に、never が否定する have thought という動詞も強調されるわけです。動詞が強調されるのですから疑問文語順が発生します。

Never have I thought of such a thing.

●——② may の祈願文

「～でありますように」と神に祈る文を「祈願文」と呼びます。may が文頭に出る、疑問文の語順をとります。

May God bless America.
「合衆国に神のご加護があらんことを。」

普通の文なら God may bless America. という語順になるはずです。動詞は bless です。

まず may の「～していい」というのは決して優しい意味の言葉ではありません。「上の立場の人が下の立場の人に『～してよろしい』と許可を出す」という意味を持つ言葉です。

You may have a seat.　「着席してよろしい。」

上から下への、半ば、命令的に聞こえる「許可」ですね。

上の立場といえば、キリスト教世界で「究極の『上の立場』」は「神」です。祈願文で may が文頭に出るのは、「神への許可（may）を乞う」ことを強調することが、「『～でありますように』という神頼みの表現」になったものと考えられます。

許可を強調するのですから、**may が強調されて文頭に出ます。**

したがって、God may bless America. という「主語＋動詞～」の語順が、May God bless America. という疑問文語順になるわけです。

『スター・ウォーズ』に出て来る“ May the Force be with you. ”（「フォースとともにあらんことを。」）もこの構文ですね。

●——③仮定法の倒置

仮定法の項（44 項）で詳しく述べていますが、「実際には起きていないけど、仮にもしそうなら、こうなるだろうよ。」という、**「あくまで想像の話をする」ときに使う動詞の活用が仮定法**です。

仮定法では動詞をわざと過去形にしたり、過去完了にすることで「現実の話じゃないんだよ」ということを宣言しています。

If it were raining now, … 「(今、実際には降っていないけど)
仮定法過去形　　仮に今雨が降っていたら……」

→現実には100%雨は降っていない。100%仮定の話。

さて、「仮の話」であることを宣言するためにわざと動詞の過去形や過去完了形を使うのですから、**「あくまで仮の話だけど」ということを強調したければ、動詞の過去形や、過去完了形の部分を強調すれば良い**ということになります。

動詞を強調するのだから、疑問文の語順が発生するのです。

~~If~~ Were it raining now, …

→ 仮の話だということが強調されるので、if はいらなくなって消えると考えると良い。

④ So do I. Neither do I. などの「同意表現」

"I'm hungry." "So am I." 「お腹すいた。」「私も。」

この So am I. は、So am I ~~hungry~~. の hungry を省略した表現です。相手がすでに hungry と言っているので、**「同じ言葉は二度繰り返さない」という英語のルールが働いて省略が起きています**。さらに言えば、大元にはこういう表現があったと想像できます。

I am so hungry. 「私もそれくらいお腹が減っている。」

現代英語では so は「とても」という意味で使われることが多くなっていますが、元々 **so は日本語の「そう」に近い意味の言葉**で、「そう」「そのくらい」という意味を持つ言葉です。

例えば、「He was so hungry that he couldn't sleep.」は学校で習う通り、「彼はとてもお腹が減っていたので眠れなかった。」と訳すこともできますが、

He was so hungry / that he couldn't sleep.
「それくらい空腹だったよ　眠れない（くらい）」
（どれくらい？）

→「彼は眠れないくらいお腹が空いていた。」

という訳し方もできます。soの「それくらい」の内容が「どれくらい」なのかの詳しい説明を、thatが指差してくれているわけです。**thatは元々「あれ、それ」という「情報を指す」ための言葉**ですからね。

さて、会話の相手がI'm hungry.と言ったときに、「自分も同じだ」というSo am I.という表現があるわけですが、これは以下のように考えられます。

I am so hungry.

↓「それくらい」、つまり「あなたと同じくらい」ということを強調したいので、まずはsoが文頭に。

So…

↓「(お腹が減っている) 状態だ」ということを強調したいので、「状態である」を意味するbe動詞が次に強調され、疑問文の語順が発動する。

So am I ~~hungry~~.

→ hungryは相手がすでに言っている言葉なので省略される。

否定語のneitherですが、neither = not + eitherです。eitherは「どちらか一方」という意味で、not eitherつまりneitherは「**どちらの一方を見てもnot」「両方ともnot**」という意味になります。

either A or B

A

B

どちらか一方ずつを見るのであって両方を一度に視界に入れることはない

A: "I don't like him."　B: "Neither do I."

「私は彼が好きじゃない。」　「私もだ。」

なら、「Aさんの方を見ても、話者であるBさん自身の方を見ても、どちらの一方を見てもnotと言っている」という意味でneitherがあります。

①の否定の倒置と同じく、「(私も) notだ」を強調したいので、まずneitherが文頭にやってきます。

Neither…

↓ neitherが否定する動詞であるlikeも一緒に強調されることで、疑問文の語順が発生します。

Neither do I ~~like him~~.

→ likeとhimはすでに述べられているので、省略されます。

Must
89

疑問詞が文の最初に来るには理由がある

▶やっぱり「言いたいことから先に」言う

疑問詞は「一番尋ねたい情報」

疑問詞を使った疑問文は、語順がややこしく感じます。しかし、「**言いたいことから先に言う」という原則は変わりません**。

質問の中で一番尋ねたいことが「動詞」のとき、疑問文の語順では動詞が主語の前に来ます。疑問詞を使った疑問文では、**疑問詞が一番尋ねたい情報**になります。したがって、**疑問文を作った上で、さらに疑問詞が文頭にやって来ます**。例をいくつか見てみましょう。四角で囲んでいるのはそれぞれ、疑問詞と、疑問詞に置き換わった情報です。

Where?

Do you live in Kobe? → Where do you live ?

「神戸に住んでいるのですか？」 「どこに住んでいますか？」

Did he do it for that reason? → Why did he do it ?

「そういう理由で彼はそれをやったのですか？」「なぜ彼はそれをやったのですか？」

Do you like it? → Which do you like ?

「それが好きですか？」 「どちらが好きですか？」

このように、疑問詞に置き換わった情報は一番言いたいこととして文頭に来ることがわかります。

疑問詞を使った疑問文には、この応用編とも言える現象が見られる場合があります。それは、間接疑問文と呼ばれる形式で起きる現象です。

間接疑問文で倒置が起こるとき・起こらないとき

大きな文の中に組み込まれた小さな疑問文のことを「間接疑問文」と呼びます。

直接疑問文：普通の疑問文　Where is he?「彼はどこですか？」
間接疑問文：I don't know where he is.「彼がどこにいるのか知りません。」
→大きな文の中に where he is という小さな疑問文が組み込まれている

作り方は単純で、上の文なら、
「私は知らない」＋「『知らない』内容」という順番にくっつけます。

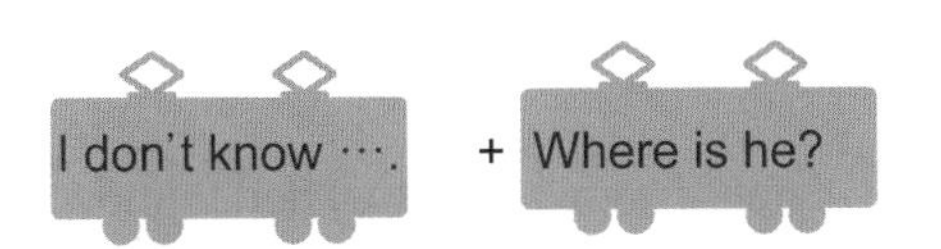

疑問文を組み込むときは「動詞＋主語」（Where is he?）という疑問文の語順を、元の「主語＋動詞」（where he is）の語順に直します。日本語で「どこですか？」を「どこにいるのか（を）」に直すような作業です。

●──間接疑問文でも疑問詞が文の最初に来る場合

さて、以下の例文を見てください。

Do you know …? + Where is he?　→ Do you know where he is?
「彼がどこにいるか、あなたは知っていますか？」
Do you think …? + Where is he?　→ Where do you think he is?
「彼がどこにいると、あなたは思いますか？」

普通なら Do you know where he is? のように、Do you think where he is?

でも良さそうなものです。ところが、do you think の場合、

❌ Do you think where he is?

とはなりません。

do you ~? の前に疑問詞（ここでは where）がやってきて、

⭕ Where do you think he is?

となるのです。

このパターンになる場合、do you の後ろに think、hope（希望する）、believe（信じる）、expect（期待する）、imagine（想像する）など、**「心に思う」系の動詞**が使われることが多いです。

「う〜ん、なぜかはわからないけど、じゃあそういう動詞のリストを覚えておいて、こういう文を作るときには気をつけておかなきゃいけないのか？」と思う方もいらっしゃるかもしれません。しかし、文法は暗記科目ではありません。こういう現象が起きるのにはきちんとした理由があるのです。

ここでもやはり、働いているのは、**「言いたいことから先に言う」という英語の語順の大原則**です。質問に想定される答えを見てみると、なぜこういう語順になるのかがわかります。

🔊 "Do you know where he is?" "Yes, I do(= I know)." / "No, I don't (know)."

「彼がどこにいるか知っていますか？」

「はい、知ってます / いえ、知りません。」

→ 返答から見て、この質問で一番尋ねたいことは「(彼の居場所を) 知っているのかどうか」。つまり、Do you know が一番尋ねたいこと。

❌ "Do you think where he is?" "Yes, I do(= I think)." / "No, I don't (think)."

「彼はどこにいると思います？」「はい、思います。」「いえ、思いません。」

→「思う」「思わない」を答えても返事にはならない。つまり、一番尋ねたい情報は Do you think ではないということがわかる。

🔊 "Where do you think ＿ he is?" "He may be in the bathroom."

「彼はどこにいると思います？」

「彼はトイレにいるかもしれない。」

→ 場所を答えてあげればこの会話は成立する。つまり、一番尋ねたい情報は「どこ?」ということ。したがって、where から先に話す。

すでに述べましたが、この倒置が起きるときには think, hope, expect, believe, imagine などの「心に思う」系の動詞が使われます。

こういう動詞を使うとき、「思うかどうか」「信じているかどうか」「希望しているかどうか」が尋ねられているのではなく、**「思っている内容」「信じている内容」「希望している内容」などが尋ねられる**のが普通です。したがって「内容」の部分に来ている疑問詞が一番言いたいことになり、そこから先に話されるのです。

Do you think …? + Who are you?
思っている内容

→ Who do you think you are?
「あなたは自分を何様だと思っているの？」

返答：This time, I'm your boss.「今回は、私が君のボスだ。」

→ Who are you? に対する返答になっている。

Do you hope …? + Which team will win the game?
希望している内容

→ Which team do you hope will win the game?
「あなたはどちらのチームが勝つといいなと思っていますか。」

返答：I hope the Yankees will win.
「ヤンキースが勝てばいいなと思っています。」

→ Which team will win the game? に対する返答になっている。

Do you believe …? + When did it happen?
信じている内容

→ When do you believe it happened?
「あなたはいつそれが起きたと考えているのですか。」

返答：I believe it happened this morning, not yesterday.
「昨日ではなく、今朝それが起きたと私は考えている。」

→ When did it happen? に対する返答になっている。

Must
90

語順の2大ルールで倒置をマスター

▶「言いたいことから先に」と「軽い情報を先に」で解決する

「言いたいことから先に」

●—— what の感嘆文と how の感嘆文

「言いたいことから先に言う」のルールにのっとった倒置の文は、疑問文以外にもあります。

まず how の感嘆文から見てみましょう。

how というのは「様子や程度を尋ねる」というのが根っこの意味です。「どんなふう？」とか、「どんだけ？」という感じですね。後者の**「どんだけ～だよ！」というのが感嘆文で使う how の感覚**です。

そして、感嘆文の語順を考えるとき重要なことは

how は very の生まれ変わり

と考えることです。例えば、

That girl is very beautiful!　「あの娘はとても美しい！」

という文があったとして、この very beautiful（とても美しい）を「どんだけ美しいの！」と強調したければ、**very を how に変えます**。

→ The girl is how beautiful!

ここで強調されているのは how だけでなく、how beautiful というひとか

たまりの意味の言葉であることに注意しましょう。「言いたいことから先に言う」ルールが働き、**how beautiful というかたまりから先に**言われて、以下のような文が完成します。

How beautiful that girl is　!　「あの娘はなんて美しいの！」

実際の会話の中では、言いたいことは How beautiful! だけで十分事足りるので、that girl is は省略されることがよくあります。

次に what の感嘆文です。感嘆文では what も very の生まれ変わりです。

なのですが、これは少し特殊で、how が副詞で感嘆文では形容詞（もしくは副詞）を強調するのに対し、what **は名詞**で、感嘆文では「(形容詞＋) 名詞」を強調します。

つまり、**how は様子を表す言葉（形容詞・副詞）と仲が良く**て、**what は名詞と仲が良い**のです。

そこで、what を使う感嘆文の元の文は以下のようになります。

She is a very beautiful girl!　「彼女はとても美しい女の子だ！」

→ very の後ろに beautiful girl という「形容詞＋名詞」が来ていることに注意。what は形容詞だけでなく、名詞も必要とする。

次に very を **what に変えて、強調を表し**ます。そして強調されているかたまりを先に言います。

She is a what beautiful girl! → A what beautiful girl she is!

→ a what beautiful girl の中で一番言いたい言葉は what。したがって、what から先に言う。

What a　beautiful girl she is!　「彼女は何て美しい女の子なんだ！」

これも通常の会話では she is は省略されて、What a beautiful girl! となることがよくあります。

先ほど「what は名詞と仲が良い」と述べました。形容詞がなくても、**「What a 名詞！」だけで「何て〜なんだ！」**という言い方になります。

What a man!　「何て男だ！」

●——I don’t think he is kind. か？　I think he is not kind. か？

否定というのは重要な情報です。それがあるかないかで、文の意味が正反対になってしまうからです。

そこで、**英語では否定語はなるべく前に置くようにします。**

これも「言いたいことから先に言う」というルールの一種です。

日本語では「彼は親切ではないと思う。」も「彼は親切だとは思わない。」も、どちらも問題のない文ですが、英語では I don’t think he is kind. が自然で、I think he is not kind. は、間違いとまでは言わないにしても、かなりブサイクで、添削される文です。

同様に、Nobody was there.（そこには誰もいなかった。）は自然ですが、Anybody was not there. というのは不自然なのです。

また、not や no だけでなく、**否定的な意味の言葉もなるべく先に言う**という習慣があります。

The budget will be likely to be denied.

↓

The budget will be unlikely to be approved.

日本語なら「予算はおそらく否決されるだろう。」でも、「予算はおそらく承認されないだろう。」でもどちらでも良いですよね。

でも英語だと、likely（ありそうだ）という肯定的情報を先に言い deny（拒否する）という否定的情報を後で言うよりも、unlikely（ありそうにない）という**否定語を前に置き**、deny の代わりに**肯定的な** approve（承認する）**を使う形**を良しとします。

軽い情報が先、重い情報は後

長い英語の文章を読んでいると、時々「あれ？この動詞は普通 SVO の語順をとるのに、なんかとんでもなく後ろの方に O のかたまりが回されているぞ？」というような文を見かけます。

その多くは「**短い情報が前、長く重い O のかたまりが後ろ**」という配置になっています。

単純かつ典型的なものは suggest や explain の構文で、これらの動詞は普通、下のような構文を取ります。

suggest ＋提案の内容（O）＋ to 人（人に～を提案する）

He suggested the plan to me.

explain ＋説明の内容（O）＋ to 人（人に～を説明する）

I explained the reason to her.

しかし、（O）の部分であるこの「提案の内容」や「説明の内容」が長くて重い情報になってしまうと、後ろに回されるのです。

He suggested to me that the plan should be put off.

「彼は計画を延期してはどうかと私に提案した。」

I explained to her the reason why we had put off the plan.

「私はその計画を延期した理由を彼女に説明した。」

Must

91

数式と英語の語順は同じ！

▶「〜の○倍」という表現が簡単に理解できるようになる

中学で習った文字式を思い出してください。

掛け算ではこのように文字を横に並べます。

a × b = ab

英語の表現でも同じ形が現れます。例えば「30分」は1/2時間なわけですが、

1/2 × 1時間 = half an hour

というふうに表せます。

今度は、足し算の文字式を思い出してください。

a + b = a + b

つまり、「＋」の記号は省略できませんでした。英語の表現でも同じ形が現れます。例えば「1時間半」というのは1時間＋ 1/2時間なわけですが、

1時間＋ 1/2時間＝ an hour and a half

というふうに、「＋」を表すandが表示されます。

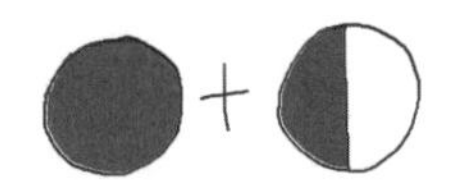

これらは果たして偶然なのでしょうか？

もちろんそうではなく、必然です。数式というのは数字を使ってこの世の現象を説明する、一種の言語です。そして、私たちが中学以上で習う（方程式以降の）数学は古代ギリシャで生まれ、ヨーロッパで育ったものです。し

たがって、ヨーロッパで育まれた数式には、ヨーロッパ語の影響が濃く現れているのです。

他にも例えば、すでに上に「1/2」と書いた通り、分数というのは分子を先に、分母をあとに書くことができます。a half（1/2）や a quarter（1/4）は少し特殊な言い方ですが、例えば、2/3 なら two thirds、3/5 なら three fifths というように、分子が先、分母が後に来ます。

これを利用すると、いわゆる「倍数表現」というのが楽に作れるようになります。as ~ as 構文でよく出て来るやつですね。

He is twice as rich as I am.

「彼は私の倍、金持ちだ。」

というような文です。倍数表現というのは、文字通り「掛け算」を表す文です。ですから、「横並び」に並べれば「～倍」を表せるわけです。上記の例文の作り方を考えてみましょう。ついでですから、as ~ as 構文のわかりやすい作り方も一緒に説明していきます。

as ~ as 構文の、すごく簡単な作り方

as ~ as や比較級の文は読みにくいし、作るのも大変です。

理由は、「比べる側」と「比べられる側」の２つの情報、つまり、普通の文の倍の情報を扱わないといけないからです。これを一度に作ろうとすると頭が混乱します。**単純な文から順に、手順を追って膨らませて**いけば、楽に作れるだけでなく、長めの比較の文を読むのも大変楽にできるようになります。

① He has many books.

「彼はたくさんの本を持っている。」

まずはこういう普通の単純な文を作ります。作れたら、次にこの中で「**様子を表す言葉**（文法的に言えば、形容詞か副詞）」を探します。この中では、many（たくさんの）がそれです。

↓

② He has as many books.

「彼は同じくらいたくさんの（＝同じ数）本を持っている。」

「様子を表す言葉」の前に１回目の as を置きます。as ~ as 構文において、１回目の as と２回目の as は同じ意味ではありません。**１回目の as の意味は「同じくらい～」**です。as many books なら「同じくらいたくさんの本」、つまり「同じ数の本」という意味になります。

↓

③ He has as many books as I.

「彼は私と同じ数の本を持っている。」

「同じ数の本を持っている」と言われれば、聞き手は当然、「ん？誰と同じ数？」という説明が聞きたくなりますよね。

そこで出て来るのが２回目の as です。**２回目の as は、「誰と同じくらいなのか」を説明する「基準」の役割**を果たします。

ここで注意すべき重要なポイントが１点あります。それは**２回目の as は文末に置く**ということです。

中学で習ったときに「as 形容詞 as」と機械的に覚えてしまっている学習者が多く、

× He has as many as books …

とやってしまう人がかなりいます。元の文をきちんと考えると、He has many books. だったわけですから、２回目の as が置かれるのは文末、つまり books の後です。

さてここからは、これを倍数表現にする方法を説明します。例えば「彼は私の２倍本を持っている。」を作ってみましょう。

① He has as many books as I.

→直訳すると「彼は持っているよ、同じ数の本を。比べる基準は私」となります。これを「2倍」にしたいなら、数式と同様に考えます。

②「彼は持っているよ、2 × [同じ数の本を] +比べる基準は私」となるわけです。英語なら、He has 2 × [as many books] as I. ということになります。「2倍」は英語で twice ですから、

③ He has twice as many books as I.　「彼は私の倍、本を持っている。」

という文ができ上がるのです。

●――比較級も数式の考え方で

比較級の文も同じパターンでできます。

例えば「この塔はあの塔の3倍の高さだ。」という文を作りたいなら、こういうステップを考えましょう。

① This tower is tall.「この塔は高い。」

↓ 形容詞 tall を比較級にする。

② This tower is taller.　「この塔はより高い。」

↓ 何より高いのかという基準を表す than を文末に置く。

③ This tower is taller than that one.　「この塔はあの塔より高い。」

↓ 3 × [taller] という形にして「3倍の高さ」とする。

④ This tower is three times taller than that one.

「この塔はあの塔より3倍高い。」

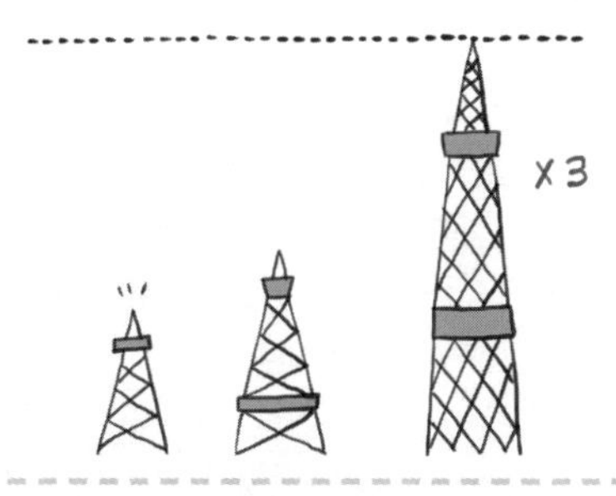

英文の鬼100

音声DL付き

第13章 説得するための英語：「型」を作り英語で思考するトレーニング

Must
92

英語学習はゴールから

▶「説得すること」を英語学習のゴールに置け

「日常会話」という言葉の罠

英語を話せるようになりたい。
たくさんの方がそう思っています。
そんな人たちに私は尋ねます。
「英語で何が話せるようになりたいですか？」と。
するとほとんどの方が「日常会話がこなせるようになりたい。」と答えます。

しかし、少し考えてみるとわかることですが、買い物をするのも、道を尋ねるのも、友だちと話すのも、趣味でアニメの話をするのも、スポーツの話をするのも、はたまたJAXAに見学に行って宇宙ロケットの話をするのも、日常会話といえば日常会話です。

つまり、**「日常会話を英語でこなしたい」というのはあらゆることを英語で話せるようになりたい、と言っているのに等しい**のです。

私たちにとって、外国語を話せるように学習し、訓練できる時間は限られていますし、それを使う機会となればさらに限られています。

そんななかで、「日常会話をこなせるようになりたい」というゴール設定はあまりにも「ずさん」だと言わざるを得ないでしょう。

この本を手に取られた「ちゃんと英語を勉強し直したい」あなたの目標は、「日常会話～」レベルではないと思います。それよりも、**「学んだ文法を説得に使えるように」という現実で具体的な目標設定に変えてみませんか？**

●——ゴールはどこに置くべきか

実は、英語教育が盛んなお隣の韓国でも、90 年代半ばに英語ネイティブの講師が特に目的も持たず生徒たちと「日常会話」を英語でおこなうだけで、一向に効果が上がらない、不毛な状況が続いたそうです。

それを見かねたある大学の教授が大学と企業をまわり、「現場で必要とされる英語のアウトプット能力は何か」を調査しました。

すると、

- **大学院で必要とされるのはプレゼンテーションとライティング（論文やレポート）の能力**
- **企業で必要とされるのはプレゼンテーションと交渉の能力**

ということがわかりました。

翻って、今度は英検や TOEFL の英語のエッセイライティング、大学受験の 120 ～ 200 語の英語小論文の試験を思い出してください。問題の形式は必ず「あなたの意見はどうなのか、理由をつけて論ぜよ」でした。

これらのすべての根底に共通して存在するのはたった１つの共通のミッションです。それは、**「英語を使って人を説得せよ」**ということです。

●——やることを限定すると、学習プランが明確に

限られた時間で英語が書け、話せるようになるには、やるべきことを限定しなければいけません。

例えば「土産物屋で買い物をするためだけの英語」なら、ゆっくりやっても１～２週間でマスターできます。量が少ないから、というだけではありません。内容を限定すればやるべきことが決まり、明確な学習プランが立てらえるからです。

英語を書き、話すということにおいて、私たちは「英語を使って人を説得する」ことに範囲を限定して訓練すべきです。そして、それを実現するための、効率的なプログラムが必要です。では、そのプログラムにはどのようなものがあるのか、それを次の項から説明していきます。

Must

93

型を作れ

▶how を自動化し、what に集中する

話したり書いたりするという行為は、話し手・書き手だけでは成立しません。聞き手・読み手が必要です。スポーツで言えば、「対戦相手」です。そしてスポーツの試合では2つのことができなければいけません。それは

「何をやるか（what）」
「それをどうやるか（how）」

です。

試合のたびに対戦相手は変わりますし、その相手がどう動いてくるかは予測不能です。状況に対応し、何をやるかは臨機応変に変えていかなければいけません（what）。その一方で、体をどう動かすか（how）に関しては、いちいち考えていては試合になりません。試合時に体が勝手に動いてくれるように、普段の練習で動きを体にしっかり染み込ませる必要があるわけです。

日本語でもそうですが、誰と何について話すのか、つまり **whatはその場その場で対応を変えないといけません**。想定問答集を作って丸暗記しても役に立たないのはこのせいです。しかし、どう話すのか、つまり **howに関しては、実は型というのはそんなに多くはない**のです。ですから、その限られた数の型を、勝手に口を衝いて出るまで普段から練習しておけば、実戦に役立ちます。

何より本番に対して強い安心感をもてるのが大きいです。
「何を喋ろう、そしてそれをどう喋ろう？」と2つのタスクを同時に抱えてしまうと、人はパニックに陥りがちです。パニックを避けるために、本番で

は how は自動化し、what に集中できる環境を作らないといけません。

そうすると、話す、書く、の語学の学習で重要なことは**how、つまり型を作り、それを体に染み込ませる**。これです。

大きく分けて型には４つあります。

日本語・英語にかかわらず必要な型
「説得に必要な、論理的思考」の型
「わかりやすく相手に情報を伝えるために必要な話の組み立て方」のための型
英語に必要な型
１つの「文」をつくるための動詞を中心とした構文の型
説得のための「文章」を作るエッセイライティングの型

これらの型に、あとは単語と文法の知識を流しこんでいけば、「人を説得するための英語」はでき上がりです。

この章では主に「型」をつくり１章でお話しした「英語脳」を手に入れるためのトレーニング法をお話ししていきます。

せっかく英文法を勉強しても、「型」の考え方なしには英語を話したり書いたりすることができません。ましてや「人を説得するために」、英語で話を組み立てることなんてできません。「型」を仕込んでおけば、英語の運用能力は速攻で上昇するのです（実際英語の資格試験において、たくさんの受講生に短期間で良い結果が出ています）。そういう意味でこの章もとても大事ですので、皆さんよろしくおつきあいください。

「実戦の場においてはやるべきことをできるだけ減らす。そのために自動化しておかなければいけないことを普段の稽古でやる。」

私が尊敬する格闘家の言葉です。日本語もそうですが、実際に話したり書いたりする際には**what に集中し、how は自動化する**。これが大事です。この本を読んで、できるだけたくさんの how、つまり実戦に備えて普段やっておくべき型を身につけ、その型に英文法を流し込んでいきましょう。

Must
94

理由を話せ

▶「理由」は一種の連想ゲーム Comparison Game

英語での「会話の文法」を知る

実は、言語によって「会話の文法」が異なっていることがあります。「会話の文法」というのは、**「普通、会話って、こういう流れで進むよね」という約束事**です。

日本語の会話は「同調」を重視しています。例えば、

A：「食べ物は何が好きですか？」
B：「寿司が好きです。」
A：「いいですね。私もですよ。」

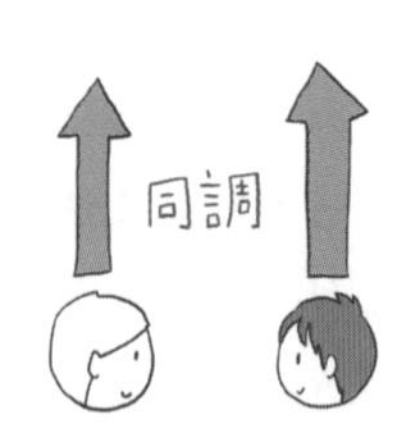

このように日本語は「相手と同じ意見である」ということを示すのが会話での重要な約束事になっています。ところが**英語の会話では「理由を問う」のが重要な約束事**です。

A：What kind of food do you like?
「食べ物は何が好きですか？」
B：I like sushi.　「寿司が好きです。」
A：Oh, you like sushi? Why do you like sushi?
「ああ、寿司が好きなんですか。なぜです？」
B：Because it's healthy.　「ヘルシーだからです。」

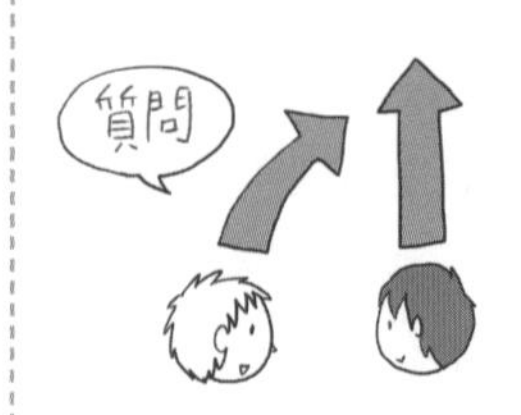

日本人はただの何気ない日常会話では、相手に理由を尋ねることにためらいを感じます。日本人同士だと、こちらが理由を尋ねたら、おそらく相手は「え？なんで、って言われても……」という反応を示すでしょう。私たちはそれがわかっているから、相手に理由を尋ねません。

こういった「会話の型」が成立している社会で暮らしているので、私たちは意見を述べる時に理由をセットにして考えておく癖が醸成されていないのです。

一方で、英語ではどうして「なぜ？」を尋ねたがるのでしょうか？

日本語も英語も日常会話のゴールは同じ、「相手と仲良くなること」です。日本語では相手と同意見であることを見せることで親しみを見せようとしているのに対し、**英語では「あなたに興味があるから、もっとあなたのことを知りたい。だから質問するよ。」という姿勢を見せることで親しみを見せようとしている**のです。

英会話をしている日本人を見ていると、自分が言ったことの理由をネイティブ講師に尋ねられてしどろもどろになり、「あ～、英語話すのってやっぱり難しい。」と落ち込む方がよくいらっしゃいます。しかし、英語が話せないというよりは、単に理由が思いつかないという場合も多いのです。日本語で普段やらない「理由を考える」ということを、いきなり英語で求められるわけですから、難しいのは当然ですね。

●――理由を考える。でも真面目に考えない。

そこで、私のところではゲームを通して「理由をたくさん言う」訓練をしています。

そのときに大事なのが**理由を真面目に考えてはいけない**ということです。

英語の会話では**「理由を尋ね、答える」のは挨拶と同じ**です。

例えば夏の日に「今日は暑いですね。」「ええ、そうですね。」というのは実質的に何の意味も持たない、ただの挨拶の会話です。「暑いですね」と言われて、真面目に「大きな太平洋高気圧が張り出しているから、このまま数日は暑い日が……」なんて返事をされても困ってしまうわけです。

英会話で相手があなたに理由を尋ねるのも、多くの場合、真面目に理由を知りたいからではありません。
ただ単に会話をつづけるためであることが普通なのです。
深くは考えず、適当でいい加減な理由を考えましょう。

そのためには「理由」を考えるというよりは、「**連想**」をすればいいのです。例えば「テニス」で何を連想しますか？「おしゃれなスポーツ」「ウェアがかっこいい」「錦織圭選手」「大坂なおみ選手」「ウィンブルドン」……いろいろあります。

A：What sports do you like? 「どんなスポーツが好きですか？」
B：I like tennis. 「テニスが好きです。」 意見
A：Why? 「なぜ？」
B：I like Naomi Osaka. 「大坂なおみ選手が好きです。」 理由

思考の手順はこんな感じです。

①「テニス」で**関連するものを思い浮かべ**る。例：大坂なおみ選手

②思い浮かべた**名詞を使って文を作るために動詞を考える**。面倒なら、ここまで出てきた動詞を使う。ここでは What sports do you like? とか I like tennis. という話だったので、like を使う。例：I like Naomi Osaka.

●――ゲームで身につける「連想」
理由を思いつく訓練として私のところでやっているのが Comparison Game（比較ゲーム）です。
２人でペアを組み、A vs B というお題を出して、じゃんけんで勝った方が A か B、好きなトピックを選びます。そして**約２分間お互いにひたすら理由を言い合う**というゲームです。
フォーマットは **A/B is better because ～**です。
例えば、ice cream vs cake なら・・・

A: Ice cream is better because it's cold.
「冷たいからアイスクリームの方が良いです。」

B: Cake is better because it's sweet.　「甘いからケーキの方が良いです。」

A: Ice cream is better because you can finish eating it quickly.
「早く食べ終わることができるのでアイスクリームの方が良いです。」

B: Cake is better because it's a special food.
「特別感がある食べ物なので、ケーキの方が良いです。」

A: Ice cream is better because it's cheap.
「安いのでアイスクリームの方が良いです。」

B: Cake is better because it's expensive….
「高級なのでケーキの方が良いです。…」

このように、アイスクリームやケーキで連想することを理由という形で述べていくわけです。

ここで使っている動詞ですが、アイスやケーキの性質を述べることが多いので、A is B という構文が一番よく使われていますね。

「アイスの方がいい、なぜなら冷たいから」なんて、大した理由ではないですが、**連想したことを口にする**ということでいいのです。とにかく思いつくことをなんでも理由にしてしまいます。

１人でやる場合は、慣れないうちは、思いつくまま理由をノートに書き出し、慣れてきたら、１分の制限時間内で思いつくまま口にしていきましょう。

このゲームの目的は、説得力のある理由を思いつくことではなく、**とにかく機械的に理由を速くたくさん思い浮かべる**ことです。

「いい理由」「使える理由」を思い浮かべようと頑張るより、「いろいろ思い浮かべてみたら、意外といい理由が出てきた」というほうが実践的です。

ビジネスの場で意見を求められた時に、瞬間的に何かを言えるようにする。そして英語のライティングテストでは、意見を支持する理由を２つから３つ求められるので、これらを素早く思いつけるようにする。

たとえいい加減に見える理由でも、それに説得力を持たせることは後でできます（そのやり方は96項で紹介します）。まずは**理由を思い浮かべる「回路」を英語で作りましょう**。

Must

95

わかりやすい説明力を養う

▶話の組み立て方を身につける Guessing Game

わかりやすい話には、説得力があります。

「わかりやすく」話をするためには、話をどう組み立てればよいのでしょうか。

ここではそのための3つの戦略と、それを養成するためのゲームを紹介します。

●—— Guessing Game：「それが何かをわかりやすく説明する技術」

Guessing Gameは、下記のようなゲームです。

①2人でペアを組み、お互い違う英単語が書かれたリストを持ちます。リストにはcatとかeraserとか、convenience storeといった名詞が並んでいます。

②次に、一方がリストの中からランダムに英単語をピックアップし、それを英語で説明し相手に当てさせます。

③当たったら今度は攻守交代して、相手が単語を英語で説明します。

もちろんこのゲームのコンセプト自体は、ひとりでやっても良い訓練になります。単語を素早く、効率的に相手にわかってもらわないといけません。

例えば「猫」という言葉を使わずに、猫って何なのか、日本語で口に出して説明してみてください（頭の中で考えるだけでは実感しにくいので、口に出してみてください）。

どこから説明を始めればいいのか意外と戸惑うと思います。

試しに、実際に誰かに説明してみてください。なんとなく猫で思い浮かぶ言葉を並べてみても、それを聞いている人は「う～ん、わかんない。ちゃんと順序立てて説明してよ。」となることも少なくありません。

こんなトラブルからあなたを救ってくれるのが**「型（一種の順序立て）」**です。「型」が体に染み込んでいれば、いつでもどこでも、とっさに上手な説明が口をついて出て来るようになります。

ここではそのための３つの型を紹介します。

①広いところから狭いところへ（general to specific）

「広いところ」というのは「上位カテゴリー」のことです。

猫なら、その上位カテゴリーは「動物」ですね。より一般的（general）で、抽象的な情報です。「狭いところ」というのは個別の具体的な特徴です。猫なら「体が柔らかい」「ジャンプ力がある」「ゴロゴロいう」などです。

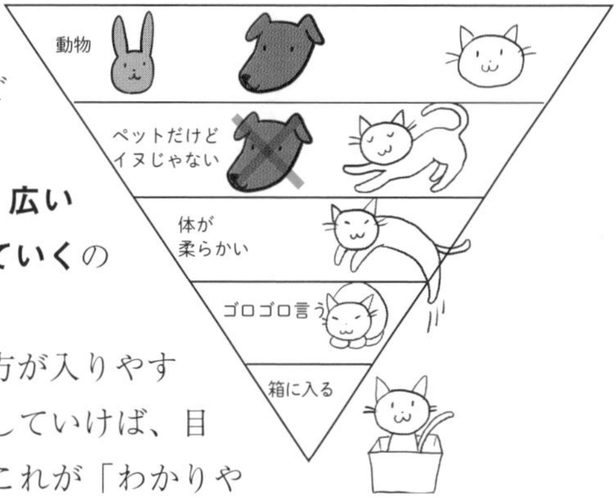

こういった**情報を階層化して、広いところから狭いところへ順に話していく**のです。

じょうごと同じで、入口は広い方が入りやすいですし、そこからだんだん狭くしていけば、目的の情報へ聞き手を導きやすい。これが「わかりやすく伝わりやすい」説明の仕方です。

"It's an animal. Many people have the animal as a pet, but it's not a dog. It has a flexible body and it likes to get in boxes."

「動物で、多くの人がペットとして飼っていて、でも犬じゃなくて、体が柔らかくて、箱に入るのが好き。」

"Oh, a cat?"　　「ああ、猫？」

"Correct!"　　「正解！」

②具体例を並べる（a list of examples）

もう1つの有効で単純な方法として、**ただ具体例を並べる**という方法があります。

例えばconvenience storeを当てさせたいなら、Seven Eleven, Family Mart, Lawson……ですね。もちろん①の「広いところから狭いところへ」と組み合わせると、なお良いです。

🔊 "They are stores. They are open 24 hours a day. Stores such as Seven Eleven, Family Mart, Lawson…"

「それはお店で、24時間開いてて、セブンイレブンとかファミリーマートとか、ローソンとか……」

③百科事典的知識を使う（a script）

例えば「消しゴムとは何か」を思い浮かべるとき、私たちは「消しゴム」だけを純粋に思い浮かべるわけではありません。鉛筆や紙、鉛筆で書いた文字、消しかすなど、消しゴムにまつわる体験的情報が一緒に連想されます。

このような「**Aで連想する知識**」のことを言語学では「Aの百科事典的知識」と呼びます。

Aについての説明をするとき、またとっさにAという単語が口から出てこないとき、この百科事典的知識を使います。それが例えば消しゴムなら・・。

🔊 OK, you're writing with a pencil and you make a mistake. You want to delete it. Then, what will you use?

「じゃぁ、鉛筆で書いてて、間違えた。それを消したい。そしたら何を使う？」

ちょっと高度になりますが、この戦略は以下のように応用することができます。例えば自社の新製品を宣伝するのに、その媒体としてFacebookが最も優れているとします。

それを説得するのに上記の戦略を使うと以下のような言い方ができます。

①広いところから狭いところへ

「①今回のプロジェクトの目的はより多くの人々にこの新製品を知ってもらうことです。しかし製品の性質上、ターゲットとなる顧客の年齢層は30代から40代の人間に限られることが予想されます。②広告媒体にはテレビ、ラジオ、新聞、ウェブサイト、そしてSNSなどがあります。　③その中でもFacebookは実名で登録する分、投稿での発言が信頼されやすいという面があり、またユーザーは30代から40代が最も多いので、Facebook上でこの製品情報が広がるのが一番だと考えます。」

②具体例

③百科事典的知識を想起させ、結論へ誘導する

① The goal of this project is to let as many people as possible know about our new product. Due to the nature of the product, however, the target customers are expected to be in their 30s and 40s. ② There are advertising options such as TV, radio, newspapers, websites and social media. ③ Considering that opinions in posts tend to be more trusted because of the real name registration, and most users are in their 30s and 40s, it is best for us to put ads on Facebook.

Must

96

何気ない理由を説得力のある意見に変えろ

▶問題を掘り下げる Why Game

前々項で「理由を真面目に考えてはいけない」と話しました。理由というよりは連想しろというお話もしました。例えばアイスクリームとケーキどちらがいいか、と聞かれて、アイスがよいと考える理由を言うのに、「これまでの人生の中でのアイスと私」みたいなことを考えていては、時間がかかりますし、考え方も抽象的で難しくなってしまい、日本語でさえ話すのが大変になってしまいます。ましてやそれを英語で話すなんて、とんでもないということになってしまいます。

私はよく「**まず口を開いて何か話してみてください。その後のことはその後考えましょう。**」と指導しています。

例えば「アイスクリームの方が良いです。なぜなら冷たいです。」と、とりあえず言ってしまえば良いのです。この後どうするかは、後で考えましょう。

「いやいや、いくら何でも『冷たいからです』が理由じゃ、アホすぎるでしょ。」と思うかもしれません。しかし、これをまともなワンパラグラフの意見にする技術はあるのです。**自分の中に面接官をひとり作って、その人に質問させましょう**。英語でよく出る質問はwhyでしたね。

「冷たいとなぜアイスのほうがいいの？」
「体が冷えます。」
「体が冷えるとなぜいいの？」
「熱中症が防げます。」

whyを繰り返すと、**問題を掘り下げられる**という効果があります。「話が薄っぺらい」と言われるとき、原因の1つにこのwhyの質問回数が少ないということがあります。しかし、whyだけでは行き詰まってしまうこともあるので、私のところではこれに加えてあと3つ、

Why?
? ? ?

「例えば？」（For example?）
「それってどういうことですか？」（What does it mean?）
「そうするとどうなりますか？」（Then, what will happen?）

という質問のうちのどれかをさせるようにしています。では、つづけてみましょう。

「例えば？」
「例えば、高齢の方はエアコンをつけるのを嫌がり、熱中症になるケースがありますが、アイスを食べればエアコンを使わなくても体温を下げ、熱中症を防ぐ効果があります。」
「そうするとどうなりますか？」
「高齢者の熱中症での死亡事故を防ぎ、熱中症から派生する健康被害の防止にもつながります。」

では、これを段落にしてみましょう。

「アイスクリームとケーキでは、アイスクリームのほうが良いです。なぜなら冷たいからです。冷たい食べ物を食べると体温が下がります。例えば、高齢者は夏でもエアコンを使うことを嫌がり、熱中症にかかることがありますが、アイスを食べると体温が下がり、熱中症を防ぐことができます。そうすると、熱中症によるお年寄りの死亡事故を防ぐだけでなく、熱中症から派生する健康被害の防止にもつながります。よって、ケーキよりもアイスクリームのほうが良いです。」

Ice cream is better than cake because it is cold. Cold food lowers your body temperature. Some old people don't want to use air conditioners and get heatstroke. If they eat ice cream, it lowers their body temperature without using air conditioners and prevents them from getting heatstroke. This will not only prevent old people from dying of heatstroke but also avoid health problems as a result of heatstroke.

大事なことは、**適切な質問を自分に行うことで、話を掘り下げる思考回路を作り上げる**ということです。

掘り下げることができれば、連想で何気なく思いついた理由から、ある程度きちんとした意見を組み立てることができます。

「なぜ・例えば・それってどういうこと・そうするとどうなる」という４つの質問の型を使って訓練すると、自分の中に眠っていた思考、ひらめきを引き出すこともできるのです。

もしペアでこの訓練を行えるなら、１人が面接官になって適宜「なぜ？」「例えば？」「それってどういうこと？」「そうするとどうなる？」という質問を出し、相手の意見を深めてあげましょう。質問をうまく出せる人ほど、相手の意見を深める手助けができますし、１人でこの作業をやるときに、自身の意見を深めることができるようになります。

この本は「英語で人を説得する」ことをテーマとしていますし、英語で何かを発信するために必要な文法についていろいろ書いてきました。

しかし、最後に強く言いたいことが１つあります。それは、

「英語でどう話すか以前に、
話すこと自体が思い浮かばなければ、
何にもならない。」

ということです。

私は実戦的な話力というのは「どんなことでもある程度話ができる」ということだと考えています。

好きなことや、得意な分野の話、普段から考えていることなら話せるというのは当たり前です。しかし、それ以外のことは何も思いつかない、だから話せないというのでは、ビジネスシーンでは「使い物にならない人」ということになります。なぜなら、ビジネスパーソンが扱わなければいけない事案は本人が好きなことや得意な分野ばかりではないからです。

誰だって、頭の中で漠然と考えていることはあるでしょう。しかし、それをどうやって言葉にすればいいのか、そこに苦労します。

この本が「型」にフォーカスしているのは、「型」という一種の「用水路」を頭の中に作り、心に浮かぶ漠然とした考えを、澱ませることなく口から流れ出るようにしてやろう、という試みなのです。

どんな話題でも機械的に意見を作れるようにしましょう。

それだけで、かなりの安心感と自信が手に入ります。

その上に、これまで自分が磨いてきた文章力や、問題に対してリサーチしてきた知識と情報を重ねれば、鬼に金棒の説得力が手に入るのです。

Must
97

説得するために有効な5つの構文

▶ 5つの構文で、becauseを使うよりもうまく因果関係を掘り下げる

人を説得するには「意見＋理由」です。しかし、それだけではいけません。

以下の2つの文、どちらが説得力があるか、そしてなぜそうなのか、考えてみてください。

トピック：「賛成か、反対か：夏は経済にとって良い」

① 夏は経済にとって良い。なぜなら気温が高いからだ。夏は多くの人が海を訪れ、海岸が賑わう。サーフィンやマリンスポーツをする人がたくさんいる。キャンプに行く人も多い。開放的な気分になるので恋人ができやすい。こうして夏は世間が賑わうので、経済にとって良い。

② 夏は経済にとって良い。なぜなら気温が高いからだ。気温が高いと多くの人が泳ぎたくなり、海を訪れる。このため、海岸沿いの商店やレストランの客が増え、当地の雇用が増える。住民の収入が増えれば自治体の税収も上がり、自治体の財政が豊かになれば、住民はより充実した行政サービスを受けることができる。こうして多くの人に経済的恩恵が回ってくるので夏は経済にとって良い。

②の方が説得力がありますね。

ではなぜ①はだめなのでしょうか？

①も②も、意見だけでなく理由も言えています。しかし、①ではただ並列的に理由を並べているだけで、その理由を深めてはいません。なぜサーフィンやマリンスポーツをする人が多いと良いのか、キャンプに行く人が多いと

どうなるのか、恋人ができやすいと経済的にどんな良いことがあるのか、何も説明がありません。聞き手は「で？だから何？」というストレスを感じます。

一方②では、「Aのせいで B が起き、B が C を呼び寄せ、C が D を引き起こす」というふうに**意見を垂直に掘り下げています**。ここら辺は前項でやった Why Game の感覚が生きるところです。

さて、英語ではこのような論理展開を表す格好の構文があります。それは「**原因を主語とする文**」です。

日本語では理由は副詞句・副詞節で表されるのが普通です。

「台風のせいで、電車が遅れた。」

→主語は「電車が」、動詞は「遅れた」。「台風のせいで」は、動詞「遅れた」の理由を説明する副詞句（副詞の役割は、動詞の様子を説明することです）。

英語では**原因を主語にすることができます**。これは日本語では一般的ではありません。

The typhoon delayed the train.

→直訳すると「台風が電車を遅らせた。」もちろん日本語として意味は通じるが、自然な日本語とまでは言えない。

先ほどの「台風のせいで、電車が遅れた。」をそのまま英語にすると Because of the typhoon, the train was delayed. となります。もちろん真っ当な英文ですが、これは先ほどの①の文章パターン、つまり、ただダラダラと理由を並列してしまうという状態を生んでしまう温床にもなるのです。これまでの指導経験上、説得力の弱いエッセイを書く受講生はおしなべて、because の理由文を並列するパターンでした。

一方で、原因を主語にする文で、主語に直前の文の内容を置くと、必然的に「**直前の文の内容の結果、こういうことが起きるんだ**」というふうに内容を垂直に掘り下げることができます。例えばこんな感じです。

Summer is good for the economy because the temperature is high. The high temperature makes people want to go swimming and encourages them to go to the beach.

直訳：「夏は経済に良い。なぜなら気温が高いからだ。高い気温は人々を泳ぎたくさせ、彼らをビーチに向かうよう後押しする。」

「高い気温」が原因で、「人々が泳ぎたくなる」「人々を海辺へと誘う」が結果です。

原因を主語に持ってくる構文を使えば、必然的に①ではなく②のパターンになっていくのです。

このようなパターンを持ちライティングに使える構文はたくさんありますが、私のところでは特に5つ、使うように指導していました。これを使わせるとあら不思議、受講生のエッセイの論理的な説得力がガラリと変わったのです。

	allow	「原因のおかげでⒶが～する」
主語（原因）＋	enable **＋Ⓐ＋to 動詞原形～**	「原因のおかげでⒶが～できる」
	encourage	「原因がⒶに～するよう後押しする」
	cause	「原因のせいでⒶが～する羽目になる」
主語（原因）＋	make **＋Ⓐ　＋動詞原形～**	「原因のせいでⒶが～する」

allowは「許可する」が元々の意味で、そこから「**させてくれる**」という恩恵の感覚が出て来ます。

This custom allows people to make friends easily.

↓直訳「この習慣が人々に簡単に友人を作らせてくれる。」

日本語らしい訳「この習慣のおかげで人々は簡単に友だちが作れる。」

enable は原因のおかげで何かが**実現できる**ことを述べます。

The scholarship enabled many students to keep on studying.

↓直訳「その奨学金が多くの学生が勉強しつづけることを可能にした。」

日本語らしい訳「その奨学金のおかげで多くの学生が勉強をつづけることができた。」

encourage は「勇気づける」という訳で覚えている方が多いようですが、実際には「**後押しする**」とか「**推し進める**」という感じが強い言葉です。

The new policy will encourage more people to spend money.

↓直訳「新政策はより多くの人々がお金を使うことを後押しするだろう。」

日本語らしい訳「新政策のおかげでより多くの人がお金を使おうとするだろう。」

ここで紹介する cause の構文は、「**悪い原因**」が来ることが多く、**動詞の後ろには被害者、そして to 不定詞は「被害の内容」**を表します。

The flood caused many people to abandon their village.

↓直訳「その洪水は多くの人々に、村を捨てることを引き起こした。」

日本語らしい訳「その洪水のせいで多くの人々は自分の村を捨てる羽目になった。」

make は、原因が強制的にある形を作ってしまうことを表します。

The low temperature makes people wear more clothes.

↓直訳「低い気温が人々により多くの服を着させる。」

日本語らしい訳「低い気温のせいで人々はより多くの服を着込む。」

まずはこの５つの構文を使う癖をつけてみてください。しかし、これら５つの動詞の他にも、まだまだあります。一般的に他動詞というのは

This creates more jobs.　「これがより多くの雇用を創出する」

原因　結果

という構造をとりますので、**原因を主語にした他動詞構文を多く使うと良い**でしょう。

Must
98

エッセイライティングの型 ①イントロダクション

▶ほぼすべての英語の資格試験で使える型

すでにこの章のはじめで述べた通り、「英語を話せるようになろう」という目標を持つ場合、「英語で日常会話」という漠然としたゴールではなく、「英語で人を説得できる」ようになるというゴールのもとに訓練を進めるのが一番効率的です。

そして、人を説得できるように何かを話すには、一文一文の表現方法だけでなく、**説得力ある文章を組み立てる技術**が必要です。その１つの完成形が、英語の小論文、エッセイライティング（以下エッセイ）です。

英語の資格試験や大学受験のエッセイで求められるのは常に「あなたの意見と、その理由を述べよ」です。つまり、「このトピックに関してあなたの意見を表明し、その意見がなぜ優れているのか読者にわからせよ」ということが求められています。

これは言うまでもなく、**説得**の作業です。英語でエッセイを上手く書く「型」を身につけられれば、英語で人を説得できるだけの「型」を持っているということになります。

本格的に説得する文を書くならこのエッセイの型を使います。口頭で人と議論したり、意見を求められてそれに応えるだけなら、このエッセイの型の中から必要な部分（会話や面接の場面ではほんの２～３文あれば十分です）を抜き出して使えば良いのです。

最初は**オリジナリティを捨て、毎回同じ型を使い、いろいろなトピックに取り組んで、たくさんエッセイを書き、体に型を染み込ませましょう**。どんな場合でもとっさに英語で意見が作れるようになります。単語の量や表現の知識が増えてくれば、型を基にして言い換え表現などを使い、彩豊かな文章にしていきましょう。それでは以下に、「よほど変則的な英語の資格試験でない限り、どんなエッセイの課題にでも使える型」をご紹介しましょう。

●――エッセイの３つのパート

エッセイはその「型」として**イントロダクション**（導入）、**メインボディ**（本論）、**コンクルージョン**（結論）の３つのパートから成り立っています。

英検、TOEIC S&W、TOEFL、IELTS など、さまざまな試験において、上記の３つの構成要素でエッセイを書くのが普通です。

ここでは例として “Which do you think is better, working at the office or working from home?”（オフィスで働くのが良いか、自宅で働くのが良いか）というトピックで作ってみましょう。イントロダクションの型を紹介いたします。

イントロダクションの型

段落の始めは４文字分空ける

1. 多くの人が話題にしている＝読者に「このトピックは読む価値がある」ことをアピール（**広いところ**）

More and more people are discussing トピックを抽象化したフレーズ. Some people think 意見A is better, while others think 意見B is better. Considering that 理由① S+V ～, 理由② S+V ～, and 理由③ S+V ～, あなたの意見（意見AかBかどちらか）.

2. 話の焦点。意見Aと意見Bは問題で与えられたトピックの英語をそのまま使うとミスが減る。

4. あなたの意見とその理由（**狭いところ**）。「あなたの意見」は問題で与えられたトピックをできるだけそのまま使うとミスが減る。

3. 理由を３つ思いつくスピードが重要。Comparison Gameでその力を鍛えよう。

これを実際の文章にすると以下のようになります。

Which do you think is better, working at the office or working from home?

「オフィスで働くのが良いか、自宅で働くのが良いか」

More and more people are discussing how they should work. Some people think working at the office is better, while others think working from home is better. Considering that you can save time, you can take better care of your children, and you can go see the doctor more easily, working from home is better.

「働き方について議論する人たちが増えている。オフィスで働く方が良いと考える人もいれば、自宅で働く方が良いと考える人もいる。時間が節約でき、子どもの面倒をもっと見ることができ、病院に行きやすい、ということを考えてみると、自宅で働く方がよい。」

いかがですか。もしもライティングではなく面接なら、これだけでも十分に意見と理由を述べたことになります。

イントロダクションの大まかな流れは、

「世間ではこんな話がホットな話題だよ。」**トピック紹介**

→「A が良いという人もいれば、B が良いと言っている人もいるよ。」

トピックの中で何が焦点になっているか

→「①、②、③という理由で私は B がいいです。」

自分の意見とその理由

というふうに、「**広いところから狭いところへ話を落とし込んでいく**」というものです。これは 95 項の Guessing Game と同じ考え方です。

そして素早くイントロダクションを書けるかどうかは、理由を３つ思いつくスピードにかかっています。これを鍛えるのが 94 項でやった Comparison Game です。理由さえ思いついてしまえば、あとはそれぞれの理由をテーマにボディパラグラフも書くことができます。

イントロダクションの特徴は、「**ここでエッセイで言いたいことのあらすじを、簡潔に全部話してしまう**」ということです。

私はよく宅配便にたとえて話をするのですが、宅配便で荷物を届けるとき、いきなり中身を広げてお客に渡す配達員はいません。最初は小さく箱にまとめて渡します。これがイントロダクションの役割です。**簡潔に要約した形で情報全体を先に渡します**。

語順のところで述べましたが、**軽い情報が先で重い情報が後**というのは英語の情報構造の根幹で、エッセイの組み立てでもこれは同じです。イントロダクションの中身を詳しく広げる（具体的な情報を披露する）のが、この後説明するボディパラグラフです。

Must

99

エッセイライティングの型②
メインボディとコンクルージョン

▶まず書けるようになろう。そうすれば話せるようになる

●――メインボディとは

通常３つのボディパラグラフで構成されます。イントロダクションで述べた、**自分の意見をサポートする３つの理由を掘り下げて、深く論じる**パートです。

再び宅配便の例を使ってみると、イントロダクションで小さな箱にまとめて読者に渡した情報を、メインボディでは箱から取り出すようにして、具体的に広げます。イントロダクションの最後で

Considering that 理由① S+V ～, 理由② S+V ～, and 理由③ S+V ～, あなたの意見（意見 A か B かどちらか）.

と書きましたが、メインボディでは理由①に関してボディパラグラフを１つ、理由②に関してボディパラグラフを１つ、そして理由③に関してボディパラグラフを１つ、合計３つのボディパラグラフを書きます。

エッセイライティングではほとんどの場合、300 words 以上の量を求められます。そうなると、ボディパラグラフ１つでその量をまかなうことは困難で、書くことがなくなったり、議論が間延びしてしまいます。

そこで**理由を３つあげ、３つのボディパラグラフでそれぞれ異なる議論を行う**ことをお勧めします。

ボディパラグラフの型は以下の通りです。

段落の始めは
４文字分空ける

あなたの意見 because 理由 . ________________________

____

______ [Why Game の要領で、「理由」に関する議論を深める･･] ______

____

________________ Since 理由 , あなたの意見 .

ここでは前項の見本で挙げた理由① you can save time を使ってボディパラグラフを１つ書いてみます。

Working from home is better because you can save time. It takes a lot of time for workers to commute. Some people even spend a fifth of their work time on the commute. This makes people very exhausted and prevents them from working efficiently. If people work from home, they do not have to worry about having a bad time on the crowded train, and they can sleep more at home. This allows workers to stay healthy. Since you can save time, working from home is better.

「時間が節約できるので、自宅で働く方がよい。労働者は通勤に多くの時間を割いている。中には労働時間の５分の１を通勤に費やしている人さえいる。このせいで人々は疲れ果て、効率的に仕事をすることができない。もし自宅で仕事ができれば、混み合った電車で苦しい時間を過ごす心配もないし、睡眠時間ももっと取ることができる。そうすれば労働者はもっと健康でいられる。時間が節約できるので、自宅で働く方が良い。」

段落の最初に意見を述べるだけでなく、最後にも「Since 理由 , あなたの意見」を書いてください。

日本語訳で見てみるとこれは冗長に見えるのですが、私がこれを書くように指導しているのには、理由があります。

文章を書いていると、話が逸れたり、尻切れトンボになって、結局何が言いたいかよくわからなくなるときがあります。英語で書けばなおさらそうなる可能性が高くなります。そういう中途半端な状態で次の段落に進むと、読み手に大きなストレスを与えてしまいます。テストならば、ここで減点をくらいます。

そこで、「これ以上話すことがないな」と判断したら、この「Since 理由 , あなたの意見」を書いて段落を締めくくってください。これがセーフティネットとなり、たとえ段落の中盤の内容が中途半端なものでも、読者は段落の要点を理解してくれます。

段落の冒頭が「意見＋理由」、最後が「理由＋意見」の順で並んでいることにも注目してください。この順番にも理由があります。

語順の章で述べたように、何かをわかりやすく伝えるときには「旧情報」が先で、「新情報」が後というのが鉄則です。

イントロダクションの最後に「自分の意見（この例では「自宅で働く方が良い」)」がすでに述べられています。一度述べられた情報ですから、これをボディパラグラフで使うのなら、「旧情報」として扱われます。だから「意見」が先に来ます。一方、イントロダクションで理由を 3 つ述べましたが、そのうちのどれを今回のボディパラグラフで使うのかはまだわかりません。したがって、理由は「新情報」として扱われます。ボディパラグラフの冒頭で「意見」である Working from home is better を先に持ってきて、「理由」である because you can save time. を後に持ってきているのはこのためです。

ちなみに because は「**実は～という理由で**」というような**新情報の理由を扱う接続詞**で、そのため文の後半に使われるのがより一般的です。

そして、ボディパラグラフの中で理由に関して議論が深まるので、1つのボディパラグラフを読み終わる頃には「理由」は読者にとって旧情報になります。したがって段落末には旧情報である「理由」Since you can save time, を先に持ってきて、後に「意見」である working from home is better. を持ってくるのです。ちなみに since は「**すでにご存じの通り、～という理由で**」というような**旧情報の理由を扱う接続詞**で、そのため文頭に使われるのが一般的です。

段落の中身について、議論を深め、説得力を出すには96項で行ったWhy Gameの思考法を生かします。そして97項で紹介した、「原因を主語とする」構文をできるだけ使うことで、話を垂直に掘り下げ、議論を深めるようにしましょう。

●——コンクルージョン

コンクルージョンで書くことは3つです。以下に型を紹介します。

段落の始めは4文字分空ける

(1)「自分の意見」. (2) This is because 理由①, 理由②, and 理由③. (3) メインボディの情報を軽くまとめる感じで「明るい未来予想図」を一文書く。

実際に書くとこんな感じです。

Working from home is better. This is because you can save time, you can take better care of your children, and you can go see the doctor more easily. If more people work from home, the productivity of our society will improve and we will have a better work-life balance.

「自宅で働く方が良い。これは時間が節約できる、子どもの世話がもっとできる、そして医者に行きやすいということによる。より多くの人が自宅で働けば、私たちの社会の生産性はあがり、私たちはより良いワークライフバランスを手に入れるだろう。」

注意すべきことが1つだけあります。

最後の「未来予想図」は、これまでの段落内容のまとめを書くのであり、ここで新しい話題を持ち出さないようにしましょう。そんなことをしたら、またそこから新しく議論を始めなければならないですからね。

Must

100

真の意味で、中学英語をマスターせよ

▶着回しの効く「ユニクロ英語」を使え！

「中学英語で○○！」というようなタイトルの英語学習本をこれまでよく目にされたのではないかと思います。

中学で習う英語というのは本当に重要で、英文法の９割がそこに含まれています。

高度な英語の文章を読むリーディングでは、中学英語を超えた、高校で習う英語が必要になりますが、書いたり話したりするなら、中学英語で十分、というのはその通りだと思います。

ここではもう一歩突っ込んだ話をします。

実は、書いたり話したりする際に、受験のための**高校英語があなたの「足を引っ張っている」**ときがあるのです。

ここでキーワードになるのが「名詞表現」と「動詞表現」です。例えば、

名詞表現 最大の問題は雇用創出だ。

動詞表現 最大の問題はどうすればより多くの職を作り出すことができるかだ。

ここでいう動詞表現とは、「主語＋動詞」もしくは「動詞＋目的語」の形で意味を表現するもので、名詞表現とはそれを１つの名詞のかたまりの中にぎゅっとパックするものです。

日本語でも英語でも、大人になり、小難しいことを言う機会が増えるにつれて、名詞表現を使うことが増えます。一方、くだけた日常会話を振り返ってみると、日本語英語を問わず、圧倒的に動詞表現が多くを占めます。

外国語を習得しようとするとき、私たちがマスターできる内容には限りがあります。

少ない時間と努力で、できるだけ自由に外国語を操れるようになるためには、パーティドレスのような、「見栄えはしても、そこでしか使えない表現」よりも、**ユニクロの服のような、「カジュアルだけど、いろんな場面で使える表現」をマスターした方が効率が良い**のは明らかです。

人間、どこへ行ってもしゃべります。ですから、日常会話というのは少ない語彙や表現で、どんな場面でも使えるように体系が整えられていきます。

一方、書き言葉というのは研究や報告など、専門的な場面で使われることが多く、必然的にその場面や分野に特化した言い方が増えていきます。

そして、前者の日常会話表現は「主語＋動詞」の形をとる動詞表現が多く使われ、後者の書き言葉は名詞表現が多く使われます。そして中学英語と比べると、高校英語の方が圧倒的に名詞表現が多くなるのです。

先ほどの日本語の表現を英語に直してみましょう。

名詞表現：The biggest issue is job creation.

「最大の問題は雇用創出だ。」

動詞表現：The biggest issue is how to create more jobs.

「最大の問題はどうすればより多くの職を作り出すことができるかだ。」

job creation は雇用問題でしか使えない言葉であるのに対して、「～のやり方」を意味する「how to ＋動詞の原形」はどこでも使える表現ですし、「create ＋目的語」というのは create a new system（新しい体系を作り出す）、create a good impression（良い印象を与える）など、さらにいろいろな表現に発展可能です。

「そうは言っても仕事で英語を使うのに、そんな子どもっぽい表現ばかり使えないだろう。」と思われる方もいらっしゃると思いますし、もちろん一理あります。

しかし、これまでライティングを指導してきた経験から言えることは、

初級中級レベルのうちから背伸びして難しい言葉を使おうとし、その自己満足感だけが伝わって、肝心の言いたいことはあまり伝わらない文章になってしまうことが多い

ということです。

また、文章の見た目もひどいものです。

名詞表現に執着している初級中級の英語学習者は、往々にしてその名詞表現に合う動詞や構文の習得をおろそかにしています。

難しい言葉を使えば、その言葉を取りまく構文や文章構成もそれにふさわしいものにならないといけません。

そのバランスが崩れた文章は、見るに耐えないものです。

それよりは、**中学レベルの堅実な構文をしっかりと使い、数が少なくても多くの応用が効き、なおかつ平易でわかりやすい文章**作成を心がけるべきです。

言いたいことが伝わることが第一目標

であることを忘れてはいけません。

それが説得力の源泉なのです。

ベースとしては中学英語、動詞表現を中心に使い、長けていくにつれて、リーディングで習得した高度な表現を入れていくようにするという過程を辿るべきです。高度な文章を作り出したい方は、自分が使いたい表現のバランスを知るためにも、リーディングで英語の文章のインプットを増やしていくことは必須です。

私たち英語を学習する人間にとって、初級および中級表現者の段階では、以下のように考えておくことが大事です。

「中学英語は『使うための英語』、高校英語は『理解できるようになるための英語』」。

使えないパーティ英語より

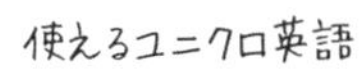

主　要　項　目　索　引

主 要 項 目 索 引

あとがきにかえての謝辞

本書を手に取っていただき、なおかつ最後までお読みくださり、ありがとうございました。最後に、出版に当たって感謝の気持ちを綴らせていただきます。

十数年前に、予備校で指導をしていた英文法について「何かを掴みかけていた」ころ、たまたま渋谷の本屋で手に取ったウンゲラーとシュミットによる『認知言語学入門』（大修館書店）に、「ああ、これだ！」と大きな衝撃を受けました。これがきっかけで東京大学の西村義樹先生と大堀壽夫先生によるセミナー「認知言語学の学び方」に参加し、さらにその西村先生のすすめで東京言語研究所に入所し、言語学の研究を開始することになります。大学院に戻る暇のない一般の社会人でも、日本の言語学界のトップを走る講師陣の講義が格安で受けられるという、夢のような場所です。5年ほど通い、認知言語学、日本語学、音声学、生成文法などを学び、素晴らしい時間と知識、そして理論言語学賞もいただきました。

いつか自分の本を出せるときが来たら、西村先生に本の帯を書いてもらいたいという夢を持っていましたが、実際にこうして本を書き、いざお願いする段になると、恐怖心の方が大きくなり、とても自分からは頼めず、編集の藤田さんに「藤田さんからお願いの手紙を先生に出してくれませんか」と頼み込む始末でした。「こんな浅い理論の本に推薦文など書けませんよ」などと断られるのではないかと、温和ながらも理論に関しては常に戦闘力の高い先生の顔が思い出されたからです。今回、その西村先生に帯の文をいただいたことは、自分にとっては誇りであり、一生の宝物です。

この本の原型のようなものを書こうと思ったのは15年も前で、しかし縁に恵まれず、出版の話は浮かんでは消え、結局はネットで発信しつづける日々でした。しかし、今回幸運にも明日香出版社の藤田知子さんにお声をかけていただき、こうして無事に著作が日の目を見ることになりました。

藤田さんは素晴らしい笑顔と陽気さで私の執筆を支えつづけてくださいました。ありがとうございます。藤田さんのおかげで私は人間不信から救われたのかもしれません（笑）。

また今回、英文の校正を担当してくれたAdam McGuire氏は才能溢れる英語教師で、拙著中にあるGuessing GameやComparison Gameの発案者の１人でもあり、my best friendです。彼と二人三脚で５年以上ライティングとスピーキングの指導を行ってきました。彼なくしてライティングとスピーキングの指導方法は確立できませんでした。感謝いたします。

言葉が持つ心象風景を絵にすることはなかなか難しいのですが、今回イラストを担当してくださった末吉喜美さんはその仕事を見事にこなしてくださいました。まさに痒いところに手が届くツボを押さえたイラスト、本書の価値を数倍上げてくれるものです。感謝いたします。

私の人生をいつも素晴らしいものにしてくれる妻。彼女と結婚できたことは私にとって人生最大の幸運です。今でこそ英語を仕事にしていますが、英語も好きだから仕事にしているだけで、とにかく人前で話すのが好きな私は、それ以前は舞台に立ったり、ラジオで話したり、好きだからその仕事をしているだけで、ろくに稼ぐこともできない時代も若いときにはありました。時にギャラの出ない、仕事と呼べない仕事でも、妻は「今日もお仕事頑張って」と言って私を支えてくれました。この言葉のおかげでどんな「仕事」でも仕事としてプライドを持ってこなすことができました。人間として成長できたことは言うまでもありません。好きなことだけをつづけて、ここまで来ることができました。だから人一倍努力することができました。それを許してくれた妻に感謝しています。これからも何か良いものを世間に発信することができるとすれば、それはいつでも妻のおかげです。

そして最後に、これまで私の元を巣立っていった教え子の皆さま、皆さまと過ごした日々が、英語講師としての私を作ってくれました。この本を私の生徒だったすべての皆さまに捧げます。ありがとうございます。また、ネットで私の発信（「時吉秀弥の英文法最終回答」）を支持してくださっている皆さまにも感謝を捧げます。ありがとうございます。

時吉秀弥

著者

時吉 秀弥（ときよし・ひでや）

（株）スタディーハッカーコンテンツ開発室シニアリサーチャー。
神戸市外国語大学英米語学科卒。米国チューレン大学で国際政治を学んだ後、帰国。ラジオパーソナリティという特殊な経歴を経つつ、20年以上にわたって予備校で英語も教えて来た。
英語を教える中で独自の英文法観を築きつつあった頃、それが認知言語学に通じるものだと知り、東京言語研究所に入所、池上嘉彦東京大学名誉教授、西村義樹東京大学准教授（当時。現教授）、尾上圭介東京大学教授（当時。現名誉教授）、上野善道東京大学名誉教授らのもとで認知言語学、日本語文法、音声学などを学ぶ。2010年同所で理論言語学賞を受賞。
認知言語学に基づき英文法を解説したブログ「時吉秀弥の英文法最終回答」が、英語学習者から多くの支持を集める。舞台やラジオで実践的に培った「人に話を聞いてもらうとはどういうことか」の追求と、認知言語学の知見に基づく英文法の教授法を融合させ、日本人が「人を説得できる」英語を話すための方法論を開発する日々を送る。
ロングセラー『鬼100則』シリーズは11万部を超え、熱狂的なファンを持つ。

英文法の鬼100則　＜音声ダウンロード付き＞

2023年　8月20日　初版発行
2024年　7月23日　第9刷発行

著者　時吉秀弥
発行者　石野栄一
発行　明日香出版社
〒112-0005 東京都文京区水道 2-11-5
電話 03-5395-7650
https://www.asuka-g.co.jp
装丁　西垂水 敦・市川 さつき（krran）
本文イラスト　末吉喜美
英文校正　Adam McGuire
音声収録　高速録音
印刷・製本　株式会社フクイン

ISBN 978-4-7569-2289-2

必読！シリーズ本

青

ISBN978-4-7569-2118-5

A5 並製　440 ページ

2020 年 11 月発行

本体価格 1900 円 + 税

『熟語になると、この単語がこんな意味を持つのはなぜ？』

謎が解ければ、見えてくる！記憶できる！

全部知ってるはずの、簡単な単語なのに
予想外の意味が出る「**熟語**」や「**構文**」。

それぞれの構造を読み解き、
単語や、その組み合わせにより
表される＜気持ち＞を理解できれば
なるほど、ストンと肚に落ちます。

たとえば「クジラの構文」。
クジラ？馬？こんなもんどこで使うんだ？と思いつつ力業でパターンを覚えませんでしたか？
それが…no more の＜気持ち＞がわかれば、
みるみるクリアになり使いこなせます。

もちろん、『英文法の鬼 100 則』で学んだ
文法知識と連動させると、その理解はさらに深く、
吸収はさらに加速される仕組みになっています。

つらい暗記はもう終わり。
認知言語学を下敷きに、気持ちから英語を学ぶ、
わかる喜びをあなたにも。

必読！シリーズ本＜問題集＞

ISBN978-4-7569-2203-8

A5 並製　640 ページ

2022 年 3 月発行

本体価格 2400 円 + 税

『英文法の鬼 100 則』『英熟語の鬼 100 則』読者の強い要望に応えて、この「問題集」を作りました。

「学生時代にこのテキストがあったら、もっと英語力がついていたのにと痛感。」

「なんとなくで英語と向き合っていましたが、本書を読むことで英語を今までよりも深く理解することができました。」

「長年英語は学んできたけれど、目からウロコ。イラストが絶妙で解説文の内容が一瞬で（永遠に！）記憶に焼きつく。」

「どんどん問題を解いて学んでいきたいので問題集を充実していただけると嬉しいです。」

『英文法の鬼 100 則』『英熟語の鬼 100 則』2 点で 10 万人を超える読者に愛されてきました。

この『英文法の鬼 1000 問』を加えて、英語学習者が真に自学自習できる「三位一体」、the Trinity として長くご愛用いただけるとありがたいです。

わかりやすい文法解説に定評のある時吉先生ですが、コラムも秀逸。さらに英語の気持ちを学びたい方必見です！！